e-비즈니스.com

NET FUTURE

1 2 3 4 5 6 7 8 9 0 2lC 9 9

Original : Net Future
By Chuck Martin
ISBN 0-07-041131-X

This book is exclusively distributed in Korea by 21st Century Books
Publishing Co.
When ordering this title, please use ISBN 89-509-0396-2
Printed in Korea

e-비즈니스.com

척 마틴 지음
PricewaterhouseCoopers
e-business practice 팀 옮김

21세기북스

옮긴이의 말

경영컨설팅의 최일선에서 산업계의 많은 고객들과 만나다 보면, 최고 경영자로부터 말단 사원까지 한가지로 고민하는 주제가 바로 e-비즈니스이다. 그런데 과연 e-비즈니스의 물결에 대응하기 위해 무엇을 어떻게 해야 하는가? 정작 우리회사와 나 자신은 e-비즈니스와 무슨 관계가 있고, 있다면 무엇을 하여야 하며, 또 어느 정도의 투자와 노력을 기울여야 하는지를 명확히 제시할 수 있는 이는 많지 않은 것 같다.

e-비즈니스에 대해 준비를 안 하자니 혼자 뒤쳐지는 것 같고 하자니 막연하고 투자할 여력도 없고 …. 이러한 고민을 끌어 안고 안절부절 못하는 기업의 최고 경영층과 임원진에서부터 현업 부서원까지 모두에게 무작정 행동하기에 앞서, 먼저 e-비즈니스가 일어나는 무대인 사이버 세상의 경제 형성과정과 그 흐름, 즉 트렌드를 정확하게 읽는 것이 그 무엇보다 중요하다는 점을 강조하고 싶다.

나아가 인터넷 사이트를 만들어 마케팅을 하거나 새로운 상거래 채널을 하나 더 만든 기업이라도 e-비즈니스에 대한 정확한 인식이 필요하다. e-비즈니스는 전자상거래를 넘어서는 개념이다. 저자가 지적하듯 인터넷은 고객과의 관계는 물론 경쟁우위 요소, 조직 내부의 경영원리에 이르기까지 비즈니스 모델을 전면적으로 바꾸어가는 힘을 가지고 있다. 따라서 자칫 현재의 전자상거래 수준에 만족하다가는 어느 순간 생존을 위협받게 될 가능성도 있다.

이처럼 인터넷과 그로 인해 발전하는 e-비즈니스와 관련된 현재 과제와 미래의 발전방향을 정확하게 인식하는 것은 아직 e-비즈니스를 시작하지 않은 기업에게나 이미 발을 들여놓은 기업에게나 모두 중요하다.

이 책의 저자 척 마틴(Chuck Martin)은 구멍가게에서 대기업에 이르기까지, 그리고 마케팅에서 인력관리에 이르기까지 다양한 사례를 바탕으로 인터넷의 미래를 만들어가는 7가지 트렌드를 정리하여 제시하고 있다. 이 트렌드는 단편적인 지식이나 예외적인 성공사례가 아니라 e-비즈니스 전반을 관통하는 트렌드이며 인터넷 세계에서 성공하려는 사람은 물론 기존 기업이 미래에도 경쟁력을 유지해 나가려면 반드시 적응해야 할 미래 비즈니스 세계의 규칙이라고 할 수 있다. 저자가 제시하는 인터넷 미래를 만들어가는 트렌드는 다음과 같다.

첫째, 모든 비즈니스는 인터넷으로 통한다.
둘째, 모든 기업 내의 인력들은 네티즌 노동력으로 대체된다.
셋째, 기업의 모든 정보를 완전 공개하는 오픈 북 경영이 대두된다.
넷째, 가격은 소비자 결정한다. 모든 제품은 상품가치가 공급자뿐만이 아니라 소비자에 의해 결정이 되는 일상 용품 (Commodities) 이 된다.
다섯째, 모든 기업활동이 고객 데이터로부터 시작된다.
여섯째, 많은 네티즌들의 경험이 축적된 경험공동체가 부상한다.
일곱째, 학교가 당신을 찾아간다. 즉 인터넷을 통하여 항상 원하는 시간, 원하는 장소에서 학습을 할 수 있게 된다.

이러한 7가지 사이버 트렌드에 대한 이해와 끊임없이 여기에 맞춰 변하고자 하는 노력이 향후의 e-비즈니스 세계에서 기업의 생존과 그 위치를 결정하게 될 것이다.

독자들은 이 책을 통해 인터넷 혁명 혹은 e-비즈니스 혁명의 흐름에 대해서 구체적으로 깨닫지 못하던 것을 7가지의 사이버 트렌드라는 정리된 모습으로 가깝게 느낄 수 있을 것이다. 아울러 우리가 상식적으로 생각하는 것보다 인터넷의 위력과 영향력이 광범위하고 깊다는 점을 새롭게 알 수 있을 것이다. 그리고 실제 사례로 제시한 많은 선진 기업들의 모습 속에서 우리가 나아가야 할 e-비즈니스의 베스트 프랙티스(Best Practice)를 발견할 수 있을 것이다.

e-비즈니스 혁명은 단순한 정보 기술의 변천이나 경영 패러다임의 새로운 모습이 아니라 바로 인류 전체의 모습을 뒤바꿀 문화 혁명이다. 역자로서는 e-비즈니스를 이렇듯 기업과 사회와 개인의 총체적인 모습이 변해야 하는 문화 혁명으로 받아들이지 않고, 기업 업무와 비즈니스의 편리성, 또는 업무 자동화 정도로 이해하여, 종래의 모습을 고집하는 기업과 사람들을 많이 접하고 안타까움을 느낀다. 청동기 시대가 지나가고 철기 시대가 도래하여 모두가 변하고 있는데 딱딱한 철기보다는 부드럽고 유연한 청동기가 만들기도 쉽고 다루기가 편리하다고 고집하는 민족은 조만간 멸망하거나 다른 민족의 노예로 전락할 수밖에 없었다. 우리는 e-비즈니스의 미래에 있어서의 7가지 사이버 트렌드를 이해하고 그 안에서 적용될 나 자신의 그리고 우리 기업의 모습을 찾아야 한다.

이 책을 번역하는데 들어간 자그마한 우리의 노력이 한국의 e-비즈니스 미래를 짊어질 여러분들이 e-비즈니스를 이해하는데 도움이 되고 그 적용방향을 찾으며 궁극적으로 한국 기업과 국가의 국제 경쟁력 강화에 조금이라도 도움이 되었으면 한다. 한가지 언급할 것은 현재 e-비즈니스, 인터넷 비즈니스, 디지털 비즈니스, 사이버 비즈니스 등의 용어가 비슷한 의미로 서로 혼용되어 사용되는데, 역자는 e-비즈니스라는 용어로 각각을 총체적으로 지칭하고 모두를 포함하는 가장 커다란 개념의 용어로 표현한다. 하지만 책 본문의 번역에 있어서 각각의 용어는 주로 원문의 표현을 되도록 따르는 것을 원칙으로 하였다.

그리고 독자들의 편의를 위하여 본문에 소개된 회사의 홈페이지 주소를 찾아서 해당 페이지 하단에 적어 놓았다. 백문이 불여일견이라는 속담도 있듯이, 이론적으로만 아는데 그치지 않고 실제로 인터넷에 들어가서 앞선 기업들은 어떻게 하고 있는지 독자들이 실제로 살펴보고 느껴본다면 e-비즈니스를 더 잘 이해할 수 있을 것이다.

끝으로 이러한 좋은 책을 출판할 기회를 준 21세기북스 관계자 여러분들과 PricewaterhouseCoopers 내에서 e-비즈니스에 대한 많은 관심과 투자, 그리고 정확한 비전 및 방향을 제시해주시는 최영상 사장님과 이성열 박사님, 김진홍 부사장님, 유연호 전무님 그리고 배종덕 부사장님께 진심으로 감사를 드린다. 마지막으로 각각 다양한 e-비즈니스 프로젝트에 투입되어 항상 바쁜 시간 속에서도 귀중한 개인 시간들을 쪼개어 책을 번역하고 검토하는데 즐겁게 임해준 우리 PwC의 e-비즈니스 프랙티스(e-business practice)팀 컨설턴트들에게 지면을 통하여 감사와 격려를 보낸다.

20세기의 마지막 늦은 가을에 여의도에서
PricewaterhouseCoopers e-business practice
팀장 장중호

감사의 말

우리가 이 책을 몇 개월에 걸쳐 집필하는 동안, 도움을 제공한 많은 사람에게 무한한 감사를 드리고 싶다. 우선, Net Future의 중역진과 부장들과 직원들이 귀중한 시간과 통찰력을 제공하여 우리로 하여금 컴퓨터 통신망으로 연결된 세계의 미래를 볼 수 있도록 도와준 것에 대해 제일 먼저 감사하고 싶다.

중견 언론인으로서 오래된 동료이자 친구인 매리 프레이크스에게 아주 특별한 감사를 보낸다. 매리는 이 책의 조사원으로 활약함과 동시에 작가와 편집자와 전자사업 전문가 역할 등 다양한 분야에서 뛰어난 역할을 수행했다. 매리에게 정말 많은 은혜를 입었다.

뉴욕에 본부가 있는 Handshake Dynamics의 최고 경영자 로렌스 버닌에게 특별한 감사를 보낸다. 로렌스 버닌은 새로운 인터넷 경제에서 성공하길 원하는 사업체는 기술 조직과 시스템 인프라스트럭처를 정확하게 건설하며, 대부분은 처음부터 다시 시작해야 한다는 신념을 가지고 있다. 극적인 조정을 거친 몇몇 회사의 내부를 자세히 들여다볼 수 있도록 도와준 것이 너무 고마웠다. 또한 미디어 투자 금융 회사 Desilva & Phillips 주식회사의 로랜드 데실바에게도 감사를 드린다. 데실바는 인터넷 비즈니스의 새로운 가치 평가 기준을 알려주었다.

끊임없는 영감을 주시는 우리 어머니 아그네스 마틴 여사에게 특별한 감사를 드리며, 당신의 자녀를 위해 일생을 살다가 돌아가신 우리 아버지 레오 마틴을 기념하고 싶다.

인터넷 미래(Net Future)를 조사하는 동안 우리는 많은 사실을 깨달았다. 그리고 변할 것도 많지만 변하지 않을 것도 많다는 사실을 발견했다. 인터넷은 가족을 대신할 수 없다는게 그 가운데 하나이다.

우리 가족에게 무한한 감사를 보내고 싶다. 9살된 라이언과 7살된 체이스 이 두 아이는 내 삶의 기쁨으로서, 나에게 미래에 대한 전망과 다양한 가치 그리고 현실감을 일상적으로 일깨워 주었다. 인터넷 미래와 당장의 현실 사이의 균형을 이해하고 인내한 라이언과 체이스에게 감사한다. 하지만 내가 가장 많은 감사를 보내야 할 사람은 10년 이상 나와 함께 살아온 아내 테리 그랜저 마틴이다. 테리가 없었다면 이 책을 쓸 수 없었을 게 분명하기 때문이다. 나를 중심으로 우리 가족을 지키고 후원한 테리에게 가슴 깊은 곳에서 우러나오는 뜨거운 감사를 드린다.

척 마틴(Chuck Martin)

차 례

제 6 장 경험 공동체가 부상한다

떠오르는 e-비즈니스

점점 깊고 광범위해지는 인터넷의 물결은 유례가 없을 정도로 기업과 개인을 지배하며 그들의 토대를 뿌리째 뒤흔들고 있다. 대기업의 경영진들은 인터넷(Net)이 자신들의 사업에 지대한 영향을 미칠 것이란 사실을 더 이상 의심하지 않는다. 하지만 이들은 '전자 엘리뇨 현상'이 그들의 고객이나 직업, 사업적 관계에 어느 정도의 파급효과를 미칠지에 대해서는 실감하지 못하고 있다. 이들 대부분은 조직 내부 어느 부서의 누군가에게 이 문제를 '담당하도록' 조치해 놨다고 생각한다. 하지만 이들은 제품 기획부터 제조, 유통, 소비에 이르기까지 비즈니스의 모든 측면에 임박한 대변혁의 범위를 과소평가하는 것 같다.

여기에서 우리가 다룰 주제는 '인터넷 비즈니스 혁명'이다. 이 혁명은 많은 사람들의 생존과 직결된 문제가 될 것이며, 일부에게는 전례없는 기회와 승리의 계기가 될 것이다. '인터넷 미래'에 들어온 것을 진심으로 환영한다.

인터넷 미래는 단순하게 인터넷에서 물건을 판매한다거나, 기존의 사업에 거래선을 하나 덧붙이는 것을 의미하지 않는다. 이것은 진행 중인 혁명이다. 어떤 회사도 이 변혁을 피해갈 수 없다. 승리와 패배만 있을 뿐 그 중간지대란 없는 이 변혁의 와중에서 승자와 패자의 격차는 엄청날 것이다. 많은 회사들은 웹 사이트를 만들었다는 사실 자체가 인터넷 비즈니스를 의미하는 것은 아니라는 사실을 깨닫기 시작하고 있다. 이 책은 인터넷 비즈니스에 관한 것이며, 인터넷 비즈니스는 전자상거래와는 질적으로 다른 개념이다. 전자상거래는 제품이나 정보 혹은 서비스를 인터넷상에서 판매하고 구입하는 것을 그 내용으로 한다. 반면에 인터넷 비즈니스는 제품의 기획과 개발, 제조, 생산, 유통, 그리고 소비까지 이어지는 가치사슬의 모든 과정이 인터넷과 '접목(Netted)' 되는 것을 뜻한다. 이 개념을 이해하고 또 인터넷에 접목하기 위하여 철저한 자기분석과 대처의 과정을 기꺼이 치뤄내는 기업들이야말로 '인터넷 미래(Net Future)'의 승리자가 될 것이다.

인터넷 미래의 변화

어디에서나 '네트워크'에 접속이 가능하여, 사실상 모든 사업과 개인이 영향을 받게 되는, 빠르고 싼 인터넷에 의해 연결되는 세계가 도래하고 있다. 기술 발전의 산물인 인터넷은 직장과 가정 그리고 시장에서의 우리의 생활 양식을 모두 바꿔놓을 것이다. 기업이든 개인이든 승자와 패자가 명백히 가려질 것이다. 이 환경에 적응하는 사람과 기업들은 다양한 기회를 누릴 것이며, 그렇지 못한 사람이나 기업은 엄청난 위험을 감수해야 할 것이다. '인터넷 미래'에서 살아남기 위해서는 다음과 같은 현상에 대처해야 한다.

소비자가 한번의 클릭으로 기업을 선택한다

모든 회사와 모든 제품에 대해 신속하게 접근할 수 있게 된 소비자들은 새로운 디지털 경제에서 확실히 지배적인 위치에 서게 될 것이다. 소비자의 마음을 사로잡지 못한 회사들은 시장 원리에 의해 설 자리를 잃고 경쟁사의 제품과 서비스가 마우스 클릭 한 번으로 순식간에 팔려나가는 것을 목도하게 될 것이다. 소비자들은 자신이 정당하게 대우받지 못한다고 느낄 때 단 한 번의 마우스 클릭으로 경쟁사에 접속할 것이다.

인터넷이 유통구조를 지배한다

인터넷에 연결되어 있는 회사들은 공급자나 유통업자들과의 모든 거래를 인터넷을 통해서 추진할 것이다. 그들은 자신에게 물건을 팔 사업자나 그들에게 물건을 배달할 물류업자들까지도 인터넷에 연결되어 있기를 기대한다. 인터넷에 연결되기를 거부하거나 디지털 비즈니스에 적응하지 못하는 회사는 곧바로 밀려날 것이다.

가격 체계가 훨씬 세분화된다

기술의 발전은 많은 회사들이 시장을 훨씬 작게 세분화할 수 있도록 만들었다. 이 과정에서 경쟁사의 우량 고객도 유치할 수 있게 된다. 또한 이로 인해 구매 의사결정에서 가격이 차지하는 비중에 대해 재고하지 않을 수 없다.

근로자가 기업을 선택한다

인터넷에 능숙하고 이직율이 높은 노동력은 전에 없이 많은 정보를 접할 수 있게 될 것이다. 근로자들은 현재의 작업 환경이 자신들에게 적합한지 여부를 스스로 판단할 수 있게 된다. 만일 적합하지 않다면 어떤 환경이 바람직한지도 파악하게 될 것이다. 그리고 작업 환경 자체가 새로운 형태로 바뀔 것이다.

개인 생활과 직장 생활의 구분이 사라진다

인터넷 기술은 모든 사람이 언제 어디에서나 의사소통할 수 있도록 만들어 주어, 직장과 집의 경계선을 없애버릴 것이다. 직업상의 동료와 개인적인 친구 모두에게 실시간 접속이 가능해짐으로써, 사람들은 거의 모든 이슈에 관한 의견 교환을 할 수 있게 된다. 이러한 과정 속에서 정보를 입수하고 판단하는 정보처리 방식 또한 많이 바뀔 것이다.

진화하는 인터넷

상용 인터넷 진화의 5단계

1단계 : 인터넷 활용이 회사 홍보용 수준에 머물렀던 단계에서 기업은 기존 사업 내용을 단순히 인터넷에 올리기만 했다. 연례 보고서(annual report)나 회사 카탈로그들을 인쇄해왔던 것과 마찬가지로 회사 웹 사이트에 이 내용을 올리는 것이 전형적 모델이었다.

2단계 : 기업들이 인터넷 환경에 맞는 새로운 제품과 서비스를 개발하기 시작한 1995년부터 '새로운 컨텐츠' 시대가 시작되었다. 인터넷의 쌍방향성이 제대로 발현되기 시작한 때라 할 수 있다. 예를 들면 기업들이 다양한 제안을 인터넷에 올리고 그에 대한 반응을 전자우편으로 받기 시작한 것이다. 검색엔진 야후!(YAHOO!), 인터넷 서점 아마존(Amazon.com) 같은 인터넷 기업들이 나타나 인터넷 환경에서 어떻게 비즈니스를 해야 하는가를 보여주기 시작한 때이기도 하다. 1997년까지 수많은 인터넷 기업들이 창업되어 일부는 사라지고 일부는 계속 성장하거나 합병되었다. 성공적인 인터넷 기업들의 예를 보면서 기존의 대기업들도 인터넷 비즈니스에 관심을 기울이기 시작하게 된 단계이다.

3단계 : 제1 · 2 단계에서 주목받은 인터넷 기술이 기업 내부로 도입됨으로써 '인트라넷(intranet)'이 탄생하였다. 1998년까지 많은 기업들은 인터넷의 개방형 기술이 회사의 모든 직원들을 네트워크로 연결시키는 위력이 있음을 목도하였다. 그러나 이 단계에서 문제점도 드러났다. 일부 기업의 경영진들은 인트라넷을 기업의 네티즌 노동력의 결집체로 바꾸어가는 새로운 수단이 아니라 단순히 싸게 사내 네트워크를 구축하게 해주는 기술 정도로 인식하고 있었다.

4단계 : 현재는 비즈니스 혁신 단계라 할 수 있다. 기업들은 인터넷 기술을 공급자, 유통업자, 고객, 그리고 비즈니스 파트너들을 연결시키는 데 활용하고 있다. 구매자와 판매자 사이의 긴밀한 연결로 기업 내 · 외부를 훨씬 유기적으로 운영할

웹 사이트

- Amazon.com <www.amazon.com>
- Yahoo! <www.yahoo.com>

수 있게 되었다.

5단계 : 마지막은 e-비즈니스 단계이다. 진정한 e-비즈니스란 고객으로부터의 정보가 실시간으로 전달될 정도로 모든 과정이 인터넷에 접목된 기업이 고객들의 니즈에 부합하도록 제품을 개발하고 수정하는 것까지를 의미한다. 이 단계가 되면 인터넷의 쌍방향 환경이 회사의 핵심 사업을 이끌고 나가게 될 것이다. 이것은 회사의 기존 사업이 없어진다는 것을 의미하는 것이 아니라 (물론 일부는 사라지겠지만) 쌍방향 환경의 두 요소인 인터넷에 접목된 소비자와 인터넷에 접목된 조직이 서로 조화롭게 기능하기 시작함을 의미한다.

e-비즈니스를 지배하는 7가지 사이버 트렌드

트렌드1. 모든 비즈니스는 인터넷으로 통한다

인터넷 경제가 세상을 이끈다. 단지 경제의 일부로서가 아니라, 주류를 형성하며 생산, 유통, 소비 등 경제 전반의 물줄기를 선도하게 된다. 먼저, 몇 번의 클릭만으로 수많은 사이트를 누비고 다니며 정보를 수집하고, 유통시키며 시장 전반을 활성화시키는 세력이 등장한다. 이 새로운 유형의 구매자와 소비자를 '디지털 소비자' 라 부른다. 이들은 정보에 밝고, 가격과 편리함, 서비스 등의 요구수준도 높다. 시장에 민감한 기업들은 이들로부터 사업의 에너지를 얻고 있다. 디지털 소비자들이 경제구조와 기업의 사업패턴 모두를 뒤흔들고 있다.

경제가 사이버주도로 형성되면, 공간의 제약이 사라진다. 슈퍼마켓에서 은행일, 증권투자, 쇼핑을 동시에 할 수 있다. 산업의 경계가 사라진다. 특히 웹 기반이 확고히 구축된 기업일수록 보험, 증권, 자동차산업 등을 통합시키고 자유자재로 사업영역을 넘나들 수 있게 된다.

유통경로가 변한다. 중간상인은 물론 도 · 소매업, 대행업체 등 생산자와 소비자의 중간지대는 극히 좁아지거나 아예 사라지고 있다. 모든 회사와 모든 산업이 인터넷 미래의 충격을 느낄 것이며 일부는 피하는 방법으로 일부는 적극 뛰어드는 방법으로 그 충격에 반응할 것이다. 선택은 자유이지만 승리하는 기업은 조직전체를 인터넷 사업 커뮤니티의 통합된 일부로 재편하겠다는 관점에서 인터넷을 파악하는 기업일 것이다.

트렌드2. 네티즌 노동력으로 대체된다

일반사원들과 관리자들은 유례없이 전사적으로 서로 긴밀하게 연결될 것이다. 그러나 연결되어 있다는 것만으로 기업이 극적으로 변화되는 것은 아니다. 기업내 정보와 지식, 그리고 의사소통에 대한 새로운 권한과 책임을 부여함으로써 구성원 전체를 네티즌 노동력으로 바꿀 수 있어야만 진정한 변화를 이룰 수 있다. 그리고 직원들이 끊임없이 확장되는 지식으로 무장하여 그 새로운 힘을 충분히 발휘할 때라야 사업의 변화가 시작된다.

회사 전용 인트라넷이라는 작은 촉수가 전세계 모든 곳의 직원들과 관리자들을 연결시켜 나갈 것이다. 정보의 신속한 공급과 새로운 상호연결 방식은 기업에게 진정한 경쟁우위를 제공하고, 사원들에게는 자신의 길을 스스로 개척해 나갈 수 있는 권한을 줄 것이다. 기업의 모든 직원이 네트워크화 되면 경영진은 모든 직원에게 동시에 메시지를 전달할 수 있을 것이며, 직원들은 전자적 방식으로 서로 연락하고 의사소통할 수 있는 전례없는 권한을 누리게 될 것이다. 기업 인트라넷은 계속 급속하게 성장하고 있다. 새롭게 등장한 네티즌 노동력이 기업에 신선한 활력을 불어넣고 있다. 모든 사원들을 네티즌화 하는 것, 이것은 또 하나의 중요한 기업목표가 되어야 한다.

트렌드3. 정보를 완전 공개하는 오픈 북 경영이 대두된다

전통적인 비즈니스 세계에서는 '지식의 소유'가 힘이었다. 전통적인 경제에서는 많은 정보를 통제하는 사람일수록 더 많은 힘을 가질 수 있었다. 관리자들은 자신의 전략이나 계획, 아이디어를 보호하거나 심지어 은폐하기까지 했다. 하지만 인터넷은 이 모든 걸 바꾸어 버린다. 인터넷 미래에서는 '지식의 공개'가 힘이다. 당신의 사업을 이해하는 사람들이 늘어날수록, 당신은 시장을 자신에게 유리하게 만들어 갈 수 있게 된다. 넷스케이프가 그들이 개발한 웹브라우저 프로그램의 소스를 공개하기로 결정한 이유는 무엇인가? 이것이야말로 코카콜라의 제조비법을 타임즈 광장의 벽보판에 부착하는 행동이 아닌가! 그 이유는 다른 회사들이 넷스케이프의 표준에 기반하여 제품과 서비스를 개발하도록 촉진하기 위한 것이었다. 표준을 장악하게 됨으로써, 전세계가 이 표준에 근거해 개발된 제품과 서비스를 사용하게 되어 넷스케이프는 엄청난 프리미엄 가격을 받을 수 있었다.

지식의 공개는 성과를 향상시키는 데도 기여한다. 지식의 통합에 기여함으로써, 시장에서 목표와 기준에 대한 영향력을 확대시킨다.

권력은 지식의 수집이 아니라 지식의 공개에서 나온다. 예전에는 외부의 자유로운 참여를 보장하는 오픈 시스템(open system)을 높이 평가했지만, 앞으로는 자발적으로 정보를 완전히 공개하는 '오픈 북 기업(open-book corporation)'을 높이 평가하게 될 것이다. 인터넷 미래는 모든 것을 공개하는 자가 지배하는 시대가 될 것이다.

트렌드4. 소비자가 가격을 결정한다

인터넷 미래의 소비자는 시간과 공간의 제약에서 벗어나 모든 판매자로부터 어떤 물건이든지 구입할 수 있게 된다. 인터넷 환경이 제품의 유통과 판매의 가치 기준을 근본적으로 바꾸어 놓기 때문이다. 이러한 역동성은 가격 책정은 물론 제품 자체의 실질적 가치에도 영향을 미칠 것이다. '제품의 가치는 판매자가 부여하는 가격'이라는 오래된 통념도 인터넷 미래에서는 더 이상 통용되지 않는다. 그 대신 '제품의 가치는 이 순간에 내(고객)가 지불할 가격이다'라는 역전현상이 보편화될 것이다.

인터넷으로 회사내부의 의사결정이 신속해지고, 마우스 클릭 한 번에 경쟁사가 사라질 때, 그리고 그 어느 때보다 풍부한 선택 기회를 누리게 된 대중이 신속하게 업데이트되는 정보를 소유하게 될 때, 가치 사슬은 극적으로 전환될 수 밖에 없다.

지금까지는 제조업자가 상황을 주도해왔다. 그러나 지금부터는 소비자가 새로운 상황을 주도한다. 인터넷 환경에서 소비자가 하나의 핵심 세력으로 등장한다는 사실을 인식한 기업만이 생존을 위한 변화를 준비할 수 있을 것이다.

트렌드5. 모든 기업 활동이 고객 데이터로부터 시작된다

기업들은 지금까지 많은 고객 정보를 수집해왔지만, 특정 고객에게 포커스를 맞추어 모든 정보를 효율적으로 활용하는 데는 미숙했다. 비록 마케팅 담당 임원이 고객에게 포커스를 맞춘 계획을 세웠다 하더라도, 기업 정보 대부분은 개별 고객이 아니라 제품과 서비스 혹은 기능을 중심으로 조직되었다. 그러나 인터넷 미래에는 고객중심이라는 개념 자체가 전면적으로 재규정될 것이다. 기업들은 개인 행동의 핵심을 포착하여 그 사람이 당연히 관심을 갖게 될 제품과 서비스, 그리고 그 밖의 모든 것들을 재창조하게 될 것이다. 인터넷으로 인해 고객 정보가 기업의 정보 시스템에 포착된 후 경영진으로 전달되는 데 필요한 시간이 엄청나게 단축된다. 또한 실시간 피드백의 역동성으로 인해 고객, 정보 시스템, 경영진의 3가지 상호작용이 거의 동시적으로 이루어질 것이다. 기업이 다양한 데이터를 수집하고 처리할 수 있게 됨으로써, 인터넷 미래의 고객은 단지 제품을 구매하여 수익을 가져다주는 존재 이상의 가치를 갖게 될 것이다. 이러한 모든 데이터베이스로부터 입수된 정보는 기업이 어떤 제품을 생산하고 어떻게 광고할 것인가를 결정하는 중요한 기준으로 자리잡을 것이다. 데이터마이닝(Datamining)과 공동 필터링(Collaborative filtering) 그리고 예측모델 설정(Predictive modeling) 등의 기술은 앞으로 고객의 행위와 욕구를 예측하는 과정을 전면적으로 바꿀 것이다.

트렌드6. 경험 공동체가 부상한다

인터넷 미래에는 글로벌 커뮤니케니션의 비용이 저렴해지기 때문에, 사적인 영역과 직업적인 영역에서 사람들간의 상호작용이 가속화될 것이다.

이에 따라 집단적 사고가 가능해짐으로써, 필요에 따라 구성과 해체가 결정되는 즉각적인 인간 네트워크가 형성될 수 있다. 인터넷 미래의 사고방식은 협소하거나 단선적이기보다는 범세계적이며 동시적인 성격을 갖게 될 것이다. 인터넷을 통해 사람들은 온갖 정보에 훨씬 빠르게 접근할 수 있을 뿐 아니라 수많은 사람들의 거의 모든 경험이 통합된 지식을 접할 수 있다. 나는 이같이 사람들이 모여들거나 혹은 사람들을 모을 수 있는 지식의 통합 공간을 '경험 공동체'라고 부른다. 경험 공동체는 비즈니스나 개인의 관심사를 근거로 형성될 수 있다. 이 커뮤니티는 오랫동안 지속될 수도 있으며 금방 사라질 수도 있다. 그리고 일대일 대화처럼 친밀할 수도 있으며 인터넷 그 자체처럼 글로벌할 수도 있다. 하지만 그 형식과 주제가 어떻든, 이러한 커뮤니티가 인터넷 미래에서 사람들이 정보를 처리하는 방식을 규정할 것이다.

트렌드7. 학교가 당신을 찾아간다

학교에 가는가? 아니다. 인터넷 미래에는 학교가 당신을 찾아갈 것이다. 당신이 배우려고만 한다면……. 새로운 기술로 인해 학생들이 제각기 다른 장소에 있고 교사도 다른 곳에 있는 교실이 탄생할 것이다. 대학이든 기업이든, 학위를 받기 위한 교육이든, 새로운 기술을 배우는 교육이든, 온라인 교육은 급속도로 변하는 세계에서 경쟁력을 유지하는데 필요한 교육을 받을 수 있도록 도와줌으로써 학생과 직장인들의 인기를 누릴 것이다.

온라인 교육에 대한 한 연구에 의하면, 가상 교실에서 수업 받는 학생들과 전통적인 교실에서 수업 받는 학생들을 비교할 때 전자의 학습 성취율은 후자와 동일하거나 혹은 그 이상이었다. 인터넷 미래에는 학습의 장애물이 거의 사라질 것이다. 강의가 어느 곳에서나 이루어질 수 있기 때문이다. 인터넷 미래에는 배우길 원하는 사람들이 가장 큰 이익을 누리게 될 것이다.

이런 7가지 사이버 트렌드의 이해와 비즈니스를 혁신하고자 하는 끊임없고 자발적인 노력 정도에 따라 인터넷 미래에서 기업들의 생존과 적응 여부가 결정될 것이다.

인터넷상의 관계 네트워크

7가지 사이버 트렌드는 고객, 직원, 유통업자, 공급자, 그리고 비즈니스 파트너들 간의 일련의 긴밀한 관계로부터 형성된 것이다. 이런 관계들은 인터넷에서의 상호작용이 증가할수록 더욱 발전될 것이며 그 관계들을 가장 먼저 그리고 가장 풍부하게 만드는 기업들이 바로 인터넷 미래에서 승자가 될 것이다.

인터넷 : 고객 관계

대부분의 고객들은 기업 웹 사이트로 그 회사를 판단하게 될 것이다. 물론 고객들은 회사라면 당연히 웹 사이트를 가지고 있을 것이라 생각한다. 하지만 회사의 입장에서 웹 사이트 구축 비용은 인터넷 세계에 진입하는 입장료에 불과하다. 최소한의 홈페이지만을 만들고 이를 유지하는 데 필요한 최소한의 마케팅 비용만 할당하는 회사가 있는가 하면, 웹 사이트를 통해서 고객과 새로운 관계를 구축하고, 인터넷 세계에 맞게 자신의 모습을 재창조하는 회사들도 있다. 단순히 회사 카탈로그나 연례 보고서를 인터넷으로 배포하는 것은 인터넷 미래의 모습이 아니다. 회사의 웹 사이트는 기존 고객과의 상호 교류와 신규 고객들과 지속적인 대화를 촉진하는 엄청난 기회를 제공할 것이다. 기업들은 이러한 상호 교류를 통해 회사와 고객 간의 진정한 관계를 정립해 나갈 기회를 갖게 될 것이다.

인트라넷 : 직원 관계

네트워크의 네트워크인 인터넷은 웹브라우저와 검색엔진을 이용해서 누구나 어떤 정보라도 얻을 수 있는 장이 되었다. 그러나 인트라넷에 속해 있는 정보는 검색할 수가 없다. 인트라넷이란 본질적으로 회사나 조직들이 내부용으로 도입한 인터넷이기 때문이다. 직원들은 암호를 부여받고, 사내에서의 접속이나 직원들끼리의 커뮤니케이션은 외부인들을 차단하는 '방화벽(firewall)' 안에서 이루어진다. 일반적으로 회사는 인트라넷을 사원복지 계획이나 경영진 메세지 등의 정보를 전달하는 데 소요되는 비용을 줄이는 수단으로 활용하고 있다. 그러나 '인터넷 미래'에서, 현명한 회사라면 직원과의 관계를 강화히거나, 직원들이 관리와 학습, 자기계발을 자율적으로 추진할 수 있도록 하는 수단으로 인트라넷을 활용할 것이다. 또한 작업 공정을 촉진시키고, 사기를 높여 이직률을 줄일 수 있는 프로그램을 제도화하는 데도 인트라넷이 활용될 것이다. 더 중요한 것은 끊임없는 온라인 대화가 회사의 목표와 고객들의 니즈를 일치시켜 줄 것이란 점이다. 대개는 직원들이 최고경영진에 비해 고객들과 더 가깝기 때문이다.

엑스트라넷 : 공급자—유통업자—파트너 관계

엑스트라넷은 인트라넷과 같다. 다만 전용 인터넷의 사용 범위를 기업 내부에서 기업 외부로 확장했다는 점만 다르다. 인터넷이 공공 철도라면 엑스트라넷은 그 철로의 운행을 허가받은 기업 전용 열차라 할 수 있다. 회사는 우량 소매업자들이 구매자로 참여하는 과잉 재고 경매장으로 엑스트라넷을 활용할 수 있다. 또한 공급자들이 구매 기업 엑스트라넷의 멤버로 참여하게 되면 직접 접속하여 구매 기업이 필요로 하는 물품을 파악함으로써 구매 기업의 니즈에 맞춘 보다 나은 실시간 서비스를 제공할 수 있게 된다. 엑스트라넷을 운영하는 기업은 비즈니스 파트너들, 공급자들, 유통업체들의 관련 기록 작성 및 유지, 회사 고유 양식 사용 등을 공동화함으로써 이들을 사실상 회사의 한 부분으로 운용하게 되는 것이다.

세계의 충돌 : 구세계와 신세계의 조우

회사의 3대 네트워크(인터넷, 인트라넷, 엑스트라넷)를 관계 네트워크로 변환시키고, 네트워크끼리 상승작용을 하게 만들기 위해선 완전히 새로운 사고방식으로 접근해야 한다. 나의 이전 저서인 『디지털 사회(The Digital Estate)』에선 사람을 디지털 공간을 추구하는 사람과 그렇지 않은 사람의 두 부류로 구분했었다. 그러나 대부분의 사람들이 어느 정도 각자의 디지털 공간을 이미 확보했으리라 짐작되는 지금은 개인을 대상으로 한 분류보다는 비즈니스를 대상으로 한 분류가 의미있을 것이다. 현재의 비즈니스는 제조업체나 소매업자 같이 유형의 공간에서 운영되는 기존의 비즈니스와,

온라인 여행사나 온라인 CD 소매점 같이 쌍방향의 온라인 공간에서 운영되는 비즈니스의 두 부류로 구분될 수 있다.

서로 다른 부류에 속해 있는 이 두 비즈니스들이 서로를 포괄하기 시작하면서 서로 다른 두 세계가 인터넷 미래에서 만나게 될 것이다. 이 만남은 구세계 회사들이 기존 브랜드 파워를 키우고 새로운 온라인 브랜드를 창조함으로써 인터넷 비즈니스의 세계로 들어가는 계기로 작용할 것이다. 신세계에 속해 있는 인터넷 회사들은 구세계 회사들의 제조·유통 채널을 활용함으로써 엄청난 시간과 비용을 절감하며, 늘어난 이익을 고객, 공급자, 비즈니스 파트너들과 공유할 수 있게 될 것이다.

'인터넷 미래'에서의 진정한 통합은 단순히 정보를 전달하는 하드웨어 수준이나 컨텐츠와 기술의 결합을 넘어서는 차원이다. 새로운 통합은 디지털 세계와 물리적인 세계 간에 일어날 것이다. 진정한 인터넷 기업이란 이런 복합적인 비즈니스 환경이 기존의 물리적 세계와 산업사회의 관행이 아닌 쌍방향 디지털에 의해 주도될 것이란 사실을 이해하는 회사이다.

인터넷 미래는 바로 이 마지막 단계를 말한다. 모든 사람과 모든 사물들이 인터넷을 통해 서로 연결된 외부 세계가 기업의 개념까지 바꾸어 놓을 수 있게 되는 그런 단계인 것이다. 비즈니스를 포함한 모든 것이 인터넷으로 연결되어 소비자들이 원하는 상품과 서비스, 미래의 니즈와 욕구, 그리고 좋아하는 것과 싫어하는 것 등을 모두 실시간으로 회사에 요구하게 되기 때문이다. 인터넷 미래에선 지금까지와는 정반대로 소비가 새로운 상품을 기획하게 만들 수도 있는 것이다.

7가지 사이버 트렌드가 기업들을 진정한 고객 중심 체제로 변화시킬 것이다. 이 때문에 소비자들은 중앙정부나 지방정부로부터의 공공서비스는 물론 필요한 모든 거래에서 훨씬 친근하고 가치있는 서비스를 받게 될 것이다.

e-비즈니스, 조화의 예술

인터넷 미래에서의 성공은 수많은 이질적인 요소들을 어떻게 조화시키는가에 달려 있다.

비즈니스

일부 회사는 각기 다른 목적과 시각으로 3개 네트워크(인터넷, 인트라넷, 엑스트라넷) 전략을 수립했다. 어떤 회사의 경우엔 회사를 중심으로 3개 네트워크를 구축해 놓긴 했지만 전혀 연관성이 없는 상태로 운영하기도 한다. 심지어 일부 회사는 서로 다른 3개 네트워크의 차이점조차도 인식하지 못하고 있어 3개 네트워크를 모두 구축해야 할 필요성도 인식하지 못한 채, 웹을 그저 기존 주력 사업의 확장 정도로 활용하고 있는 경우도 있다. 예컨대 인터넷 또는 회사 홈페이지를 마케팅 부서가 관리하고 있는 경우가 그 예이다. 이때 웹 사이트는 마케팅 부서 업무의 연장에서 마케팅 메시지 또는 회사 소개 정보를 올리는 정도로만 활용된다.

반면 회사의 인트라넷은 일반적으로 CIO(Chief Information Officer : 사내정보관리 최고 경영자)나 정보시스템 부서의 관할하에 있다. 인트라넷은 회사 문서들을 저장하는 전자 정보 창고이기 때문에 엄격한 보안장치가 필요하다. 큰 기업에선 CIO들이 거대한 예산을 주무르고 정보시스템 관련 직원이 수천 명씩 되기도 하지만, 그들은 대개 업무 효율성 제고에 치중하거나 회사 경쟁력 확보 차원에서 정보기술을 활용하고 있다. 이러한 목표는 인트라넷의 진정한 역할 중 작은 부분일 뿐이다. 그러나 앞으로는 인사부서와 구매부서 직원들이 자주 인트라넷 컨텐츠를 생산하게 될 것이다. 연금, 급여 업무 자동화와 구매원가 절감 등이 기업 내부 인터넷, 즉 인트라넷의 가장 큰 용도 중의 하나이기 때문이다.

엑스트라넷은 정보기술부서에서 구축하게 되지만, 영업조직과 고객 또는 대리점들을 연결함으로써 발생하는 이익의 최대 수혜자인 영업부서들이 운영주체가 될 것이다. 또 공급자를 생산공정과 연결시켜 생산사이클을 단축시키고 싶어하는 제조부서들도 엑스트라넷 운영의 주체가 될 수 있다.

인터넷에 접목된 기업이 되기 위해선, 기본적으로 이 3가지 네트워크 전략이 서로 어우러져야만 한다. 그 경우, 3개 네트워크들은 각자 같은 곡을 다른 음색으로 연주하는 오케스트라처럼 작동할 것이다. 연주하는 곡의 작곡자는 다름 아닌 고객이다.

고객

회사의 네트워크들이 각기 독자적으로 성장해 온 것처럼 고객들의 네트워크도 마찬가지였다. 인터넷 기업들은 새로운 온라인 고객이 누구인지(또는 누구이어야 했는지)를 시간과 노력을 별로 기울이지 않고도 쉽게 분석할 수 있는 반면, 기존의 회사들은 인터넷 기업들과 보조를 맞추기 위해 상당한 노력을 쏟아야 했다. 완전히 새로운, 또 기하급수적으로 성장하는 시장이 출현한 것이다.

일부 회사의 경영진들은 온라인 고객의 대부분이 새로운 고객임을 발견하고는 이것이 기존 비즈니스가 쇠퇴할 것이란 두려움을 진정시키는 좋은 뉴스라고만 생각한다. 그러나 새로운 고객의 탄생은 새로운 도전과 기회를 의미한다는 사실을 간과하고 있다. 이 사실은 기업에 새로운 과제를 던져주고 있다. 말하자면, 회사의 신규 고객과 기존 고객과의 조율, 고객 서비스의 조율, 고객 데이터베이스와 대고객 요금부과 시스템(billing system)을 연동시키는 문제같이 이질적인 기술들을 호환시키는 문제 등이 그것들이다. 가장 큰 과제 중의 하나는 진정으로 쌍방향적이며 요구수준이 매우 높은 고객들을 24시간, 그것도 실시간으로 대응할 수 있도록 기술적 문제를 해결하고 인프라스트럭처를 구축하는 일이 될 것이다.

반면 인터넷 미래에서 기회는 엄청나다. 기업들이 인터넷 소비자로부터 실시간의 반응(feedback)을 확인함으로써 고객 데이터베이스 활용부터 제품 기획·개발·테스트·개선까지 많은 도움을 받을 수 있기 때문이다. 이런 피드백은 아주 쉽게 이루어지며 온라인 고객 또한 계속 폭발적으로 증가하고 있어, 앞으로 고객의 피드백은 회사의 방향을 결정하는 데 더욱 많은 역할을 하게 될 것이다. 그 와중에 회사는 기존의 고객들과 새로운 온라인 고객들에게 각각의 제품과 서비스를 각각 다른 공간에서 소개함으로써 두 이질적 고객들을 조화시킬 수 있을 것이다. 기존 고객과의 관계와 새로운 온라인 고객과의 관계를 서로 조화시킴으로써 기업은 시너지 효과를 거둘 수 있다.

기술과 사람

궁극적으로 모든 사물, 모든 사람이 인터넷에 연결될 것이다. 컴퓨터는 물론, 전자수첩, 무선호출기, 또 각종 무선통신기기 등을 통한 인터넷 접속은 어디에서나 가능해질 것이다. 그러나 인터넷으로 묶인다고 해서 사람들의 행동이 하루아침에 바뀌는 것은 아니다. 기술이 선두에서 사람들을 이끌며 사고와 행동을 바꾸어 나갈 것이고 그 과정에서 많은 기술적, 문화적 도전이 예상된다.

- 런던에 있는 밀레니엄 글루세스터 호텔(Millennium Gloucester Hotel)에서는 객실 냉장고에서 코카콜라병을 꺼내기만 하면 자동 요금부과 시스템이 작동하여 해당 요금이 청구서에 기재된다. 그러나 이런 무인 자동요금부과 시스템에 익숙하지 않은 여행자가 원하는 음료를 찾기 위해 냉장고를 뒤진다든가 아기 우유병을 보관하기 위해 냉장고를 사용했다면, 이 여행자는 체크아웃을 할 때 수백 달러가 기재된 엉터리 청구서를 받고 아연실색하게 될 것이다.
- 2억 5천만 달러짜리 통신위성이 제 궤도를 이탈했을 때 미국내 무선호출기의 90%가 몇 초에서 며칠 동안 먹통이 되었고 의사들은 긴급 메시지를 받을 방법이 없었다. 라디오와 TV 방송이 일시 중지되었으며, 소매업지들은 신용카드 인증이 불가능했으며, 현장 근무 요원들은 다음에 할 일이 무엇인지를 알 수가 없었다. 그런데 이제 사람들은 무선호출기에 이어 전자우편과 휴대용 전화기에 익숙해지고 있다.
- 고객 명단을 다이렉트 마케팅 회사에 유출했던 약국 체인은 폭발하는 고객의 분노에 놀라 즉시 고객 명단을 회수했고, 향후 고객 명단 유출을 금지하는 정책을 수립해야만 했다.

인터넷 미래로 가는 길에는 프라이버시, 대역폭 용량(band-width capacity), 전자상거래 과세(Tax) 등과 관련된 문제가 가득하다. 그러나 그런 문제점들만 지적하며 움직이지 않는 회사는 미래라는 큰 그림을 보지 못할 뿐 아니라 경쟁자들이 선점해 가고 있는 새로운 기회도 놓치게 될 것이다.

180도 효과

인터넷 환경에서 성공적으로 사업을 수행하는 것은 쉬운 일이 아니다. 특히 낡은 규칙과 잣대를 가지고 사업을 하는 경우에는 더욱 그러하다. 많은 회사들이 깨닫게 되었듯이 인터넷 세계의 원동력과 기존 물리적인 환경의 원동력은 매우 다르다. 종종 비즈니스의 어떤 요소는 상식과 정반대의 결과를 드러내기도 한다. 혹자는 그것이 빠른 시장점유율 확대를 위해 기존 상식을 뒤엎고 인터넷 브라우저 소프트웨어를 무료로 배포했던 넷스케이프(Netscape)로부터 시작되었다고도 한다. 아메리카 온라인(America Online: AOL)은 처음에 자사 통신망의 컨텐츠 공급자들에게 컨텐츠 비용을 지불했었으나 이제는 컨텐츠 공급자들이 AOL에 대금을 지불하고 있다.

기존의 물리적인 세계에서는 회사가 먼저 제품을 개발한 후에 이것을 소비자에게 판매해 왔다. 인터넷 미래에는 소비자가 무엇을 살 것인가를 먼저 결정하고 회사가 이를 생산하게 될 것이다. 과거에는 더 많은 정보를 독점할수록 더 많은 힘을 가질 수 있었지만, 인터넷 미래에는 정보와 힘을 더 많이 제공할수록 더 많은 힘을 가지게 될 것이다. 나는 이렇듯 상식과 반대로 나타나는 현상을 '180도 효과'라고 부른다. 눈에 보이는 것과 실제의 사물이 다른 경우가 좋은 예가 될 수 있다.

- 홍보대행회사가 온라인 채팅 날짜를 정했다면 이벤트가 시작되는 그 순간 이미 이벤트는 끝난 것이라 할 수 있다. 이벤트 자체가 아니라 그 이벤트가 있음을 홍보하는 것이 바로 이벤트이기 때문이다.
- 온라인 식료품 쇼핑회사 넷그로서(Net Grocer)와 운송대행에 대한 전략적 계약을 체결한 페더럴 익스프레스(FedEx)는 10파운드 무게의 식료품을 1온스 무게의 편지보다 훨씬 싼 가격에 배달하고 있다.
- 집에서 멀리 떨어진 대학에 다니는 학생들은 집에서 혹은 어디서든 온라인 원격강의를 수강하고 있다.

인터넷 미래에서 가장 두드러진 180도 효과는 바로 비즈니스가 기업이 아닌 고객에 의해 주도될 것이란 점이다. 180도 효과란 비즈니스에 있어 과거에 통했던 가정들이 인터넷 환경에서는 더 이상 통하지 않을 것이란 사실을 의미한다. 인터넷 미래는 고정관념을 뒤집거나 역발상을 통해 새로운 기준을 만들어 내는 사람의 것이 될 것이다.

웹 사이트 ....
- Netscape <www.netscape.com>
- America Online <www.aol.com>
- NetGrocer <www.netgrocer.com>
- Federal Express <www.fedex.com>

변화의 장벽

기존 기업들이 새로운 인터넷 환경에서 적극적이고 성공적으로 일을 추진하는 데는 다음과 같은 수많은 방해 요소들이 개입할 수 있다.

- 추진 속도 부족 : 회사가 너무 빨리 변하고 있다고 느끼는 사람이 있는가?
- 경직성 : 회사가 너무 유연하다고 생각하는 사람이 있는가?
- 회사의 의지 : 회사는 경영진과 인트라넷 전문가들과 일반 직원들을 같이 독려하여 전구성원이 같은 방향으로 나가도록 해야 한다.
- 낡은 비즈니스 모델 : 기존의 비즈니스 모델은 인터넷 환경에선 통하지 않는다.
- 내부 문제 치중 : 규모가 클수록 회사는 내부 문제에 치중하는 경향이 있다. 만약 전자우편의 50% 이상이 고객이 아닌 내부 조직으로부터 온 것이라면 당신은 아마 내부 문제에 치중하고 있을 것이다.
- 기술과 습관 : 인터넷이 상용화된 지 몇 년 되지 않았으므로 사람의 습관은 아직 인터넷 환경의 역동성을 따라가지 못하고 있다. 과거의 습관을 깨기는 쉽지 않다. 아마 한 세대는 걸릴 것이다.
- 완벽 추구 욕망 : 강력한 브랜드를 가지고 있는 기존 기업은 물리적인 세계에서 하던 방식의 사전조사, 실험, 여러 차례의 검증 절차 등의 적용이 불가능한 온라인 세계에서는 무엇이라도 추진하기를 주저하게 된다.

인터넷 미래의 성공 필수 요소

어떻게 하면 기업이 인터넷 미래로 나아갈 수 있을까? 우선 위에 언급한 장애요소들을 극복하기 위해 각오를 다지는 것부터 시작해야 한다. 그리고 다음의 3가지 핵심 임무를 수행해야 한다.

1. 디지털 비즈니스의 본질을 철저하게 이해하라. 7가지 사이버 트렌드는 각각 독립된 것이 아니다. 각각 어떻게 상호작용하는가의 관점에서 본다면 디지털 비즈니스가 각 트렌드의 단순한 집합 이상이라는 사실을 이해하게 될 것이다.
2. 조직 전체가 유기적으로 움직이도록 방향을 조율하라. 디지털 비즈니스의 특성을 이해했더라도 이해한 바를 기업에 적용하지 않으면 아무 소용이 없다. 디지털 비즈니스는 상호 연관성이 높기 때문에 요구되는 많은 변화를 실행하는 것이 엄청난 작업으로 보일 것이다. 그러나 신속한 피드백을 기초로 실수하면서 배워가는 것이 바로 인터넷 환경에서의 올바른 비즈니스 모델이다. 디지털 비즈니스는 최종 목표이기도 하지만 시행착오를 거듭하며 배워가는 무대이기도 한 것이다.
3. 조직의 고객 지향성을 분명히 하라. 모든 것이 연결되는 인터넷에선 고객이 회사를 주도하게 됨을 잊지 말라.

인터넷 환경에선 많은 일들이 엄청나게 빨리 일어나기 때문에 회사로선 한걸음 물러나 다양한 조각들이 어떻게 하나로 통합되는지 바라보기 쉽지 않다. 그러나 디지털 비즈니스에선, 마치 인터넷 자체가 그러하듯, 수많은 이질적인 부분들이 서로 조화롭게 작용하는 경우를 많이 볼 수 있다. 소비자 구매 패턴의 변화는 제품 개발에 영향을 미칠 것이고 개발된 제품들은 회사의 운영에 영향을 미칠 것이다. 또 운영의 변화는 비즈니스 파트너들과의 관계나 직원들이 해야 할 일에도 영향을 미치게 된다. 직원들의 업무 변화는 직원 교육 문제와 고용 패턴의 변화를 가져오게 될 것이고 고용패턴은 결국 소비자 구매 패턴에 영향을 미치게 되는 것이다.

디지털 비즈니스 혁명이 바로 목전에 다가와 있다. 이것이 바로 '인터넷 미래'이다!

제1장

모든 비즈니스는 인터넷으로 통한다

    디지털 경제는 아직 완전한 모습으로 수면 위로 부상하지는 않았다. 이곳에서 구매자들이 가장 유리한 거래 기회를 찾아 인터넷 미로를 헤매고, 판매자들은 새롭고 혁신적인 방법으로 고객들을 유인하고 있다. 인터넷 거래에서 때로는 구매자, 때로는 판매자가 승자가 된다. 이 세계에서는 한 번 불리한 거래를 한 사람도 그것을 교훈으로 다음에 더 유리한 거래 기회를 발견할 수 있다. 아직까지 이같은 거래에 참여조차 하지 않은 물리적 세계의 소비자와 생산자들이야말로 진정한 패배자들이다. 세상이 바뀌고 있다.

    인터넷 상거래는 이미 본격화되기 시작했지만 아직 그 잠재력은 제대로 평가받지 못하고 있다. 다음을 생각해 보라.

- 웹 사이트 접속량 증가분의 약 40%가 집에서 접속하는 신규 사용자에 의한 것이다.
- 2002년이 되면 미국 가정의 60%가 개인용 컴퓨터를 소유할 것이다.
- 웹 사용자 10만 명을 조사한 어느 연구 보고에 따르면 사용자들이 온라인 상에서 보내는 시간이 텔레비전 시청 시간만큼 된다

고 한다.

- 2001년이 되면 웹에서 소비되는 금액이 연간 2,000억 달러를 넘을 것으로 예상된다. 이 액수는 전세계 경제의 약 1%에 해당하는 규모다. 2001년이 되면 서유럽 한 곳에서 이루어질 전자상거래 규모가 300억 달러에 달할 것이다.
- 오스틴에 소재한 텍사스 주립 반더빌트 대학을 비롯한 여러 대학에서 MBA 지원자들의 전자상거래 전공을 인정하고 있다.
- 인터넷은 역사상 다른 어느 매체보다 빠르게 성장하고 있다. 라디오가 5천만 청취자를 끌어들이는데 38년이 걸렸고, 텔레비전이 5천만 시청자를 확보하는데 13년이 걸린 반면, 인터넷이 5천만 사용자를 확보하는 데에는 단 4년밖에 걸리지 않았다.

인터넷이 경제의 주류를 형성하는 현상이 좋은 기회가 될지 새로운 골칫거리가 될지는 보는 관점에 따라 다르다. 구매자의 입장에서 볼 때, 인터넷 상거래는 자신이 원하는 물건을 찾고, 자신이 원하거나 필요로 했지만 그 존재를 몰랐던 물건을 발견할 수 있는 방법이 하나 늘었음을 의미한다. 반면에 판매자와 생산자는 훨씬 커다란 도전에 직면한다. 대개의 경우, 이들은 디지털 경제라는 가상세계뿐만 아니라 기존의 실물경제에서도 살아가야 한다. 그리고 이 두 세상의 다양한 측면은 인터넷 미래 속에서 안정된 질서로 통합되기 전까지 다양한 형식으로 서로 경쟁할 것이다.

기업은 인터넷상에서만 사업을 영위할 수도 있고, 인터넷을 완전히 무시하고 기존의 방식만을 고수할 수도 있으며, 두 가지 방법을 혼합할 수도 있다. 인터넷의 상업화가 시작된 이래 많은 사람들이 "인터넷에서는 아무도 돈을 벌지 못해"라는 말을 합창해 왔다.

그러나 이같은 불평은 문제의 핵심을 전혀 파악하지 못한 것이다. 이것은 인터넷에서 최고의 사업 기회를 포착할만한 기업들로 하여금 지레 겁을 먹고 포기하게 만드는 결과를 초래한다.

왜 e-비즈니스가 주류를 형성하는가

인터넷 경제 초기에 전자상거래라고 하면, 웹 사이트를 만들고 여러 사이트에 배너 광고(banner ads)와 상호 링크를 달아, 사용자가 특정 단어나 주제를 검색할 때 그 사이트를 잘 찾아올 수 있도록 만들어 고객을 유인하는 것을 의미했다. 미래의 인터넷 비즈니스에서 마케팅은 까다로운 구매자를 타겟으로 그들이 원하는 정보에 언제라도 접근할 수 있도록 만들어 주는 새로운 차원으로 발전해 갈 것이다.

앞으로 디지털 경제가 주류를 형성하게 만들 요소는 다음의 4가지이다.

1. 시장 : 인터넷을 사용하는 층이 '컴퓨터와 CD와 포르노에 관심을 가진 30대 이하의 남성'이라는 전형적인 층의 범위를 넘어서 확대되어 전체 인구 구성과 비슷한 분포를 보이고 있다. 웹 사용자 가운데에서 가장 빠르게 성장하는 계층에는 10대 소녀와 50대 이상의 여성이 포함된다.
2. 타이밍 : Y2K 문제로 인해 드러난 기존 컴퓨터 시스템의 문제는 기업에게 내부 시스템을 인터넷 시스템으로 전환시킬 수 있는 분명한 계기로 작용하고 있다. 일부 회사는 기존 시스템의 문제

를 찾아내 고치기보다는 기존의 메인프레임 소프트웨어를 통째로 웹 기반 시스템으로 바꾸는 간단한 해결책을 택하고 있다.

3. **행동 양태** : 많은 기업이 인트라넷을 채택하고 디지털 비즈니스로 전환함에 따라, 기업 소비 형태 역시 완전히 달라질 것이다. 기업은 직원들에게 인터넷 구매 방법을 교육할 것이다. 그리고 이런 교육을 받은 사람들은 사적인 물품을 구입할 때에도 인터넷 쇼핑을 이용할 수 있게 된다.

4. **가치** : 인터넷을 통한 구매와 판매의 경제성이 무엇보다도 가장 중요한 요소이다. 재고와 유통 비용이 극적으로 낮아질 수 있다. 기존의 마케팅 방법보다 훨씬 적은 비용으로 전세계를 대상으로 마케팅을 수행할 수 있다. 온라인 제품의 구매와 판매가 증가함에 따라서 온라인 경매, 고객의 니즈에 맞춘 자동화된 상품추천, 자동 재고보충 등이 등장하고 있다. 이같은 새로운 방법들은 구매자와 판매자의 관계를 완전히 바꿔놓을 것이다.

가격할인의 마지노선이 무너진다

디지털 경제가 주류가 되어 가는 이유는 모든 사람이 할인된 가격을 좋아하기 때문이다. 구매의 편의성과 함께 높은 할인율 역시 가격에 민감한 구매자들이 무시하기 어려울 만큼 매력적인 요소이다. 인터넷 상거래에서는 제품 생산부터 소비까지의 경로가 짧아지고, 이 과정이 디지털로 처리되므로 업무가 단순화되어 가격을 내릴 수 있다. 많은 경우, 온라인상의 제품 가격은 소비자들이 다른 곳에서 구입할 때의 가격보다 저렴할 것이다.

- 비행기 여행을 할 사람은 인터넷에서 가장 저렴한 비행기표를 구입할 수 있다. 항공사들은 자사의 웹 사이트를 통해 최고 할인 가격을 제시한다. 일부 항공사는 등록된 사용자를 대상으로 매주 일정한 시간에 전자우편으로 가격을 알려준다. US 에어(US Air)사는 보스톤—필라델피아 왕복 비행기표를 89달러에 판매한다. 이것은 여행사를 통해 정상적으로 구입할 때보다 절반이나 싼 가격이다.

- 아마존(Amazon.com)은 창고를 보유하지 않고 도매업자에게 직접 책을 주문하기 때문에, 배달비를 포함해도 일반 서점의 판매가격 이하로 소비자에게 책을 공급할 수 있다. 그리고 BBW(Bargain Book Warehouse)는 한발 더 나아가 모든 주문에 대해 동일한 배달비를 적용하기 때문에 많은 책을 한꺼번에 주문하는 사람은 4.25달러의 저렴한 배달비용만으로 모든 책을 구매할 수 있다.

- 온세일(Onsale.com)과 옥션 유니버스(Auction Universe) 같은 온라인 경매 회사를 통해 소비자들은 다양한 분야의 여러 품목을 경매를 통해 구매할 수 있다. 에그헤드(Egghead)는 'SurplusAuction.com' 이란 경매 쇼핑몰을 개실하여, 재고로 남은 소프트웨어를 할인가격에 경매를 붙인다.

- 미국 최대 규모의 주택담보 융자회사 홈 론(Home Loan)사는 고객이 자사의 온라인 서비스를 통해서 담보물을 제공하는 경우, 거래 수수료를 1.25% 할인해준다.

웹 사이트 ··

- U.S. Air <www.usair.com>
- Auction Universe <www.auctionuniverse.com>
- Egghead <www.egghead.com>

필요한 것만 산다 : 부분 상품 거래

기존의 실물 경제에서는 경제성이 없어 생산 불가능한 제품도 인터넷에서는 생산할 수 있다. 대개의 경우, 기존 제품의 부분개념으로, 완제품의 일부를 떼어내서 새로운 제품으로 만들고 있다.

인터넷 미래에는 소액 결제 방법이 좀더 광범위하게 확산되면서, 소비자들이 제품과 서비스를 작은 부분으로 나누어 구입하는 경향이 늘어날 것이다. 이런 경향은 정보상품의 경우에 특히 심할 것이다. 정보상품은 얼마든지 조합과 재조합을 되풀이할 수 있기 때문이다.

이처럼 한 제품을 나누고 쪼개서 팔면 일부 값비싼 제품의 경우 고객층을 훨씬 넓힐 수 있을 것이다.

- 지금까지 법률서적 전문 출판사인 매튜 벤더(Matthew Bender)에서 발행한 참고 도서와 CD롬을 구입하느라 매년 수천 달러씩 지불해야 했던 법률회사들은 이제 인터넷을 사용하여 필요한 부분만 따로 구입할 수 있게 되었다. 'Authority On-Demand'라는 프로그램을 통하면 벤더 출판사에서 발행한 도서에서 원하는 특정 부분만을 구입할 수 있다. 가격도 해당 부분의 분량에 따라 5.95달러에서 35달러 정도에 불과하다. 결제는 신용카드로 이루어진다. 웨스트 출판사(West Publishing)도 이와 동일한 서비스를 제공하고 있다.

- 음반회사들은 소비자에게 노래 한 곡 한 곡을 온라인으로 판매할 수 있는 다양한 방법을 찾고 있다. 캐피톨 레코드(Capitol Records)는 듀란 듀란의 노래 한 곡을 인터넷 사이트에 올려놓

으면서 온라인 음악 판매 사업의 새 장을 열었다. 이런 실험적인 시도는 오랜 동안 음반 판매를 장악해 온 소매업자들의 강력한 저항에 부딪혀 후퇴할 수 밖에 없었다. 하지만 이 실험을 통해 음악의 직접 유통을 막는 주된 장애물이 기술적 문제가 아니라 유통채널 간의 분쟁이라는 점이 확인되었다. 그리고 인터넷을 통하면 음반을 한 곡씩 나눠서 판매할 수 있다는 (듀란 듀란의 노래는 1달러 이하에 판매되었다) 사실도 입증했다. CD나우(CDnow)가 소유한 슈퍼소닉붐(SuperSonic Boom)은 수천 곡의 음악 파일을 제공하고 있어서, 사용자들은 파일을 다운받아 직접 자신만의 CD를 만들 수 있다.

디지털 소비자 시대가 열린다

인터넷을 통해 물건을 사고 파는 새로운 방법은 많은 정보로 무장하고 높은 기대치를 갖는 고객을 창조할 것이다. 나는 지식을 갖춘 이 새로운 유형의 온라인 구매자와 소비자를 '디지털 소비자'라 부른다. 동료 및 친지들에게 많은 영향을 미치는 이 새로운 디지털 소비자들은 인터넷 이외의 영역에서도 더 빠른 배달과 더 편리한 거래와 더 구체적인 정보를 요구하게 될 것이다.

새로 등장한 디지털 소비자는 초기의 인터넷 사용자에 관한 상

웹 사이트
- Matthew Bender <www.bender.com>
- West Publishing <www.westpub.com>
- Capitol Records <www. hollwood&vine.com>
- CDNOW <www.cdnow.com>

식을 뒤집고 있다. 온라인 구매자 가운데 약 64%가 40세에서 64세 사이의 연령에 속해 있으며, 인터넷에 접속하는 가정의 1/3은 웹에서 물건을 구매한 경험이 있다.

디지털 소비자의 관심도 매우 다양하다. 사람들이 각각 가정과 직장에서 접속하는 웹 사이트가 중복되는 경우는 단 13%에 지나지 않는다. 그것도 게이트웨이 혹은 검색엔진이나 넷스케이프 같은 포털 사이트가 큰 부분을 차지한다. 비즈니스 목적으로 인터넷을 사용하는 사람들도 직장에서는 동일한 웹 사이트에 접속하는 경우가 많지만 가정으로 돌아오면 이용양태가 달라진다. 이들도 가정에서는 훨씬 다양한 사이트에 접속하는 경향을 보인다. 그렇다면 인터넷 미래의 디지털 소비자는 어떤 특징을 보일 것인가?

디지털 소비자는 정보에 밝다

인터넷 미래는 모든 정보가 모든 사람에게 공개되는 시대이다. 이미 온라인에 접속한 경험이 있는 소비자의 절대 다수는 온라인 정보가 구매 의사결정에 큰 도움을 준다고 말한다. 그리고 만일 어떤 회사가 필요한 정보를 제공하지 않는 경우에 소비자는 다른 곳에 접속해서 정보를 찾을 것이다. 그리고 아마 그곳에서 구매할 가능성이 많다. 이제 어느 곳에서나 가격과 제품을 비교할 수 있다. 야후!(Yahoo!)나 넷스케이프 같은 회사의 검색서비스와 특정 분야 사이트 간에 협력 관계가 형성되어 디지털 소비자는 원하는 품목을 정확히 찾아낼 수 있다. 소비자를 위해 자동으로 상품과 서비스를 비교해 주는 서비스도 있다. 웹프라이서(WebPricer)는 소비자가 자기 전화요금 청구서의 정보를 입력하면 그것을 7개 장거리 전화회사의 전화요금과 자동으로 비교해주고 어떤 회사를 이용하면 가장 비용이 싼지를 알려준다.

디지털 소비자의 요구 수준은 매우 높다

디지털 소비자 가운데 절반 정도가 온라인 쇼핑의 가장 중요한 이유로 싼 가격과 편리함을 꼽고 있다. 품목의 다양성이 세번째 이유이다. 중요한 것은 이러한 요구가 컴퓨터 키보드 앞에서만 머무르지 않을 것이라는 점이다. 한밤중이라도 즉시 필요한 책을 찾아서 주문하는데 익숙해진 소비자들은 오프라인이라고 해서 일주일 이상 참을성 있게 기다리려고 하지 않을 것이다.

디지털 소비자들의 구매 의사결정 패턴이 달라진다

지금까지는 대체로 잘 아는 사람의 추천이 소비자의 구매, 특히 비싼 물건의 구매에 강한 영향을 미쳤다. 하지만 이제는 채팅룸과 게시판, 뉴스그룹, 개인 웹 페이지 등 어디서나 제공되는 정보가 이를 대신해서 디지털 소비자의 구매 의사결정에 많은 영향을 미치고 있다. '구매추천 시스템'이라고 불리는 새로운 기술은 비슷한처지의 소비자들의 견해를 토대로 자동으로 상품을 추천해준다(6장 참조).

행동의 변화와 달라지는 기대치

현금자동입출금기(ATM)가 처음 설치될 때, 사람들은 '진짜 사

웹 사이트 ....

- WebPricer <www.trac.org/webpricer>

람'과 거래하는 쪽을 선호하기 때문에 그 기계를 사용하지 않을 것이라고 말했다. 지금 소비자들은 바로 이 기계를 별도의 수수료를 지불하면서까지 사용하고 있다. 일단 장점을 인식하고 나자, ATM을 사용하는 것 자체가 일상의 습관으로 정착되었다. 인터넷도 마찬가지이다. 인터넷 구매를 경험한 소비자들은 다시 같은 방식으로 구매할 가능성이 높다. 예를 들어, 인터넷으로만 음악을 판매하는 소매업자 N2K가 운영하는 뮤직불버드(Music Boulevard)의 고객 가운데 50%는 반복 구매자다.

단지 인터넷에 접속했다는 이유만으로 소비자의 행동이 하룻밤 사이에 바뀌지는 않는다. 행동양태는 인터넷에 익숙해지면서 서서히 바뀐다. 사용자는 아래의 네 단계를 거치면서 인터넷 소비자로 바뀌는 경향을 보인다.

1. 무료 서비스를 받는 대가로 자신의 신상 정보를 제공하는 단순한 정보제공 단계
2. 가장 적합한 정보를 자동으로 제공해주는 서비스, 예컨대 My Yahoo!나 구매 추천 서비스 같은 개인맞춤 서비스에 가입하는 맞춤정보이용 단계
3. 책이나 선물과 같은 작은 개인용 물품을 한번 구매해보는 단계
4. 온라인 주식거래나 정기적인 경매 참여 등과 같은 훨씬 복잡한 거래에 익숙해지는 디지털 소비자(e-consummer) 단계

디지털 소비자의 행동은 인터넷을 사용하는 장소에 따라 다르다. 검색 사이트를 제외하면, 직장과 가정에서 방문하는 웹 사이트는 크게 다르다. 그 이유 가운데 하나는, 직장에서는 고속 전용선에

접속하여 신속하게 화상과 정보를 검색할 수 있는 반면 가정에서는 전송 속도가 느린 전화접속을 이용하기 때문이다.

또한 인터넷 상거래의 감춰진 측면을 주목해야 한다. 수백 만의 소비자들(인터넷에 접속하는 소비자 가운데 거의 2/3 정도)이 구매할 물품을 인터넷에서 먼저 충분히 검토한 다음, 상점에 가서 구입한다는 사실이다.

사이버 경제로 인한 변화

공간의 제약이 사라진다

지금까지 금융거래는 은행에서 하고 일상용품은 잡화점에서 구입했으며, 주식을 거래하기 위해서는 증권회사를 찾아야 했고 비디오는 비디오점에서 샀다. 하지만 인터넷 미래에는 이 모든 게 달라질 것이다.

- 슈퍼마켓이나 쇼핑몰, 기타 소매점에는 최소한 한 개 이상의 인터넷 간이은행이 설치되어 있다. 간이은행에서 고객은 예금잔고를 확인할 수 있을 뿐 아니라, 대출과 투자 정보를 제공받을 수 있고, 필요할 경우에는 화상으로 은행 직원과 상담할 수도 있다. 또한 은행은 이 시스템을 이용하여 해당 사이트에 적합한 마케팅 메시지를 전달할 수도 있다. 고객은 자신이 어디에 있든 쇼핑과 금융거래, 정보검색과 투자를 한꺼번에 할 수 있는 것이다.

(웹 사이트) ....

- Music Boulevard <www.musicblvd.com>

- 보스톤의 스트림라인(Streamline)은 개인의 창고나 지하실에 스트림라인 박스(Streamline Box)를 무료로 설치해 주고 있다. 박스를 설치한 사람이 식료품이나 냉동식품을 박스에서 꺼내는 순간 자동으로 주문이 이루어져, 소비자들이 쇼핑을 하기 위해 굳이 상점까지 가지 않아도 회사 측에서 그 물건을 바로 배달해 줄 것이다. 그렇다면 회사 측은 소비자가 선호하는 브랜드를 어떻게 파악하는가? 소비자가 이 서비스에 서명할 때, 스트림라인의 직원은 부엌 찬장이나 냉장고에 있는 모든 식료품의 바코드를 스캔하여 고객이 선호하는 브랜드를 모두 데이터베이스에 입력하게 된다.

산업의 경계가 사라진다

특정 산업에 신규로 참여하는 기업은 당신이 예상하는 경쟁사가 아닐 수도 있다. 전자상거래 시스템을 먼저 개발한 회사들 중 일부는 자신들이 개발한 시스템을 다른 회사에 판매하는 새로운 사업 기회를 발견하고 있다. 산업간에 쌓여진 높은 벽이 허물어지고 있는 것이다.

- 체로키 내셔널 생명보험(Cherokee National Life Insurance)은 소프트웨어 회사 엔프론트(nFront)와 제휴하여, 이미 신용카드로 생명보험을 제공하고 있는 800여 개의 은행들을 대상으로 웹 금융 시스템을 판매하고 있다. 체로키의 한 간부는 이렇게 말한다.
  "우리는 추가로 판매할 수 있는 상품을 물색하던 중에 우리가 꼭 보험 관련 상품만 팔아야 하는 건 아니라는 사실을 깨달았습니다."

- 퍼스트 시카고 NBD(First Chicago NBD)는 인터넷과 뉴스 서비스 사용에 대한 입문서를 포함한 인터넷 접속 키트를 자사 고객에게 제공한다. 고객이 이 소프트웨어를 실행하면 퍼스트 시카고의 홈페이지가 초기 화면으로 뜬다. ISP(인터넷 접속 서비스업체)들이 은행의 경쟁 상대가 되리라고 상상이나 했겠는가?

인터넷이 모든 산업을 바꾼다

모든 회사와 모든 산업이 인터넷 미래의 충격을 느낄 것이며 일부는 좀더 일찍 충격을 느낄 것이다. 자동차 산업을 예로 들어보자. 소비자들이 딜러 비용과 소매 가격을 손쉽게 비교할 수 있을 뿐 아니라, 직접 구매하거나 전세계의 어느 딜러와도 상담할 수 있다. 심지어 소비자 스스로 다른 소비자를 상대로 딜러 역할을 직접 수행할 수도 있을 것이다. 이런 현상으로 인해 모든 자동차 구매 습관이 바뀔 것이다.

자동차 업계 간부는 금세기가 끝날 즈음에는 신규 자동차 구매자 가운데 50%가 인터넷을 통해 관련 정보를 조사하거나 구매하게 될 것이라고 예상하고 있다. 로버트 이튼 크라이슬러 회장은 전미 자동차딜러 협의회에서 "고객이 구매의 선 과정을 통제하게 될 것이다. 만일 이 시장에서 살아남고 싶다면, 우리는 고객을 예의바르게 맞이하고 고객이 요구하는 것을 정확하게 제공해야 할 것이다"라고 발언함으로써 관계자들에게 충격을 주었다.

새로운 권한을 갖게 된 이 고객들을 위해, 크라이슬러는 전국에

웹 사이트
- Streamline <www.streamline.com>
- First Chicago NBD <www.fcnbd.com>

산재한 자사의 재고 목록 전체를 인터넷에 올리고 있다. 그래서 고객이 마음에 드는 자동차를 선택하면, 그 차의 재고를 보유한 제일 가까운 곳에 있는 딜러에게 인도된다.

개별 딜러의 차원에서도 인터넷을 통해 고객과 접촉할 방법을 찾고 있다. 아이다호 주의 켈로그에 있는 한 딜러는 인터넷을 통해 지프 4,000대를 팔았다고 한다.

도매 딜러에게 자동차를 판매하는 '맨하임 온라인(Manheim Online)'은 딜러로 하여금 '사이버로트'란 사이트를 통해 구조, 모델, 연식 등 원하는 사양을 파악하도록 도와 주고 있다. 따라서 도매 딜러들은 자신이 발견한 차종을 즉시 구매할 수 있을 뿐 아니라, 오프라인 경매에 나올 자동차들을 미리 검색할 수도 있다.

소비자 직접 판매를 시도한 오토-바이-텔(Auto-By-Tel)은 웹 사이트를 통해 지금까지 백만 대 이상의 자동차를 팔았다. 도요타는 고객이 공장에 직접 접속해서 자신이 원하는 사양의 차를 주문하면 딜러를 통해 2주일 후에 자동차를 배달하는 시스템을 구축하고 있다.

사이버 월 스트리트가 형성된다

지금까지 보았듯이, 인터넷은 우리 삶의 모든 영역을 변화시키고 있다. 그 중에서도 은행과 투자 분야는 특히 많은 영향을 받을 것이다. 금융분야는 그 속성상 빠르게 변하는 엄청난 양의 통계 정보를 처리해야 되는 부분이기 때문에, 금융기관은 인터넷 미래에서 극적으로 변화할 것이다. 인터넷이 바로 이 산업의 미래를 만들어가는 역할을 하게 될 것이다.

이같은 변화를 선도하고 있는 회사 가운데 하나가 실리콘 밸리

(Silicon Valley)에 위치한 위트캐피털(Wit Capital)이다. 이 회사는 스프링 스트리트 양조(Spring Street Brewery)가 주식을 상장하여 3,500명의 온라인 투자자들로부터 1,600만 달러를 유치함으로써 창립되었다. 디지털 경제가 점차 성장하자, 위트캐피털은 살로몬 스미스 바니의 부사장 출신인 밥 레신을 대표이사 회장으로 임명하고 그를 중심으로 새로운 경영진을 구성했다. 레신은 경험이 풍부한 경영진을 신속하게 영입했다. 그 안에는 찰스 스왑(Charles Schwab & Co.)의 전임 부사장 로널드 레드몬드와 아이빌리지(iVillage)의 재무 담당 최고경영자(CFO)였던 KPMG 출신의 베스 폴리쉬가 포함되었다.

레신 회장은 이렇게 말한다.

"위트캐피털은 개인에게 권한을 이양하는데 초점을 맞추어 왔다. 나는 프랜차이즈를 만들고 싶다. 프랜차이즈는 주식을 인수하고 이를 토대로 굳건한 관계를 유지하게 될 것이다."

레신은 예전에는 인수할 수 없었던 상장주식을 온라인 투자자들에게 신청한 순서대로 제공할 기회를 모색하고 있다.

다른 온라인 주식중개업체와 달리 위트캐피털은 기업을 위해 개인들로부터 자본을 모집한다. 위트캐피딜의 고객은 평균 800주 정도를 주문하는 개인 투자자들이다.

레신 회장은 계속해서 이렇게 말한다.

"20년이 지나면 바뀌는 부분도 있을 것이고 동일하게 유지되는 부분도 있을 것이다. 상장을 위한 로드쇼는 사라질 것이며, 가장 정

웹 사이트 ....

- Manheim Online <www.manheim.com>
- Auto-By-Tel <www.autobytel.com>
- Wit Capital <www.witcapital.com>

확한 개인들을 타겟으로 마이크로 마케팅을 전개할 수 있는 능력을 갖게 될 것이다. 개인의 중요성은 날로 커가고 있다. 우리가 '클리브랜드'의 상장을 담당한다면 우리는 오하이오 주민들에게 마케팅을 할 것이다. 나는 사람들이 온라인에서 무엇을 선호하며, 어떻게 시간을 보내는지 알고 싶다. (그 내용을 파악하면) 우리는 다른 어떤 증권회사보다 효과적으로 마케팅을 할 수 있을 것이다. 이러한 방식으로 우리는 코스트(원가)를 낮추고 있다.

전세계 자본의 상당 부분이 온라인을 통해 모집될 것이다. 이것은 정말 선구적인 시도이다. 이것은 구세계와 신세계의 대결이기도 하다. 월 스트리트가 우리를 따라오려면 기존 관습을 많이 깨뜨려야 한다. 전통적인 월 스트리트가 위기감을 느낄 때는 이미 시기를 놓친 다음일 것이다. 분명히 많은 사람들이 때를 놓치게 될 것이다."

레신 회장은 위트캐피털이 디지털 주식시장을 만들면 온라인 주식중개인이 많이 참여할 것으로 예상하며 이렇게 말한다.

"이것은 대체로 자본 관련 게임이며 핵심은 누구나 자본에 접근할 수 있다는 점이다. 미래에는 폐장 이후에도 투자자들 사이에서 서로 매매가 이루어질 것이며, 모든 사람이 최소한 하나 이상의 인터넷 계좌를 가지게 될 것이다. 상장주식과 공모주식은 우리에게 올 수밖에 없을 것이다."

항상 열려있는 인터넷 미래의 세상에서, 구매하고 판매하고 거래하는 행위는 전통적인 시장의 개장시간에 구애받지 않고 24시간 계속될 것이다. 이 게임에 새로 참여하는 수백 만에 달하는 새로운 인터넷 소비자들은 새로운 경제세력이 될 것이다. 온라인 증권사들이 전통적인 증권회사에 가하는 극적인 충격은 단지 시작일 뿐이다. 인터넷 소비자들은 훨씬 많은 금융정보에 접근할 수 있음은 물론, 그 정보에 입각하여 실시간으로 행동에 돌입할 수 있는 능력을 갖추게 될 것이다.

온라인 투자와 금융 거래는 새로운 것이 아니다. 많은 증권회사와 은행이 이미 몇 년 전부터 소프트웨어와 전화 정보 서비스를 고객에게 제공해 왔다. 이제 이들 모두의 최대 관심사는 인터넷 미래의 고객을 사로잡을 전략이다.

그 성장속도는 정말 대단하다. 1998년 봄에는 피델리티 투자회사(Fidelity Investments)에서 중개수수료를 받는 거래의 60%가 PC를 통해서 이루어졌다. PC에 기반을 둔 거래 규모는 일년 전만해도 단 7%에 지나지 않았다. 같은 해 6월에는 찰스 스왑(Charles Schwab & Co.)의 전체 거래량 중 52%가 온라인으로 이루어졌다. 2002년에는 인터넷 거래 계좌가 1,440만개에 달하고 그 액수는 6,880억 달러에 달할 것이다. 또한 증권회사에게 가장 많은 이익을 안겨주는 투자자는 가장 많이 접속하는 거래자가 될 것으로 전망된다.

스왑, 피델리티, 퀵 앤 렐리처럼 전화 거래를 개척하며 수수료 인하를 주도해온 증권 회사들은 비용의 거품을 제거하는 전략을 펼치고 있다. E*트레이드(E*Trade)처럼 인터넷상에서 태어나 온라인 거래만 하는 회사는 거래 비용을 극적으로 절감시킴으로써 수수료 할인 증권회사들이 시작한 혁명을 한층 더 발전시켰다. 다른 회사들도 그 뒤를 따르고 있으며, 마침내 몇 년 전만 하더라도

웹 사이트 ....

- Fidelity Investments <www.fid-inv.com>
- Charles Schwab <www.schwab.com>

최소한 25~30달러에 달하던 거래 비용을 8달러 이하로 낮추어 놓았다. 대량 거래에만 적용되던 수수료 할인율 역시 지금은 한 사람이 100주를 사거나 1,000주를 구입할 때에도 똑같이 적용되고 있다. 웹스트리트 증권사(WebStreet Securities)는 나스닥(NASDAQ) 주식을 1,000주 이상 주문할 경우에 수수료를 받지 않는다.

인터넷 미래에서 투자는 일용품처럼 거래될 것이며 서비스를 둘러싼 전쟁이 벌어질 것이다. '신속'하고 '정확'한 거래가 중요하지만, 고객에게 능동적으로 투자할 용기를 북돋아줄 정교한 투자 정보야말로 인터넷 미래에서 한층 더 중요한 경쟁 무기가 될 것이다.

중개 수수료의 대부분을 지불하는 활동적인 투자자들은 방대하고 시의적절한 통계를 요구한다. 페인 웨버(Paine Webber)와 같은 종합 증권회사(시장조사와 투자분석 및 이익예상 등 일체의 서비스를 제공하는 업체)는 이런 유형의 정보를 제공하기 위해 총력을 기울이고 있다. 마이크로소프트 투자(Microsoft Investor), 퀵컨(Quicken.com), DBC, 코우트(Quote.com) 등은 스탠더드 앤드 푸어스(Standard & Poor's), 퍼스트 콜(First Call), 잭스(Zacks), 모닝스타(Morningstar) 등이 제공하는 정보 서비스를 취합하여 풍부한 컨텐츠의 패키지로 통합시키고 있다. 또한, 온라인 투자자들은 쌍방향 투자계획 분석기(smartcalc.com), 기초 경제 정보(Quicken.com, Quote.com, DBC), 분석과 논평(The Street. com), 회사 분석(Hoover's), 미 증권거래위원회의 파일(Disclosure), 애널리스트 추천 종목(Zacks), 예상 수익률(First Call) 등의 시스템을 통해 도움을 받을 수도 있다.

이런 서비스들은 야후, 라이코스 등의 인터넷 검색서비스, 미디어 회사, 금융 서비스 회사 등에서 개인화된 서비스로 제공되고 있다. 인터넷 투자정보 서비스 회사들은 끊임없이 변하는 금융 관련

그림 1-1 거래 1건당 비용 비교 　　　　　　(단위 : 달러)

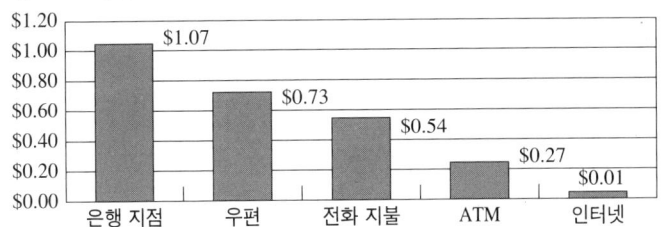

정보의 속성 때문에 투자 여력이 있는 인터넷 사용자들의 반복 접속을 이끌어 낼 수 있으므로, 이들을 대상으로 한 광고가 매우 수익성 있는 비즈니스가 될 수 있다는 사실을 발견했다.

정보 제공이 강조되면서 흥미있는 구조가 형성되고 있다. 스펙트럼 한쪽 끝에는 증권 회사에 종합 서비스를 제공하면서 수수료를 받는 회사가 있다. 증권회사는 투자 추천 종목을 선정하기 위해 이들의 정보를 이용한다. 스펙트럼 다른 쪽 끝에는 파격적인 수수료 할인회사가 존재한다. 이들은 매우 낮은 중개 수수료를 받는 대신 문제가 생길 경우에도 무료 서비스에 대한 보상을 하지 않는다.

인터넷 미래에는 양자의 장점을 취하여 좋은 서비스와 낮은 수수료를 겸비한 새로운 유형의 증권회사기 등장할 것이다. 인터넷 구매에 익숙해진 투자자는 투자정보 조사, 투자계획 수립, 증권거래 등을 인터넷으로 하는 것에 한층 더 익숙해 질 것이다. 하지만 거래에 문제가 발생할 경우에 전문가를 직접 만나서 상담하길 원하는 사람 역시 많을 것이다. 증권회사가 이 거대한 시장에 진입하

웹 사이트 ···

- WebStreet Securities <www.webstreetsecurities.com>
- The Street.com <www.thestreet.com>
- Compu Bank <www.compubank.com>

려면 다음과 같은 기능을 제공해야 할 것이다.

- 인터넷과 전화 서비스를 동시에 활용한 우수한 고객 지원
- 고객의 투자 결정에 도움을 주는 풍부한 정보(여기에는 온라인 데이터와 투자계획 수립 도구나 서비스가 포함되어야 한다)
- 종합 서비스 회사보다 낮은 수수료에 보상책임까지 지는 서비스

증권회사와 은행의 구분이 사라진다

인터넷 금융 거래의 사례는 고객 자신과 은행 모두에게 극히 고무적이다. 인터넷을 통한 거래 비용은 1페니에 불과하며, 이것은 다른 거래 방법에 비해 매우 낮은 비용이다. 금세기가 끝날 즈음에는 북미 은행 가운데 90%가 인터넷 거래를 취급할 것으로 전망된다. 따라서 은행이 웹에 기반을 둔 증권 중개 업무와 보험 업무까지 포괄하는 서비스를 지향하고 있다는 건 그리 놀라운 일이 아니다. 심지어 인터넷에서만 업무를 보는 은행도 등장했는데, 애틀랜타 인터넷(Atlanta Internet)과 휴스톤에 있는 컴퓨뱅크(Compu-Bank)가 바로 그 사례이다.

인터넷을 그 정도까지 비중있게 생각하지 않는 은행조차도 기존 서비스에 인터넷을 도입하고 있다.

- 캐나다 트러스트(Canada Trust)는 적절한 장비를 갖춘 고객들이 상담센터에 직접 접속하여 직원과 상담할 수 있도록 만들었다. 직원은 고객이 접속해 있는 동안 저당 관련 업무를 처리하도록 도와줄 수 있다. 또한 직원은 고객이 지금 자사 웹 사이트의 어느 페이지에 있는지를 파악하여 고객의 컴퓨터 화면에 정보를

보낼 수도 있다.

■ 시티뱅크(Citibank)는 자동차 딜러들에게 자동차 대출을 신청한 다음 90초 안에 승인 여부를 통보받는 서비스를 제공할 예정이다. 이렇게 되면 자동차 구매자와 딜러가 즉석에서 대출 여부를 확인할 수 있을 것이다.

은행은 인터넷 서비스에서 한걸음 더 나아가 은행과 증권회사의 경계선마저 무너뜨릴 것이다. 그러나, 증권회사가 애지중지하는 투자자들을 빼앗기 위해 경쟁하는 편보다는 돈에 관한 모든 서비스를 제공하는 '원스톱 쇼핑' 센터로 포지셔닝하려고 시도할 것이다. 웰스파고(Wells Fargo), 체이스 맨해튼(Chase Manhattan), 와코비아(Wachovia), 시티뱅크(Citibank), 컴퍼스 뱅크 오브 버밍엄(Compass Bank of Birmingham), 앨러배마(Alabama) 등의 회사들은 새로운 고객을 끌어들이고 고객 유지 비율을 높이기 위해서 증권거래 중개 서비스와 투자계획 수립 도구나 뉴스 등을 고객에게 제공함으로써 은행과 증권회사의 기능을 모두 갖춘 새로운 회사로 포지셔닝해가고 있다.

유통 경로가 변한다

기존의 사업과 인프라에 안주하지 않고 인터넷 미래로 진출하려는 기업들은 전통적인 파트너, 특히 유통 채널에 대해 관심을 기울여야 한다. 전통적인 종합 증권회사들은, 고객과 직접 관계를 맺고

웹 사이트 ....

- Canada Trust <www.canadatrust.com>
- Citibank <www.citibank.com>
- Wells Fargo <www.wellsfargo.com>

수익금 대부분을 벌어주는 주식 중개업자들과 결별하고 인터넷에 뛰어들 것인가, 아니면 인터넷 주식거래가 전체 거래의 1/4에 육박하는 현실 속에서 인터넷을 무시할 것인가의 딜레마에 직면하고 있다.

관광산업에서 큰 비중을 차지하는 항공산업의 경우를 보자. 미국 전역의 항공권 가운데에서 80% 정도가 여행사를 통해 예약되고 있다. 전통적으로, 항공사는 판매가격의 10% 정도를 여행사에게 지불하는 대신 티켓 발행 직원의 수를 줄이는 이익을 얻고 있다. 여행사는 항공사의 예약시스템에 직접 연결된 터미널을 갖추고 항공사의 한 부분처럼 기능하고 있다. 사브레(Sabre) 그룹의 인터넷 기반 사프레 인터액티브(Sabre Interactive) 여행 서비스와 같은 쌍방향 여행 시스템은, 관련 여행사 채널을 계속 유지하기 위해서 고객의 인터넷 주문을 계약 여행사를 통해 처리하고 있다.

그러나, 여행사들은 소비자들이 델타 항공(Delta Airlines)과 같은 웹 사이트에 몰려가 비행기표를 직접 예매하는 걸 무기력하게 지켜볼 수밖에 없었다. 델타 항공은 여행사에 지급하는 수수료를 6%로 줄여서 여행사들의 핵심 수입원을 한층 더 잠식했다. 많은 여행사들은 자신의 사업 형태를 사이버 기업으로 전환함으로써 인터넷 혁명에 합류하는 길보다는 항공권 발행 수수료를 여행객에게 부과하는 편을 선택했다.

여행사들은, 여행객의 편에 서서 새롭고 혁신적인 서비스를 제공하지 못함으로써, 가격에 민감한 여행객들로 하여금 직접 항공사 웹 사이트에 접속하여 모든 항공사의 가격을 비교하여 가장 싼 비행기표를 수수료 없이 예약하도록 조장한 셈이다. 단기적인 관점에서 볼 때, 이 선택은 가장 많은 이익을 남겨주는 여행객 즉, 비즈니스 여행객으로 하여금 여행사를 기피하도록 만들었다. 그리고 시간은 많이 들고 이익은 별로 없는 단체 여행객만 여행사 몫으로 남게 되었다. 여행사는 고객에게 더 좋은 서비스를 제공할 방법과 인터넷 서비스를 기존 서비스에 통합시키는 방법에 대해 다시 생각해보아야 할 것이다.

기존 유통 경로와 인터넷의 시너지 효과를 거두는 방법

· 기존 유통경로를 인터넷으로 끌어들인다 : 에이번(Avon)은 인터넷 상거래의 잠재력이 무시하기엔 너무 거대하다고 판단했다. 동시에, 고객과 밀접하게 연결된 에이번의 여성 외판 조직을 소외시키고 싶지도 않았다.

에이번은 다양한 조사를 한 결과, 기존의 고객과 잠재적인 인터넷 고객이 중복되는 경우가 거의 없다는 사실을 알았다. 그 후, 에이번은 모든 영업사원들이 개인 홈페이지를 개설하도록 지원했다.

고객이 리버티 뮤추얼(Liberty Mutual)의 홈페이지에 들어가면 가장 먼저 펀드를 직접 매입할 것인가 아니면 투자 상담역을 통해 매입할 것인가를 묻는 질문에 접하게 된다. 만일 '상담역을 통해서' 하고 대답하면, 고객은 그에 맞는 페이지로 이동하고, 웹 사이트에 입력한 내용에 따라 파악된 고객의 니즈에 관한 정보가 상담역에게 전달될 것이라는 사실을 알려준다.

· 주변 품목을 판매한다 : 깁슨 기타(Gibson Guitars)는 본사가 완제

▶웹 사이트 ┈┈┈
- Delta Airlines <www.delta-air.com>
- Aron <www.aron.com>
- Liberty Mutual <www.libertymutual.com>

품 기타를 고객에게 직접 판매할 경우 대리점들이 격렬하게 반대하지만, 기타줄과 같은 악세사리를 직접 판매하는 것에 대해서는 반대하지 않는다는 사실을 발견했다. 다른 회사들 역시 기존의 유통망에서 수익성 없는 품목은 온라인 유통이 최적의 해결책이라는 사실을 깨달았다.

J.C. 페니(J.C. Penny)는 점포에서 파는 품목을 인터넷에서 그대로 판매하면서도, 갈등 관계에 있는 기존 소매업자들을 수용할 수 있는 인터넷 전략을 채택하고 있다. 페니 본사가 웹 사이트에서 할인쿠폰을 제공하면 고객이 그 쿠폰을 프린트해서 점포에 가지고 가서 할인받을 수 있게 하는 전략이다. 프랜차이즈점이나 유통업체들도 이런 전략을 채택할 수 있을 것이다. 편의점 체인망인 스토어 24(Store 24) 역시 체인점에서 사용할 수 있는 쿠폰을 온라인으로 제공한다.

· 기존 유통망 지원 기능에 한정한다 : 리(Lee)와 랭글러(Wrangler) 청바지를 생산하는 VF사는 주요 소매상들과 경쟁하지 않는 게 좋겠다는 결론을 내렸다. 그 대신, 인터넷을 활용하여 고객이 자신에 맞는 사이즈와 체형의 옷을 선택할 수 있도록 도와주고 있다. 그리고 고객에게 고른 옷을 살 수 있는 가장 가까운 점포를 알려준다.

· 같은 조건으로 경쟁한다 : 미국의 세가(Sega)는 자사 제품을 인터넷과 전화를 통해 직접 판매하기로 결정하면서 기존의 소매 유통망과 가격경쟁을 하지는 않기로 결정했다. 인터넷 고객에게 할인 혜택을 주지 않기로 한 것이다. 상점에서 사나 인터넷에서 사나 가격은 동일하다. 게다가 인터넷 고객은 배달비를 지불해야 하기 때문에 인터넷으로 구매하는 것이 상점에서 구매하는

것보다 약간 비싼 셈이다. 세가는 가끔 인터넷 판촉행사를 하면서 상점에서 구입할 수 없는 제품을 제공하긴 하지만 할인가격으로 판매하진 않는다. 다시 말해서, 세가는 인터넷의 비용 절감 효과를 이용하여 기존 유통망을 희생시키지는 않겠다고 결정한 것이다. 세가는 기존의 유통망이 위협을 느끼거나, 세가 제품을 보이콧할 우려가 있는 가격 할인 정책을 포기한 것이다.

전자상거래가 현실 세계와 만난다

인터넷 미래는 구매자 시장은 물론 판매자 시장도 만들어 낼 것이다. 인터넷 비즈니스를 확대하는 추진력의 하나는 모든 범주에서 구매자와 판매자 사이가 긴밀하게 연결된다는 점에 있다. 이 장점은 기업간 전자상거래(Business To Business : B to B)에서 큰 위력을 발휘할 것이다. 소비자들이 엄청난 가격 경쟁력 때문에 인터넷으로 몰려들고 있듯 기업 역시 인터넷 상거래가 지니는 장점을 깨닫게 될 것이다. 실제로, 1997년 한 해의 인터넷 상거래 총액 중 85%가 기업간 전자상거래에서 발생했다.

고객이 기업이든 개인이든 상관없이, 구매자와 판매자가 긴밀히 연결되면 영업사원의 역할도 단순히 주문이나 받던 데서 고객의 니즈에 맞춰 컨설팅을 해주는 쪽으로 변할 것이다. 예를 들어, 은행의 경우 일상적인 거래는 인터넷으로 처리하고 직원은 주로 예외적인 경우에 대해 상담하는 역할을 맡게 될 것이다. 존 행콕(John Hancock)의 전자상거래 담당 상무이사인 짐 스미스는 이렇게 말

웹 사이트

- Gibson Guitars <www.gibson.com>
- J.C Penney <www.jcpenney.com>

한다.

"우리 영업사원들에게 부가가치가 더 높은 역할을 맡길 수 있을 것이다. 이들은 지리적인 구분인 '구역'이라는 틀을 벗어나 특정 제품 유형별로 전문성을 가지게 될 것이다. 하지만 그러기 위해서는 회사가 그들에게 그런 역할을 수행할 수 있도록 도구를 제공해야 한다."

인터넷 상거래를 막는 가장 큰 장애물 중 하나는 정부의 규제이다. 예를 들어, 생명보험 판매는 아직까지 신체검사를 요구하는 경우가 많으며, 인터넷으로 자동차 보험에 가입하는 것을 허락하는 정부 역시 아직은 소수에 불과하다. 그러나, 인터넷의 가치가 계속 높아지면서 기업과 소비자는 모두 정부에 규제 혁신을 위한 강력한 압력을 가하게 될 것이다.

소매업체가 인터넷 세계와 만난다

기존 사업체를 가지고 있다는 것이 남보다 먼저 인터넷 미래로 뛰어드는 데 장애가 될 수 있다. 예를 들어, 에그헤드(Egghead) 주식회사를 살펴보자. 대형 컴퓨터 양판점이 대거 등장하기 시작하자, 소프트웨어 판매 체인인 이 회사는 막대한 자원을 투입하여 실물 세계에서 경쟁하는 전략 대신에, 체인점 80개를 폐쇄하고 인터넷에서만 판매하는 전략을 택했다. 매출액이 1억 달러인 이 회사는 소프트웨어를 인터넷상에서만 판매하기로 결정하며, 2002년까지 소프트웨어 시장의 30% 이상을 점유하고 매출액은 10억 달러에 달할 것으로 전망했다. 이 회사는 이런 변화를 통해 직원 수를 80%나 줄임으로써 간접비를 연 2,000만 달러 이상 절감할 수 있었다. 이 회사는 회사명을 'Egghead'에서 'Egghead.com'으로 바꾸기까

인터넷 상거래 전문용어

기존용어	미래용어
수표 번호	수표 경로 번호
이름	고객 ID
PIN(암호 번호)	패스워드
종이가 없는 사무실	종이가 없는 현금
티켓	전자 티켓
현금	사이버현금
직접 응답	클릭 연결
보통예금	디지털 지갑
잔돈	소액 지불
"수표를 우편으로 보낸다"	"지불은 내 ISP를 통해 이루어질 것이다"

지 했다.

인터넷 상거래 세상의 금기

인터넷 미래로 진입하는 회사들이 빠지기 쉬운 함정 몇 가지가 있다. 지나치게 노골적으로 판매에만 집착하거나 인터넷 활용 방법에 대해 좁은 관점을 가지고 있으면 바람직한 시도가 무위로 돌아가거나 심지어 좋은 의도가 파멸을 초래할 수도 있다.

· 혼자 영웅이 되려고 하지 말라 : 가능한 모든 영역에서 팀을 구성하라. 억지로 조직에 사람을 꿰맞추지 말고 진정한 커뮤니티(community)를 만들어야 한다. 한 가지 제품을 중심으로 커뮤니티를 형성하기 위해 정교한 웹 사이트를 개발하는 회사들이 있

웹 사이트 ⋯⋯⋯⋯⋯⋯⋯⋯⋯⋯⋯⋯⋯⋯⋯⋯⋯⋯⋯⋯⋯⋯⋯⋯⋯⋯⋯⋯⋯

- John Hancock <www.johnhancock.com>
- Egghead <www.egghead.com>

는데, 이들이 간과하고 있는 사실이 있다. 사람들이 커뮤니티를 형성하는 이유는 동일한 브랜드의 제품을 사용하기 때문이 아니라는 점이다. 보다 좋은 접근 방식은 목표시장에서 관심사가 같은 사람들이 모여 있는 실제 커뮤니티를 통해서 제품을 판매할 수 있는 방법을 찾는 것이다. 예를 들어 탈취제의 경우에는 같은 브랜드의 탈취제 사용자를 억지로 모으기보다는 스포츠와 건강 정보에 관심있는 커뮤니티에 접근하는 것이 훨씬 바람직할 수 있다.

· 두 개의 얼굴을 가지지 말라 : 인터넷 브랜드와 실물 브랜드의 아이덴티티를 일치시켜야 한다. 만일 당신이 소매업자로서 가장 중요하게 여기는 가치가 편리함이라면, 당신은 웹 사이트를 검색하기 쉽게 하는데 중점을 두어 디자인해야 한다. 만일 고급품을 취급하는 소매업자라면 기업 이미지를 손상시키지 않는 범위에서 웹 사이트를 볼륨감 있게 만들어서, 클릭 한 번으로 거래를 처리하는 간편성 위주의 할인업체와 차별성을 두는 게 좋다.

· 고정 관념에 얽매이지 말라 : 과거에 수익성이 없었다고 해서 지금 현재에도 비즈니스 기회가 없는 것은 아니다. 캐멀롯 뮤직(Camelot Music)은 외면당했던 음악선집을 인터넷에서 판매하기 시작했다. 일년에 단지 몇 장만 팔리는 음반타이틀을 캐멀롯 매장에 진열하는 건 어렵지만, 인터넷에서는 유통비용이 저렴하기 때문에 별다른 부담이 없었다. N2K의 뮤직 불버드(Music Boulevard) 역시 동일한 경험을 했다. 총판매량 가운데에서 약 80%를 '깊이 묻혀있던 목록'이 차지한 것이다.

· 낡은 기준을 사용하지 말라 : 인터넷 미래에는 마케팅 비용을 고객 한 사람의 잠재적인 평생 가치와 비교해 판단하는 일이 점점

중요하게 될 것이다. 사용자의 니즈에 꼭 맞는 제품이나 서비스를 제공할 수 있다면 지속적으로 수입이 창출되는 강력한 역동성을 창조할 수 있다. 고객이 당신에게 신상정보를 제공하면 개인의 니즈에 부응하는 맞춤 서비스를 편리하게 제공받게 될 것이라는 확신을 주어라. 그렇게 함으로써 고객은 굳이 다른 웹 사이트를 방문해서 동일한 데이터를 다시 입력시키는 번거로움을 겪지 않을 것이고 당신은 평생고객을 확보하게 된다. 당신을 시장에서 퇴출시키려는 사람은 새로운 경쟁자가 아니라 바로 당신 자신일 수도 있다.

· 시간이 늦었다고 포기하지 말라 : 몇몇 전문가는 다른 나라에 비해 미국의 인터넷 보급률이 훨씬 높기 때문에 인터넷 상거래가 미국 시장에 한정될 것이라고 생각했다. 하지만 기업들은 미국의 경험이 다른 나라에서도 빠르게 확산되고 있다는 사실을 깨닫고 있다. 그리고 인터넷 미래에는 양자간의 시간 격차가 극적으로 축소될 것이다. 브리태니커 백과사전을 예로 들어보자. 브리태니커 측은 이미 1996년에 인터넷 유료 서비스를 강화하면서 미국 내 영업조직을 폐쇄시켰다. 하지만 영국에서 방문판매 시대의 막을 내린 건 1998년이었다. 하지만 이미 1998년 중반에 영국 대학생 가운데 절반 이상이 브리태니커 웹 사이트의 유료 서비스에 접속한 경험을 가지게 되었다. 영국에서 변화가 약간 늦게 진행되긴 했지만, 인터넷 시장의 역동성이 발휘되기 시작하자 과거의 사업 방식을 순식간에 압도해 버렸다. 이것은 어느 시장

웹 사이트 ....

- Camelot Music <www.camelotmusic.com>
- Music Boulevard <www.musicblvd.com>

에나 적용되는 일반적 현상이다.

· 주지 않으면 받지도 말라 : 루슨트 테크놀로지(Lucent Technologies)는 인터넷에 맵스온어스(MapsOnUs) 제품을 내놓으면서, 고객에 관한 정보를 가능한 한 많이 파악하길 원했다. 그러나 너무 많은 질문을 하면 고객이 서비스를 외면할 수 있다는 문제가 제기되었다. 이 서비스는 고객이 미국내 특정 지역을 선택하면 그곳의 약도와 상세한 방향표시를 무료로 프린트해주는 것이었다. 그들은 해결책을 마련했다. 개인 여행자가 자신에 대한 추가 정보를 회사 측에 제공할수록, 목적지로 가는 길에 대한 정보를 단계적으로 좀더 자세히 볼 수 있도록 만들었다. 정보를 주고 받는 이 방식 덕택에 회사는 고객과 비즈니스에 대한 구체적인 정보를 데이터베이스에 입력할 수 있었고, 이는 역으로 사용자에게 보다 적절한 정보나 서비스를 제공할 수 있는 기초가 되었다. 궁극적으로 맵스온어스를 판매하는 게 목적이었던 루슨트는 여행객이 약간의 정보만 제공하면 훨씬 큰 서비스로 보상하는 점진적 접근방법을 통해 고객의 접속횟수도 늘리고 고객에게도 좋은 인상을 줄 수 있었다.

인터넷 사업으로 전환한다

규모나 유형에 상관없이 모든 기업들이 인터넷 미래의 소매시장은 기존의 시장과 전혀 다르다는 사실을 발견하고 있다. 코네티컷주, 그리니치에 본부를 둔 장난감 체인점으로서 교육용 장난감을 전문으로 판매하는 스마트 키즈 토이즈(Smart Kids Toys)는 인터넷 미래에 대비하기 위해 사업 모델을 완전히 변화시켰다. 스마트 키즈 토이즈의 소유주인 매리 드실바의 견해를 들어보자.

1996년에 우리는 세 개의 상점을 보유하고 있었습니다. 그리니치의 본점 외에, 코네티컷 페어필드와 뉴욕 스카스데일에 각각 하나씩 지점을 가지고 있었는데, 그리니치 본점에서 모두를 관리하기 어려운 상태였습니다. 우리는 바로 그 즈음에 인터넷이 새롭게 부상하고 있음을 발견했습니다. 그 때 마침 저의 장남이 소프트웨어 사업에 뛰어들었는데, 우리는 그에게 우리 상점의 웹 사이트를 만들어 달라고 요청했습니다.

장남이 최초의 사이트를 만든 후, 우리에게 가장 필요한 것은 재고를 파악해서 관리하는 일이라는 사실을 깨달았습니다. 누군가가 사이트에 들어와서 어떤 품목을 사길 원하는데, 우리에게 재고가 하나도 없다는 사실을 알게 되었기 때문입니다. 그래서 장남은 재고를 관리하고, 주문을 처리하는 기능을 사이트에 추가한 프로그램을 작성했습니다. 그 후, 우리는 이 웹 사이트와 정보를 교환할 수 있도록 **POS** 시스템을 업그레이드시켰습니다. 이층에서는 소매업을 운영하고 일층에서는 웹 사업을 운영했습니다.

인터넷 사업으로 인해 우리는 소매 컴퓨터 시스템을 도입하게 되었습니다. 이 두 가지를 통합하면서, 우리는 미래에 대비한 전략을 세웠습니다. 우리는 인터넷 비즈니스에 대해 보수적인 전략을 수립하여, 98년에는 전체 매출액의 30%를, 99년에는 60%를 웹사업이 차지하도록 계획했습니다. 그와 동시에 우리는 비즈니스 모델을 바꾸었습니다. 우리는 매장에서 가장 잘 팔리는 품목 500개를 선정하여 그것들을 웹 사이트에 올려놓습니다. 기존 사업에서 얻은 정보를 이

웹 사이트 ....

- Lucent <www.lucent.com>
- Smart Kids Toys <www.smartkidstoys.com>

용하여 쉽게 품목을 선정할 수 있었습니다. 우리는 여기에서 주문을 처리하며 웹 사업을 계속 확장하고 있습니다.

웹 주문을 소화하는 데에는 많은 비용이 듭니다. 창고를 유지하고 장난감을 배달해야 하기 때문입니다. 그래서 소매업과 웹을 하나의 장소에 통합시킨 건 정말 잘했다는 생각이 듭니다. 우리는 마침내 체인점 가운데 두 곳을 폐쇄한 채, 그리니치 시설을 지구촌을 대상으로 한 인터넷 사업의 중심으로 활용하게 되었는데, 이 사업은 금방 자리를 잡았습니다. 인터넷은 지점을 새로 만들지 않아도 사업을 확대시킬 수 있는 좋은 공간입니다.

처음에, 우리는 전세계에서 주문을 받았습니다. 최초의 주문은 로마에 사는 어느 할머니에게 받았는데, 이 할머니는 우리에게 "크리스마스 전까지 장난감을 나에게 전달할 수 없을 것"이라고 말했지만, 우리는 결국 해냈습니다. 그래서 할머니가 아주 고맙다는 내용의 전자우편을 우리에게 보내기도 했습니다. 사실, 우리는 미국 이외의 지역에서 굉장히 많은 주문을 받았지만, 미국 국내 사업을 강화하기 위해 해외 배달비를 올렸습니다. 화물을 훨씬 낮은 비용으로 운송할 수단이 생기기 전까지는 이런 정책을 유지할 생각입니다. 해외 주문 가운데 약 50%는 아시아에서 왔습니다. 정말 재미있는 사실은 우리가 구매하는 제품 대부분은 아시아의 공장에서 생산된다는 사실입니다. 우리가 아시아에서 공급받은 물건을 아시아인들이 다시 구입하는 것이지요! 또한 전세계에 퍼져있는 많은 사람들이 우리의 딜러가 되고 싶다는 요청서를 보내고 있습니다. 그들은 우리에게 제품을 직접 구입해서 소비자에게 팔길 원합니다.

우리가 진정으로 목표로 삼고 있는 고객층은 교육 수준이 높고 자녀에게 많은 관심을 가지고 있는 부모이지, 아이들이 아닙니다. 그리고 조부모 시장 역시 우리에게 아주 거대한 시장으로 부상하고 있다는 점도 이미 파악하고 있습니다. 미국의 많은 지역(county)에서 노인들을 교육시키면서 인터넷 쇼핑에 특히 초점을 맞추고 있습니다. 우리의 마케팅 역시 대부분 인터넷에서 이루어지는데, 그 이유는 아주 효율적이기 때문입니다.

나는 사람들이 인터넷으로 물건을 구입할 수 있다는 사실에 경이로움을 느낍니다. 우리의 제품을 구입하는 부모와 조부모들은 조카나 손자에게 선물을 보내면서 편지도 함께 보내기도 하는데, 구매자들은 우리에게도 메시지를 보내는 경우가 종종 있습니다. 그럴 때마다 우리는 한번도 만난 적이 없는 소비자들이 우리와 함께 기업을 운영하고 있다는 느낌을 갖게 됩니다.

우리는 사람들이 언제 시간이 많은지도 확인할 수 있습니다. 일요일 밤은 주문이 가장 많을 때이며, 그래서 월요일 아침은 일주일 중 가장 바쁜 시간입니다. 우리의 인터넷 사업은 그 자체로 충분한 가치가 있으며, 지금 우리는 인터넷에서 폭주할 주문을 충족시키기 위해 더 많은 시설을 갖추려 하고 있습니다. 인터넷 상거래는 정말 엄청나며, 지금 우리는 소매점을 넘어서는 사업 확장을 고려하고 있습니다.

기존의 회사들이 사이버 경제에서 성공할 수 있는 최선의 방법은 인터넷이 새로운 매체이고, 사업 방식도 전혀 다르며, 이 환경으로 전환하는데에 통합된 노력이 필요하다는 사실을 이해하는 것이다. 고객은 한 영역에서만 서비스를 받는 게 아니다. 따라서 회사 측으로서는 인터넷 사업을 기존의 사업과 통합시키는게 매우 중요하다.

기존 사업과 인터넷 사업의 통합

■ 오피스 디포(Office Depot)는 1998년까지 웹 사이트를 개설하지 않은 채, 재택근무자와 소규모 사업자와 개인들로 구성된 자사 고객이 인터넷에서 쇼핑할 준비를 갖췄다고 생각될 때까지 기다리고 있었다. 하지만 이 회사는 예상보다 2년정도 빠르게 사무용품을 판매하기 위한 첫 시범 사업을 시작했다. 오피스 디포(Office Depot)는 매사추세츠 공과대학에 홈페이지를 개설하고 그후 이 회사의 기업 서비스 사업부의 고객들에게 이 사이트를 개방했다. 이 사이트는 수백 군데의 고객을 확보하는 결과를 가져왔는데, 이 중에는 대학에서부터 모토롤라 같은 기업까지 포함되어 있다. 세계 최대 규모의 사무용품 소매업체인 이 회사는 소비자를 대상으로 인터넷상에서 마케팅을 시작하기 보다는 기업간 전자상거래를 우선 공략하고 그것을 핵심 사업과 통합시켰던 것이다.

■ 플레이보이사가 1994년 8월 인터넷 진출을 결정할 때, 이들은 플레이보이 TV 채널을 개설할 당시의 실수를 반복하면 안된다는 결심을 단단히 했다. 이 텔레비전 방송국은 지금 가장 수익성이 좋은 사업이 되었지만 이익을 내기까지 몇 년이 걸렸으며 자립 기반을 갖추기 위해 수백만 달러를 쏟아부어야 했다. 따라서 회사 측은 플레이보이 온라인(Playboy Online)을 개설할 때 TV 채널과는 정반대 전략을 수립하여 소규모로 시작했다. 처음 2년 동안은 손익분기점을 유지하는 정책을 펼치면서 비즈니스 가능성을 검증해 나갔다. 초기에 시작했기 때문에 이런 전략을 쉽게 택할 수 있었으며, 웹에서 이익을 올리기 위해서는 꼭 처음부터 많은 돈을 투자하여 초기의 큰 손실을 감수할 필요가 있는 것은

아니라는 사실을 입증했다. 인터넷 사업은 또한 기존의 사업을 잠식하지 않은 채 독자적 영역을 개척해 나갔다. 사실, 인터넷 회원은 플레이보이의 지난호들까지 쉽게 뒤질 수 있는데, 이것은 설령 다락방에 옛날의 플레이보이 잡지까지 모두 모아놓은 독자라 하더라도 현실 세상에서는 쉽게 할 수 있는 일이 아니다.

이 외에도 제한된 범위 안에서만 새로운 영역과 기존 영역 사이의 경계를 넘나드는 기업이 있다. 인터넷에서만 활동하는 회사들 가운데에는 아마존과 CD나우(CDnow)와 같이 인터넷 사용자를 유인하기 위해 TV와 라디오 그리고 종이매체를 이용해 전통적인 대중광고를 벌이는 기업도 많다. 오토-바이-텔(Auto-by-Tel)은 상상할 수 있는 최대의 대중적 광고수단을 동원했다. 슈퍼볼에 광고를 시행한 것이다. 또한, 초기 아마존(Amazon.com)에는 서적을 쌓아두던 창고가 하나도 없었으나 지금은 서적을 보관할 수 있는 물리적인 창고 공간을 확대하고 있다.

사업 영역의 확장

기존의 브랜드와 관련된 전혀 의외의 시장을 발견한 회사들이 있다.

- 조지아의 파티 크리에이션(Party Creations)은 인터넷을 통해 아이들을 위한 주문형 파티 장식 패키지를 판매하기 시작했다. 그러자 성인들을 위한 매우 특별한 주제의 파티에 쓸 장식 패키지

웹 사이트
- Office Depot <www.officedepot.com>

를 요구하는 주문이 몰려들었다. 이제는 특별한 결혼식과 기업 이벤트 기획을 위한 패키지를 정기적으로 주문하는 사람들이 사업의 주요 부분이 되었다.

- UPS는 디지털 메시지의 보안과 신뢰성을 보장하는 인터넷 배달 프로그램을 개발하여 운송회사의 이미지를 한층 강화시켰다. UPS 온라인 서류(UPS OnLine Dossier)는 금융 서비스 회사와 건강관리 회사, 법률회사, 전세계 유통망을 가진 기업 등이 아주 중요한 서류를 인터넷으로 보내는데 적합하도록 설계되었다. 이 서비스는 보내는 사람과 받는 사람 양쪽의 신분을 확인하고, 배달을 확인해주며, 최고 10만 달러까지 보상하는 보험을 들어 두었다. 또한 덜 중요한 서류를 좀더 저렴한 비용으로 보낼 수 있는 서비스도 제공한다.

- 다른 많은 금융 서비스 회사와 마찬가지로, 텔레쿠어스 (Telekurs) 역시 자사 고객을 위해 금융 거래를 처리하는 서비스를 제공한다. 기존 관계를 이용해서 이 회사는 동일 고객에게 전자상거래에서 신용카드 결제 거래를 처리하는 부가서비스를 제공할 수 있었다. 이 회사는 또한 전자문서의 신뢰성을 보장하는 디지털 인증서를 고객에게 제공한다. 이처럼 텔레쿠어스는 금융 서비스를 넘어서는 영역으로 사업을 확장했다.

- M&M's는 M&M's 로고가 붙어있는 머그잔과 티셔츠와 모자 등을 인터넷에서 판매한다. J.C. 페니(J.C. Penny) 역시 매장에는 없는 품목을 온라인으로 판매한다. 중년 여성이 80%를 차지하는 페니의 주고객층으로 미루어볼 때 매장에서 컴퓨터 판매를 하기는 어려운 일이다. 하지만 이 회사는 인터넷에서 전혀 다른 새로운 고객층을 대상으로 컴퓨터를 판매할 수 있었다.

오직 인터넷에서만 존재하는 기업

인터넷 사업만으로 큰 수입을 올리는 게 가능하긴 하겠지만 기존 세계에서만큼 쉽지는 않을 것이다. 우선, 새로 등장하는 경쟁자들을 파악하기 어려운데다 경쟁자들이 당신을 따라오다가 어느 한 순간에 앞서갈 수도 있기 때문이다. 인터넷에서만 활동하는 회사 가운데에서 가장 크게 성공할 수 있는 회사는 인터넷에 의해서만 가능한 고객 맞춤 서비스와 속도 그리고 커뮤니티를 원동력으로 삼는 비즈니스 모델을 구축한 회사일 것이다.

모든 길은 인터넷으로 통한다

전자상거래는 사이버 판매자들을 미국의 주류로 등장시킬 인터넷의 위력을 이제 보여주기 시작했을 뿐이다. 디지털 경제가 말 그대로 경제의 주역으로 등장하고 있음을 보여주는 새로운 소매업의 사례 몇 가지가 있다. 하지만 이것은 빙산의 일각일 뿐이다.

사이버 여행(e-Traval)

■ 전자상거래에서 가장 성공적인 영역의 하나임이 입증된 인디넷 여행사업은 고속으로 성장하여, 인터넷으로 예약하는 항공요금, 호텔예약, 렌트카, 휴가 패키지 등을 합친 시장 규모가 2002년에는 총 89억 달러에 달할 전망이다.

웹 사이트 ....

- Party Creations of Georgia <www.party-creations.com>
- Telekurs Payserv Ltd <www.tdf.ch>

- 유나이티드 항공(United Airlines)은 단순히 자사의 비행기표만 인터넷으로 판매하는 단계를 넘어섰다. 유나이티드 커넥션(United Connection)의 사용자는 날짜와 희망 탑승 시간 그리고 목적지를 입력하면 그 시간대의 여러 항공사의 모든 비행 시간 목록을 검색할 수 있다. 검색 후에 소비자는 티켓을 구매하고 좌석을 선택할 수 있다.

사이버 금융(e-Money)

- 퀵컨모기지(QuickenMortgage), E-론(E-Loan), 홈샤크(Home-Shark) 등은 은행 및 담보 대출 회사와 제휴하여 소비자들이 인터넷으로 담보대출 금리를 비교하고 대출을 신청할 수 있는 서비스를 제공한다. 이 서비스를 시작한 이래 6개월만에 아메리-네셔널 모기지사(Ameri-National Mortgage Co.)의 자회사인 인터넷 모기지(Internet Mortgage)의 대출 총액은 하루 평균 2백만 달러에서 3백만 달러에 달했다.
- 뱅크 레이트 모니터(Bank Rate Monitor)는 신용카드와 금융시장 금리 등을 자동으로 비교할 수 있는 서비스를 제공한다.

사이버 자동차(e-Cars)

- 켈리 블루 북(Kelly Blue Book)의 인터넷 서비스는 특정 중고차에 관한 정보를 입력하면 사용자나 잠재 구매자들에게 중고차의 가치를 알려준다.
- 에드먼드(Edmund)는 몇 년 전부터 자동차 구매자들에게 자동차 견적가격에 대한 정보를 제공하고 있다. 여기서는 제조업체가 제공하는 수수료(딜러에게 주는 2~3% 의 이익으로 이 비용은 견적가

에 포함된다)는 물론, 각 모델별 리베이트 및 판매 인센티브에 대한 최신 정보를 제공한다.

- 포드(Ford)는 인터넷에서 중고차 판매를 시작했다.

사이버 식료품(e-Food)

- 지방의 걸 스카웃 협의회는 '신 민트(Thin mint)'와 '타가롱(Taga longa)', '사모아(Samoas)' 등의 과자를 인터넷에서 판매하기 시작했다. 걸 스카웃은 과자를 직접 판매하지 않고 웹 사이트를 이용해서 인터넷 판매를 관리하는 역할을 하는 경우가 많다.
- 파파존스(Papa John's)는 피자를 인터넷으로 주문받아 배달하는 사업을 시작했는데, 배달은 사이버밀즈(Cybermeals)와 제휴하여 해결했다. 사이버밀즈는 야후, 익사이트, 라이코스, 아메리카 온라인 등과 계약을 체결하여 고객이 미국 전역의 20,000개 이상의 현지 레스토랑을 통해 인터넷으로 주문하면, 사이버밀즈가 그 주문 상품을 배달해 준다.

사이버 우표(e-Postage)

- 미국 우정성은 고객이 신용카드나 은행 송금을 이용해 온라인으로 우표를 구입할 수 있는 웹 기반 시스템을 시험하고 있다. E-스탬프(E-Stamp)가 개발한 이 시스템을 이용하면 고객이 우표를 다운받아 봉투에 직접 프린트할 수 있기 때문에 우표가 필요

(웹 사이트) ···

- United Airlines <www.ual.com>
- Ford Motor Company <www.ford.com>
- Papa John's <www.papajohns.com>
- Cybermeals <www.cybermeals.com>

없어진다. 이 시스템은 바코드를 도입하여 위조를 방지한다. 현재의 시스템은 보안 장치를 사용자의 컴퓨터에 부착시켜야 하는데, E-스탬프와 피트니 바우스(Pitney Bowes) 등은 어느 컴퓨터에서나 우표를 구입할 수 있는 시스템을 개발하고 있다.

사이버 사진(e-Pix)

- 웨딩 포토그래퍼스 네트워크(Wedding Photographers Network)는 사진사의 작품을 수록한 온라인 데이터베이스를 고객이 검색할 수 있도록 서비스를 제공한다.

e-비즈니스, 승자의 조건

전자상거래는 인터넷 사업을 선도하는 동시에 가장 눈에 띄는 부분이다. 하지만 이것은 빙산의 일각에 불과하다. 기존의 기업은 자사의 전자상거래 노력을 검토해보고 인터넷 사업을 기존 사업과 통합시키는 방법을 모색해야 하는 중요한 도전에 직면할 것이다. 고객들이 실시간으로 보내주는 지식을 자사의 제조와 유통 과정을 합리화하는데 어떻게 활용할 수 있을 것인가? 이 지식을 어떻게 활용하면 제품 개발을 강화할 수 있을까? 새로운 고객은 어떤 사람들이며 그들의 새로운 니즈는 무엇인가?

인터넷 미래에는 회사와 개인이 한 가지 세상에서만 살기 어려울 것이다. 기업이 성공하려면 인터넷이라는 새로운 유통 경로가 생겼다는 초보적 인식을 넘어서 전통적인 마케팅의 4P—제품(product), 가격(price), 유통(place), 프로모션(promotion)—모두를 바꾸어놓을 수 있는 전혀 새로운 e-비즈니스의 부상을 인지해야 한다.

승리하는 기업은 조직 전체를 인터넷 사업 커뮤니티의 통합된 일부로 재편하겠다는 관점에서 인터넷을 파악하는 기업일 것이다.

제2장
네티즌 노동력으로 대체된다

종업원들과 관리자들은 유례없이 전사적으로 서로 긴밀하게 연결될 것이다. 그러나 연결되어 있다는 사실 그 자체만으로 기업이 극적으로 변화되는 것은 아니다. 구성원 전체를 네티즌 노동력으로 바꿀 수 있어야만 진정한 변화를 이룰 수 있다. 그리고 직원들이 끊임없이 확장되는 지식으로 무장하여 그 새로운 힘을 충분히 발휘할 때라야 사업의 변화가 시작된다.

조직의 모든 구성원이 월드와이드웹(WWW: World Wide Web)이라는 사용자 친화적인 인터페이스를 사용하도록 만들어 주는, 인트라넷의 잠재력을 인지하는 기업들에 의해 네티즌 노동력으로의 대체가 주도되고 있다. 회사 전용 인트라넷이라는 작은 촉수가 전세계 모든 곳의 종업원들과 관리자들을 연결시켜 나갈 것이다. 정보의 신속한 공급과 새로운 상호협력 방식을 창조하는 인트라넷의 새로운 능력은 회사의 의사소통과 종업원간의 상호작용 방식을 1982년 **IBM PC** 도입 이후 최대의 폭으로 바꾸어 놓을 것이다.

이러한 상호연결은 기업에게 진정한 경쟁우위를 제공하고, 종업원들에게는 자신의 길을 스스로 개척해 나갈 수 있는 권한을 줄 것이다. 기업의 모든 직원이 네트워크화 되면 경영진은 모든 직원에게 동시에 메시지를 전달할 수 있을 것이며, 직원들은 전자적 방식으로 서로 연락하고 의사소통할 수 있는 전례없는 권한을 누리게 될 것이다.

기업 인트라넷은 계속 급속하게 성장하고 있다. 금세기가 끝날 즈음에는 인트라넷 서버가 460만 대에 달할 것으로 전망된다. 이것은 인터넷의 44만 서버를 훨씬 앞지르는 수치이다. 인트라넷을 도입하는 기업이 급속하게 늘어나는 이유 중 하나는 인트라넷이 비용절감과 생산성 향상에 효과가 크기 때문이다. 인트라넷의 일반적인 투자수익률은 1000%를 넘을 것이다.

직원을 네트워크화 하는 기술의 보다 확실한 용도는 직원들에게 401(K) 복지정책이나 의료혜택 같이 늘 변하고 갱신되는 유익한 정보를 제공하는 것이다. 1998년에는 거의 절반에 달하는 미국 기업이 직원들에게 인사 관련 업무의 일부를 웹으로 처리할 수 있도록 만들었으며, 38%에 달하는 기업은 전세계 지사를 결합하는데 웹을 이용했다. 그러나, 인사 업무만을 목적으로 인트라넷을 도입하는 기업은 기회를 놓치게 될 것이다.

새롭게 등장한 네티즌 노동력들은 아래와 같은 영향을 미칠 것이다.

관리자

작업방식이 근본적으로 다른 네티즌 노동력들은 디지털 관리자에게 새로운 도전 과제를 부여한다. 관리자는 팀 리더인 동시에 정보를 정리하여 올리는 정보유통자이자 검열관이 되어야 하며, 새로운 아이디어를 신속히 채택하는 지원자로서의 역할을 수행하기 위해 일련의 최신 기능들을 갖추어야 할 것이다.

인사부서

인사부서는 유연한 노동 환경 속에서 지식 노동자를 확보하기 위해 치열하게 경쟁하고, 외부인력에 더 많이 의존하고, 인터넷 시대에 요구되는 업무 능력이 무엇이며 그에 맞춰 직원을 교육할 방법은 무엇인지 등에 대해 어려운 의사결정을 내려야하는 등 새로운 도전에 직면할 것이다. 그리고 인터넷으로 얻은 엄청난 정보를 근거로 고용주에게 새로운 요구 사항을 제시하며 목소리를 높이는 직원들도 더 많아질 것이다. 이들은 평생고용보다는 평생직업을 위한 계속적인 교육도 요구하게 될 것이다.

재택근무 직원

인터넷 미래에는 직장과 집의 구분이 모호해질 것이다. 인트라넷은 직원들이 언제 어디에서나 항상 일할 수 있도록 만들어 줄 것이다. 이에 따라 직원의 업무 성과를 감독하고, 결속 메커니즘을 만들며, 재택근무 직원들을 네트워크상으로 긴밀하게 관리할 수 있는 새로운 경영 기법이 요구될 것이다.

조직

정보 흐름을 창조하고 관리하고 활용하는 일이 인트라넷 환경에서 일하는 조직의 가장 중요한 과제가 될 것이다. 이 강력하고 새로운 매체의 통제권을 둘러싼 내부 분쟁도 발생할 것이다. 조직은 간소화될 것이며, '종이 없는 사무실'은 물론 '사무실 없는 근로자'도 현실화될 것이다. 그리고 회사가 직원들에게 주말의 전자 우편 처리와 같은 사무실 바깥의 업무를 더 많이 기대하는 것처럼, 직원들 역시 사무실에서 '집안' 일을 더 많이 할 수 있도록 요구하는 등 회사에 더 많은 기대를 하게 될 것이다.

서열 혁명

다가오는 노동력 혁명의 핵심은 기업의 생명선인 정보 유통 방식의 근본적인 전환이다.

인터넷과 마찬가지로 인트라넷은 낮은 비용으로 정보를 광범위하게 유통시킬 수 있도록 만들어 주며, 직원들이 필요할 때 언제 어느 곳에서든 접속할 수 있도록 만들어 준다. 기업들은, 읽는데만 하루 이상이 걸릴지도 모를 서류 뭉치를 나눠주는 것보다, 쉽고 빠르게 갱신할 수 있는 웹 페이지에 정보를 올리는 것이 훨씬 간단하다는 사실을 깨닫고 있다. 게다가, 개별 부서는 물론 직원 개인까지도 자신의 홈페이지를 가질 수 있다. 동료들은 그 정보가 필요할 경우에 접속하고, 필요하지 않을 경우에는 접속하지 않으면 된다. AT&T에는 500여 개의 상호연결된 인트라넷 사이트가 있는데, 여기에 50만 개가 넘는 페이지가 들어있다. 이것을 종이 서류에 담을 경우 그 무게가 몇 톤 이상은 될 것이라는 점을 고려해보면 어마어마한 양이다.

직원수가 어지간한 거의 대부분의 회사들은 직원과 직원 사이나 직원과 경영진 사이를 서로 연결함으로써, 혜택을 보게될 것이다. 물론 구체적인 혜택의 내용은 회사마다 다르겠지만.

- 제품 개발 사이클이 길고 방대한 분량의 문서가 요구되는 사업을 하는 회사들은 인트라넷이 관료적 형식주의를 타파하는데 탁

월함을 발견하게 될 것이다. 달라스에 본사가 있는 베이로 헬스케어 시스템(Baylor Health Care System)에서 운영하는 한 병원에서 의약품 구매계약을 체결하기 위해 제약회사와 협상을 진행할 경우 최소한 3개월에서 6개월이 소요되었다. 그러나 인트라넷을 이용해서 계약 검토의견을 조정함으로써, 이 기간은 3주로 단축되었다. 또한 이 회사는 거래처에 인터넷으로 계약서를 전송하는 것을 검토하고 있다.

- 금융 서비스 회사나 정유 회사, 투자 은행 등은 모두 끊임없이 변하는 매우 구체적인 정보에 의존한다. 인터넷이 전세계로 훨씬 빠르고 신속하게 최신 정보를 공급하게 되면서, 이 회사들은 필요한 내부의 최신 정보를 즉시 공급해야 할 필요성을 절실히 느낄 것이다.

  남캘리포니아 가스(Southern California Gas Company)의 영업사원은 고객과 판매상담을 하려면 빈번하게 변하는 가격을 알고 대응해야 한다. 이 회사의 인트라넷은 기존의 축적된 데이터베이스에 연결되어 직원들에게 실시간으로 정보를 제공하고 있다.

다음 세대의 근로자들은 사규와 전화번호부, 사보, 온라인 복리후생 정보 이외에도 많은 정보를 갖게 될것이다. 다음을 생각해 보라.

- 2000년이 되면 전직원 가운데 거의 2/3 정도가 적어도 한 달에 한 번 이상 화상회의를 갖게 될 것이다.
- 산타 클라라의 어플라이드 머티리얼(Applied Materials Inc.)은

웹 사이트 ....
- Southern California Gas Company <www.socalgas.com>

인트라넷을 활용하여 관리자에게 직원들의 연봉 심의 마감시한을 자동으로 알려주고, 부서 예산 인상이 가져올 다양한 파급효과를 예측하는 가상 시나리오를 만드는 것을 지원해 줄 예정이다. 이 시스템은 초기 테스트 결과, 관리자들이 적시에 좀더 정확한 평가를 수행하는 데 도움을 준 것으로 나타났다.

■ 인트라넷을 채택한 몇몇 회사들은 단순히 거래처의 상호와 담당자 정보가 실린 웹 카탈로그 기능을 추가하여 종업원들이 물자와 장비를 쉽게 구매할 수 있도록 만들었다. 그러나 앞으로는 종업원들이 직접 특정 공급품을 온라인으로 구매할 수 있도록 한 AMD(Advanced Micro Devices)사의 시스템처럼 발전하게 될 것이다. 이 시스템은 더욱 확장되어 더 많은 공급자와 종업원들을 포괄할 계획이다. 이런 시스템은 회사로 하여금 구매 과정을 정확히 추적할 수 있게 만들어줄 뿐 아니라 직원이 회사와 구매계약을 맺지 않은 공급자와 멋대로 거래하는 것을 방지할 수 있도록 한다. 기업들의 다음 단계의 과제는 최종 공급자까지 직접 연결하는 기업 엑스트라넷을 구축하는 것이다.

인트라넷은 회사가 종업원들과 효과적으로 의사소통하는 도구가 될 뿐 아니라, 종업원 상호간의 의사소통도 촉진한다. 1990년대에 그룹웨어를 도입한 기업들은 인트라넷이 일반화될 인터넷 미래에 더욱 강화되고 확대될 수 있을 기술과 관행을 개발했다. 가상공간에서의 업무처리를 학습한 팀들은 그 작업을 기업 인트라넷으로 전환하면서, 각종 게시판과 채팅룸을 활용하여 지역과 시간에 제약받지 않고 사업을 수행할 것이다.

팀웍이란 개념은 그저 말로만 그치는 경우가 많았다. 하지만 인터넷 미래에는 업무가 더 복잡해지고, 팀 구성원들이 시간과 거리의 제약을 넘어서 협력할 수 있는 기술이 도입될 것이기 때문에 팀 웍은 가장 중요한 규범으로 자리잡을 것이다. 예를 들어, 다우 케미컬은 최고 25개의 작업그룹이 서로 전화통화를 나누면서 동시에 문서를 함께 살펴볼 수 있도록 시스템을 구축했다. 이것은 마이크로소프트의 넷미팅(Net- Meeting)이라는 문서공유 소프트웨어를 전세계 120개 지역에 있는 3만여 직원들이 이용하게 함으로써 가능해졌다.

이 회사의 목표는 출장 횟수를 줄이고 한 프로젝트에 대한 정보 공유 사이클 타임을 단축시키는 것이었다. 인트라넷상의 가상 팀은 프리젠테이션을 공유하고, 하나의 문서를 공동으로 작성하고, 글로벌 회의를 갖기도 한다. 다우의 데스크탑 화상 회의 프로젝트를 책임지고 있는 해럴드 베네트 부장은 이렇게 말한다.

"회사에서 이 프로그램을 실시한 이래 우리는 지금까지 하나의 사업팀 프로젝트당 출장 및 관련 경비를 평균 1만 5천에서 2만 달러 정도씩 절감한 것으로 평가합니다."

하지만 이보다 더 중요한 건 조사 대상 직원 가운데 85%가 인트라넷의 활용으로 자기 업무의 생산성이 증가했다고 응답한 사실일 것이다.

소규모 회사들도 인터넷 서비스를 이용하여 가상 쌍방향 사무실을 개설할 수 있다. 가상 사무실에서 화상 회의를 진행하고 메시지를 송수신하고, 데이터 파일을 교환할 수 있다. 이러한 가상 사무실을 통해 직원들은 정보 기반(information based) 경제의 일원으로서 훨씬 많은 정보를 이용할 수 있게 되며, 회사는 완전히 새롭고 자율적 권한을 갖게 된 직원들을 보유하게 된다. 이 네티즌 노동력은 준비되어 있고, 적극적이며, 보다 중요하게는 경영진의 의사결정에 대해 자기 나름의 판단을 내릴 능력을 갖고 있다.

조직이 분권화를 통해 스스로를 유연하게 만들면 많은 근로자들이 자신의 직무에 직접 영향을 미치는 정보를 보다 풍부하게 보유하게 된다. 수평화된 조직 구조는 피라미드의 밑바닥에 있는 직원 중 유능한 사람을 선택하여 효과적으로 승진시킨다. 이렇게 새로 승진한 직원들은 사업 운영 방식에 대해서 더 큰 목소리를 내고 싶어할 것이다. 이런 현상은 자신의 업무가 주변과 상부의 정책에 직접적으로 많은 영향을 받을 때 특히 더할 것이다. 이들은 인터넷을 매우 효율적으로 활용하여 조직의 경직된 근육을 유연하게 풀어줄 것이다.

많은 경우 노동력의 진정한 네티즌화는, 많은 수의 종업원들이 개별적으로 웹브라우저를 설치하고, 지식관리를 효율화하기 위해 개인 웹 사이트를 만듦으로써 시작된다. 그 중 일부는 특이한 동기에서 출발한다. 보더스(Borders) 직원들은 노동조합을 조직하기 위해 웹 사이트를 운영했다. 그들은 다른 직원들이 웹 사이트를 방문하여 조직화 운동의 기록을 살펴볼 수 있도록 하였다.

정보의 소유자를 뒤바꾼 이 역사적인 변화는 노사계약의 역학관계를 영원히 바꾸어 놓을 것이다. 인터넷 미래에서 인트라넷은, 단지 더 많은 정보를 가지고 있다는 이유만으로 리더십을 행사하던 관리자들을 끊임없이 퇴출시킬 것이다. 물론 단기적으로 볼 때, 조직의 모든 계층에서 경험 많은 기술 근로자들의 공급이 모자라면서 조직의 균형은 종업원들에게도 유리한 쪽으로 변해 왔다. 그러나 비록 숙련 기술자의 수요—공급의 불균형이 해소되더라도, 인트라넷을 통해 새로운 힘을 갖춘 네티즌 노동력들은 자신들을 정보의 사각지대에 방치하던 '밀실 경영'의 시절로 되돌아가지 않으려 할 것이다.

회사가 정보의 유통을 조직 내부로 제한할 수 없게 될 때, 유통된 정보는 새로운 의미를 가지게 된다. 네티즌 근로자들은 출처에 관계없이 회사와 관련된 유용한 공공 정보에 접근하게 된다. 회사 사장이 무엇을 하는지 알고 싶으면 증권거래소의 파일을 검색한다. 자신이 다른 회사의 같은 직급의 사람들에 비해 월급을 적게 받고 있는지 궁금하다면 이때는 잡스마트(JobSmarts)를 검색할 것이다. 이곳에서는 직급별·지역별·경력별로 임금을 정리해 놓고 있다. 이처럼 완전히 정보화된 근로자들은 비록 직접 의사결정을 내리지는 않더라도 조직 내에서 이루어지는 의사결정을 이해할 수 있는 새로운 능력을 부여받게 될 것이다.

혹은 인터넷의 구인정보 서비스에 접속하여 같은 분야의 다른 일자리가 있는지 살펴볼 수도 있다. 만일 어떤 직원이 회사 게시판에 부정적인 신문 기사를 올린다면, 회사측은 그것을 재빨리 삭제해 버릴 수는 있다. 하지만 많은 직원과 외부 동료들이 함께 사용하는 인터넷이란 공개된 공간에서 그런 행위는 몇번의 키보드를 두드리는 것 이상의 의미를 갖게 된다. 그리고 직원들이 사무실에서는 정보에 접근할 수 없다면 집에서 그 정보를 접하게 될 것이다.

그러나, 이같은 새로운 계약관계는 근로자들이 스스로 자신의 발전에 대해 책임져야 한다는 것을 의미하기도 한다. 다우 케미컬의 경우, 근로자들은 전통적으로 같은 공장에서 일하는 친지나 친구 등의 가까운 인맥을 통해 승진 기회를 모색해왔다. 하지만 지금

───

웹 사이트 ....

- JobSmart <www.jobsmart.com>

이 회사는 전세계에 소재한 공장의 일자리와 직무내용을 인터넷에 올려 지원자의 범위를 확대시키고 있다. 또한 여기에는 경력개발 참고자료도 들어 있다. 그러나, 일자리를 체크하는 것은 종업원들의 몫이다.

경영진의 중개 기능이 사라진다

집단적인 컴퓨터 작업을 가능케 하는 새로운 도구가 만들어지면서 기업들은 직원들이 특정 과제나 이벤트를 담당할 가상 커뮤니티를 만들도록 할 수 있게 되었다. 또한 이 도구들은 직원들에게 그들만의 커뮤니티를 조직할 수 있는 힘을 줄 것이다. 새로운 기술은 회사 내외부에서 새로운 '가상' 자문역 및 동료 그룹을 창출해 나갈 것이다.

엘리 릴리(Eli Lilly)는 컴비네토리얼 화학(combinatorial chemistry)을 온라인 정규과정의 하나로 채택하였다. 화학자들은 전통적인 강의 출석 대신에 온라인으로 물질에 대해서 연구하고, 사례 연구들을 조사하고 해석한다. 또한 자신의 '현실' 세계에서의 연구 결과에 기초해서 실험에 대한 제안을 한다. 가장 유망한 프로젝트는 통합된 참고 자료실에 저장되어 다른 사람들도 그것을 이용할 수 있게 된다. 전문가들은 인터넷 상에서 혹은 직접적인 만남을 통해 물질, 사례 연구, 제안에 관해 검토하거나 권고하는 자문역이자 촉진자의 역할을 한다. 이 시스템은 방대한 온라인 자료 도서관과 토론 그룹을 포괄한다.

이런 시스템을 운용할 때의 과제 중 하나는 협력을 촉진하는 문화적 환경을 조성하는 것이다. 릴리에서 이 시스템의 개발을 책임 지고 있는 조시 플래스코프는 이렇게 말한다.

"비즈니스 세계의 다른 사람들과 마찬가지로 연구원들은 주로 개인적인 성과에 주력하고 있습니다. 당면 관심사 이외의 영역에 서 서로 협력하는 일을 보잘것 없는 것으로 간주하는 경향이 있지 요. 하지만 우리는 다른 선수의 득점을 위해 패스를 하는 농구 선 수와 어시스트 기록을 별도로 인정해주는 농구 경기에서 교훈을 얻어야 합니다. 비즈니스 세계에서는 어시스트를 경시하고 있습니 다."

플래스코프는 기능횡단적인 협력과 공유 학습을 보상하고 장려 하는 시스템을 개발하기 위해 회사의 다른 부서들과 협력하고 있다.

TRW의 '9000인(人) 스페이스 앤드 일렉트로닉스 그룹(9000 Persons Space and Electronics Group)'은 자문역을 찾는 사람과 자문역을 연결시켜 주는 '자문역 자료은행'을 운영하고 있다. 사업 부 단위의 인트라넷으로 이 시스템이 출범하자, 130여 명의 자문 역이 참여하기로 약속했다. 그 후, 자문역 70여 명과 자문역을 구 하는 희망자 230여 명이 자료은행에 자신의 이름을 비롯한 신상 정보를 입력시켰다. 짝짓기는 서로 누군지 모르는 상태에서 진행 된다.

자문을 받을 사람은 자신이 자문을 구하고 싶은 주제에 관한 자 료은행을 검색한다. 그러면 자문역 프로필이 뜨는데, 여기에는 예 전의 직책, 현재 근무하는 사업부, 그리고 전문 영역이 수록돼있다. 하지만 자문역의 이름은 들어있지 않다. 자문역이 선택되면, 이 시 스템은 선택된 자문역에게 피자문역의 관심사에 대해 통보하는데, 이번에도 자문을 받을 사람의 이름은 알려주지 않는다. 자문역이 승낙하면, 자문을 받을 사람에게 자문역의 이름을 알려주어 자율적으로 접촉하도록 만든다. 그 다음부터는 당사자들의 몫이다.

자료은행을 책임지고 있는 밥 에스포지토는 이렇게 말한다.

"우리는 이 시스템이 참가자에게 너무 부담을 주는 프로그램이 되지 않도록 만들어야 한다고 확신합니다. 우리는 사람들이 협력하는 자연스런 과정을 보호하기 위해 최선을 다하고 있습니다."

자문역과 자문을 받을 사람 사이의 지속적인 관계를 촉진하는 초기의 프로그램에 대한 반응을 바탕으로 이 회사는, 단기적인 관계 형성에 이용할 수 있는 '일분 자문역' 시스템을 개발했다. '일분 자문역'들은 데이터베이스에 자신의 이름을 단기간 공개하여 한 차례의 정보제공 활동을 하는 것에 동의한다. 지속적인 자문역 관계가 필요하지 않은 사람은 이런 방식으로 자문역의 경험을 배울 수 있다.

또, 단 한 번의 클릭으로 회사 외부의 자문역들과도 접촉할 수 있다. 경험 공동체(6장 참조)나 인터넷상의 직업적인 상담자들을 통하면 된다. 약 2,000명의 휴렛팩커드 직원들은 고등학생 대상의 전자우편 후견 프로그램에 참여하여 그들의 과학과 수학 학습뿐만 아니라 실험기술에 대해 도움을 주고 있다. 한 자문역은 자신과 짝 지어진 학생이 좋아하는 야구와 수학을 연결시켜 수학 과목에 대한 학생의 관심을 불러일으키는 작업에 몰두했다. 이들은 야구 선수의 성적에 대한 통계 모델을 구성했는데, 이것은 실제 경기를 통해 검증할 수 있도록 만들어졌다.

네티즌 노동력은 인트라넷을 팀 운영 방법의 일환으로 활용할 뿐 아니라, 팀 자체를 구성하는 방법으로도 이용한다.

부즈앨런 & 헤밀턴(Booz Allen & Hamilton)의 컨설턴트들은 종종 기능횡단팀(Cross-functional team)에 특정 분야의 전문가를 포함시킬 필요를 느낀다. 회사는 전통적으로 구전에 의존해서 광범위한 조직 내부의 전문가를 찾곤 했다. 경쟁이 치열한 컨설팅 분야에서 전문 지식이 부족한 것은 치명적인 약점이다. 적절한 인물을 찾는 작업 역시 쉬운 일이 아니었다(입사한지 얼마 안되는 직원의 경우에는 특히 더했다). 그래서 이 회사는 '지식 온라인' 이라는 인트라넷을 설치하여 현재 맡고 있는 직무 분야 이외의 전문 지식을 가지고 있는 직원의 도움이 필요할 때 활용할 수 있도록, 키워드로 검색할 수 있는 전사적 이력서 데이터베이스를 만들었다. 예를 들어 현재 생체공학에 관한 업무를 담당하고 있지만 과거 의약품 개발에 종사했던 컨설턴트의 경력이 수록되어 있다면 필요할 때 쉽게 찾을 수 있을 것이다.

디지털 경영의 새로운 법칙

네티즌 노동력의 등장에 대처하기 위해서는 어떤 유형의 경영자가 필요한가? 새로운 권한을 갖고, 또한 여러 곳에 산재해 있는 네티즌 근로자들을 지휘하는 일은 전혀 새로운 일이라는 사실을 이해하는 경영자라야 한다. 조직은 적절한 기술을 개발하여 전사적으로 전개하는 수준을 훨씬 뛰어넘는 문제와 씨름해야 할 것이다.

(웹 사이트) ··

- Booz, Allen & Hamilton <www.bah.com>

새로운 책임

IBM의 루 거스너 회장은 165개국에 흩어져 있는 27만여 명의 직원을 하나로 연결하기 위해 총력을 기울이기로 결정했다. 먼저 '엔터프라이즈 웹 매니지먼트'라는 내부 그룹을 조직하고, 이들에게 전자상거래, 온라인 서비스와 지원, 인터넷에 기반한 구매 등 회사의 주요 업무를 웹에서 수행할 수 있도록 하는데 역점을 두게 했다. 이에 덧붙여서 이 그룹은 연 400억 달러에 달하는 회사의 구매 예산을 절감하고 인터넷을 통해 고객 서비스를 제공하는 새로운 방법을 마련하는 것을 목표로 한다. 또한 직원들을 위해 인터넷에 기반을 둔 '사이버 건강관리' 공간도 개설했다.

IBM에서 22년이나 근무한 베테랑으로서, 엔터프라이즈 웹 매니지먼트의 총책임자로 임명되어 내부 그룹을 운영하고 있는 조나단 저지는 이렇게 말한다.

"지금 직장 혁명이 시작되고 있다는 사실은 의심할 나위 없습니다. 우리에게는 지금 약 10만 명에 달하는 이동 근무자가 있습니다. 고도의 이동성을 갖게 되면, 인터넷의 능력을 활용하여 종업원들의 생산성을 향상시키고 필요한 정보를 제공해 줄 수 있는 탁월한 도구를 필요로 하게 됩니다."

이 회사는 기술은 근로자들이 언제 어디에서나 일할 수 있도록 만들어 주지만, 그와 동시에 여러 가지 책임과 경영상의 새로운 과제를 제기한다는 사실을 깨달았다. 이 부분에 대해서 저지는 이렇게 말한다.

"예전에는 사무실을 이리저리 걸어다니면서 우연히 여러 가지 사실을 발견하곤 했지요. 하지만 이제는 어떤 정보를 누가 알아야 하는지, 그리고 어떻게 알려야 하는지에 대해서 생각할 필요가 있습니다. 게다가 부서의 일부가 이동성이 강하거나 서로 멀리 떨어져 근무하고 있다면 사무실을 걸어다니는 정도로는 문제를 해결할 수 없습니다. 그들에게는 전자적인 방식으로 정보를 공급해야 합니다. 디지털 세계는 완전히 새로운 작업 규범을 필요로 합니다. 예전에는 그냥 사무실로 돌아와서 사무실에 있는 직원 5~6명에게 방금 끝난 회의 결과에 대해 알려주는 것으로 충분했습니다. 하지만 지금 내가 전자우편 보내는 걸 깜빡 잊었을 경우엔 그 사실을 알아야 할 직원이 내용을 파악할 방법이 없을 겁니다. 이것은 완전히 새로운 관리 책임입니다. 만일 어떤 문제가 있어서 직원들이 퇴근한 오후 7시에 전자우편을 보낸다면, 전화로 통보하지 않아도 그 내용이 제대로 전달될 수 있을까? 그 직원이 24시간 안에 그 내용을 볼 수 있을까? 관리자로서 나에겐 어떤 책임이 있고, 종업원에게는 어떤 책임이 있을까? 등에 대해서 생각해야 합니다.

우리는 서로 떨어져 일하는 환경에서 가장 적절한 에티켓을 찾는 문제, 일과 삶에 대한 균형, 윗사람에 대한 배려 등에 대해서 고민할 필요가 있습니다."

IBM은 회사와 멀리 떨어진 곳에서 일하기 시작한 직원들의 근무시간은 줄어들지 않고 사실상 늘어나며, 이들은 장기적인 관점에서 꾸준히 수행하는 업무를 선호한다는 사실을 발견했다. 저지는 이렇게 말한다.

"하루 24시간은 정해져 있지만 일은 항상 넘쳐흐릅니다. 그러므로 '오전 7시에는 전화를 받을 수 없다'는 말을 수용할 수 있어야 합니다. 진정한 과제는 회사마다 갖고 있는 고유의 기업문화와 가

웹 사이트

- IBM <www.ibm.com>

치체계를 원격근무 직원에게 어떻게 심어주느냐 하는 것입니다. 그래서 우리는 직원과 관리자의 책임에 대해서 다시 생각할 수밖에 없었습니다. 멀리 떨어져 근무하고, 이동성을 가지고 일하기 위해서는 일정 수준의 인간적인 상호 교류가 필요합니다.

우리 직원 가운데 일부는 근무지에서 사실상 외롭게 고립된 셈이 되어 표류하기 시작했고 인간적인 교류를 갈망했습니다. 그들은 일과 후에 술을 마시러 가거나 승진파티에 참석하는 것을 좋아합니다."

이 회사에서는 내부의 인터넷 경영을 독특한 기준으로 평가한다. 저지는 이렇게 말한다.

"이 세계의 기준은 완전히 다릅니다. 우리는 쌍방향 세상에 들어와 있습니다. 그러나 우리는 외부 세계의 벤치마킹에 완전히 전념합니다. 나는 인터넷이 모든 것을 해결하는 만병통치약이 아니라 복합적인 접근방법 중에서 매우 가치있는 부분이라고 생각합니다. 인터넷은 먼곳에 있는 사람을 교육하는데 탁월하게 활용될 것입니다.

지속가능한 경쟁우위를 확보하기 위해서는, 웹이 가능하게 만든 것 중에서 필요한 것을 조심스럽게 선택해야합니다. 우리는 400여 개의 지원 사이트를 통해 고객에게 셀프서비스를 제공합니다. 소프트웨어 고객은 자신의 전문영역에 대한 지식을 자랑하는 걸 좋아합니다. 그들은 직원과의 상담보다는 직접 데이터베이스를 뒤지며 문제 해결책을 찾는 방식을 선호합니다. 우리는 고객 서비스 비용을 절감하고 있으며 고객은 더욱 만족합니다."

IBM은 또한 직원들의 네티즌화로 얻은 보너스 가운데 하나로 제품 출시 속도의 변화를 꼽는다. 저지는 이 부분에 대해서 "모든 직원들을 몇 시간 안에 연결할 수 있고 전세계에 쉽게 도달할 수 있는 두 가지 능력은 대단한 힘을 발휘한다"고 말한다. 엔터프라이즈 웹 매니지먼트 그룹은 설립되자마자 CIO 사무실의 중요한 일부가 되었다.

성과 관리

많은 산업 분야에서, 미래의 노동자는 좁은 사무실이나 칸막이 안에 앉아있을 필요가 없을 것이다. 정해진 근무시간에 얽매이지도 않을 것이다. 회사와 경영자들은 직무가 실제로 수행되고 있는지, 얼마나 더 많은 팀이나 그룹을 이끌 수 있는지에 초점을 맞춰 경영하게 될 것이다. 그리고 종업원들은 다양한 전자 장비와 그것을 이용할 충분한 시간을 제공받게 될 것이다.

이러한 길을 걷기 시작한 기업 가운데 하나는 시애틀에 본사를 둔 항공기 업계의 거인인 보잉이다. 다른 대기업들과 마찬가지로 보잉사 역시 회사의 사업부와 제품, 재정 현황에 관한 상세한 내용을 담은 공개 인터넷 사이트를 보유하고 있다. 또한 거의 모든 대기업이 그렇듯이, 보잉사 역시 내부 임직원만 정보를 이용할 수 있도록 보호해주는 '방화벽'이라는 보안장치 안에 방대한 인트라넷 인프라를 갖추고 있다. 이 회사는 직원들에게 전문 기술 분야와 관련 있는 뉴스 기사를 제공하고 있으며, 직원 각자는 자신이 구독하고 싶은 뉴스 분야를 선택할 수 있다.

약 10여 명으로 구성된 내부의 전자상거래 그룹은 회사의 여러 사업부가 내부의 동일한 온라인 지침을 따라가도록 도와주고 있다. 이 그룹은 전자상거래 책임자인 린다 피셔가 이끌고 있는데, 주목적은 지식을 반복 활용이 가능한 모듈로 바꾸는 공정을 만들어 내고, 인터넷 시스템을 기존의 데이터베이스와 연결하는 것이었다.

이 전자상거래 그룹은 약 200여 명의 웹개발자가 참여하는 월례 인터넷 포럼을 개최하여 코드를 공유하고 학습을 촉진한다. 이 그룹은 상대적으로 작은 규모를 유지하려고 하는데, 변화 속도에 맞춰 지식 공급을 할 수 있도록 신속하게 움직여야 하기 때문이다.

피셔는 이렇게 말한다.

"우리 회사는 종업원들이 자신의 웹 페이지를 갖도록 장려합니다. 개설 작업은 직원이 직접 합니다. 일부는 집에서 작업하여 가족 웹 사이트를 개설하기도 하고, 일부는 사무실에서 이 작업을 합니다. MS워드로 작성된 문서를 웹에 올려놓기만 하면 됩니다. 그러면 대규모 내부 회의에 참석할 관리자도 회의 참석예정자들의 면면을 간단하게 미리 살펴볼 수 있습니다."

모든 종업원이 자신의 웹 페이지를 갖는 계획을 수용한 건 아니다. 피셔에 따르면, "분석적인 상당수의 엔지니어들은 개인별 웹 페이지 개설을 불쾌하게 여기고 있으며, 그래서 회사 측은 직원들이 웹 페이지를 만들도록 강요하진 않는다."

또한 보잉은 회사 전영역에 재택근무를 장려하고 있으며, 피셔의 그룹 전원은 일주일에 3일씩 자율경영팀 단위로 재택근무를 한다.

"인트라넷을 통해 서비스 요청을 받거나, 고객이 지원을 요구하면, 그 내용이 몇 초 안에 전체 팀에게 전달됩니다. 나는 어떤 내부 과정이든지 시스템에 로그온하고 서명할 수 있습니다. 만일 내 서명이 필요하면 전자우편으로 서명합니다. 또한 우리는 온라인 업무 지침도 가지고 있습니다.

예전에는 사장님이 매달 비디오 테이프를 보냈지만, 지금은 그 정보가 인터넷을 통해 방송되고 있습니다. 모든 부서에 비디오 테이프를 보내는 것에 비해 비디오 네트워크를 활용하는 방식은 비용이 훨씬 저렴합니다. 우리는 온라인 오디오-비디오 시설과 온라인 교육 과정 그리고 인터넷 인증 시설을 충분히 갖추고 있습니다. 사장님도 지금 직접 만나는 횟수는 줄었지만 여러 팀들과의 커뮤니케이션은 활발해졌다고 말합니다."

보잉사의 거의 모든 사업부가 첨단기술 영역에 속하긴 하지만, 그렇다고 모든 종업원과 관리자들이 네티즌 노동력의 능력을 갖추게 되지는 않을 것이다. 이 부분에 대해서 피셔는 이렇게 전망한다.

"기술을 활용할줄 아는 사람은 많은 정보를 얻을 수 있을 것입니다. 그러나 그렇지 못한 사람은 뒤처질 것입니다. 어떤 사람들은 아직 멋진 봉투에 담긴 편지를 기대합니다. 하지만 이제 그런 식의 편지는 더 이상 오지 않습니다. 이제는 인터넷에 접속해서 편지를 받아야 합니다."

네티즌 노동력으로의 전환은 기술적으로는 비교적 순조롭게 진행되고 있다. 남아있는 과제는 노동자들과 관리자들의 일상 속에 젖어 있는 습관과 행동 양태 그리고 작업 방식을 변화시키는 것이다. 이것은 때때로 고통스러운 일이다. 피셔는 이렇게 평가한다.

"이것은 경영의 도전 과제입니다. 눈으로 보며 관리하는 것과 성과에 의한 관리로 전환하는 것은 전혀 다른 것이기 때문에, 재택근무를 하기 어려운 사람들이 매우 많습니다. 디지털 시대의 경영자로서 나의 목표는 웹을 이용하여 완벽히 기능하는 자율경영팀을 만드는 것입니다. 직원들은 집에서 근무하며 '넷미팅'이라는 소프트웨어를 통해 하나의 프로젝트를 공동으로 수행할 수 있습니다. 기술적으로 민첩하지 못한 직원은 분명한 불이익을 받게 될 겁니다. 이들은 다른 동료들보다 느리게 움직이겠지요. 디지털 환경에 적응하지 못한 관리자는 좀더 통제된 환경에서 관리하려는 경향을 가지고 있습니다. 우리 팀원 모두는 동일한 성과 목표를 가지고 있습니다. 비록 전부는 아니라 하더라도 대부분의 개인적 성과와 목표에 의한 관리는 그룹에 기반을 두어야 합니다. 미래의 경영자는 현재와 동일할 수 없습니다.

재택근무 종업원들은 자신이 몇 시간 동안 작업해야 하는지 알고 있어야 합니다. 관리자는 오후 3시 사무실에 한 사람도 보이지 않더라도, 정시에 퇴근해야 할지 초과 근무를 해야 할지 알고 있어야 합니다. 나는 근무 시간이 아니라 목표에 의한 관리를 원합니다. 설사 출근시간을 넘겨서 직원이 나타나지 않아도, 그들이 일하지 않고 있다고 추측할 수는 없습니다.

관리직은 소멸될 것입니다. 중간 관리층은 작업 진행에 도움을 주지 못합니다. 모든 중간 관리는 검사하고 확인하고 평가하는 과정입니다. 이것은 작업 진행 자체를 정체시킵니다."

비록 모든 기업이 보잉처럼 하이테크 환경에서 근무하는 대규모의 종업원을 거느리고 있지는 않지만, 네티즌 노동력을 지휘할 도전과 기회라는 측면에서는 많은 공통 요소를 가지고 있다.

네티즌 노동력에 대한 저항과 거부

이 모든 가능성에도 불구하고 디지털 노동력의 창출이 모든 회사와 산업 전반에서 자연스럽게 이루어지고 있는 것은 아니다. 일부 기업들은 회사가 디지털화해야 한다는 사실을 직원들에게 납득시키는 것조차 어려움을 겪기도 한다.

부동산 산업은 전통적으로 새로운 기술의 도입이 느린 분야였다. 예외적으로 이런 관행을 선도적으로 극복한 업체가 있는데, 펜실베니아와 메릴랜드에서 활동하는 르/막스(Re/Max)가 바로 그 기업이다. 연매출 50억 달러의 이 회사는 일년에 거의 4만여 건의 부동산을 판매한다. 전국적인 규모의 다른 프랜차이즈 회사와 마찬가지로, 이 회사 역시 80여 개의 부동산 사무실에 산재한 1,500여 명에 달하는 독립적인 가맹업자들이 독립적으로 소유하고, 운영하고 활동을 전개한다. 이 회사가 풀어야 했던 과제는 매우 독립적이며 치열하게 경쟁하는 가맹업자들에게 네티즌 노동력으로 변화하는 것이 유리하다는 점을 확신시키는 일이었다.

이 회사는 합병과 경쟁이 심한 부동산 산업에서 중개업자들의 경쟁력을 강화시키는 인터넷의 가치를 발견했다. 최고 경영자 마이클 스테포니크는 이렇게 말한다.

미국에서 부동산 회사는 상위의 7개 정도만 남게 될 것입니다. 앞으로 부동산업은 브랜드 산업이 될 것입니다. 내가 가졌던 의문은 어떻게 하면 중개업자들에게 편리하게 사업을 운영하며 돈을 벌 수 있게 할 수 있을까 하는 것이었습니다. 우리의 대안은 이들에게 그렇게 할 수 있도록 도구를 제공하는 것이었습니다. 우리는 그들이 필요할 때 모든 정보에 접근할 수 있게 하고, 자료를 인터넷으로 보낼 수 있는 향상된 기술을 이용할 수 있도록 해야 했습니다. 우리는 인드라넷을 설치해서 중개업자가 어디에서나 접속할 수 있도록 만들었습니다. 그들은 부동산 데이터는 물론 마케팅 정보, 그리고 부동산 판매를 위한 템플릿 등과 같은 다양한 자료를 받게 되었습니다. 혁신에는 끝이 없습니다. 이것은 마치 동화 속 이야기 같습니다. 하지만 백문이 불여일견입니다. 나는 지금 55세인데, 인터넷은 지금까지

··
- Re/Max <www.remax.com>

내가 본 그 어떤 것보다 놀라운 것입니다. 우리 회사에게 중개업자는 고객이며, 지금 나는 판매 지원 사업을 하고 있습니다. 나는 고객이 원하는 것을 제공해야 합니다. 고객들은 부동산 판매수수료로 우수한 사람을 채용하고 그들에게 적절한 임금을 지불하는 것 이상을 요구합니다. 인터넷에는 고객을 보살피는데 필요한 모든 것이 들어 있습니다. 경쟁에서 선두를 유지하는 것이 과제입니다. 어디에서나 혁신이 일어납니다. 나는 선두가 되려고 노력합니다. 인터넷은 운영의 효율성을 제공합니다. 시간과 비용도 절감할 수 있지요. 예전의 부동산 회사들은 큰 사무실을 지었습니다. 하지만 미래의 사무실은 원격 컴퓨터 기능을 갖추게 됩니다. 우리에겐 사무실 건물이 전혀 필요하지 않습니다. 이미 현장 직원 가운데 절반은 재택근무를 하고 있습니다. 본사 건물 역시 4,400평방피트에서 1,600평방피트 규모로 줄었습니다. 인트라넷 접속은 아주 쉽습니다. 우리의 중개업자 가운데 이미 25%가 그것을 사용하고 있습니다. 사람들은 이제 더 이상 읽는 걸 좋아하지 않습니다. 그들은 단지 그들의 삶을 향상시키고, 돈벌이에 도움을 주는 방법들을 간단하게 알고 싶어할 뿐입니다. 이제까지는 구전 마케팅이 전부였습니다. 중개업자들은 성공했다고 생각하는 다른 중개업자들에 조언을 들으려 할 것입니다. 그러나 독립적인 중개업자가 무엇을 해야할지 아무도 이야기해 주지 않습니다.

일찌감치 인트라넷을 설치한 휴렛팩커드와 같은 기업이 겪은 어려움은 직원들이 인트라넷을 사용하기 시작하도록 만드는 것보다는, 이미 누적된 방대한 정보를 관리하는 데 있었다. 인트라넷용 검색엔진이 도움이 되긴 했지만 휴렛팩커드 간부의 말처럼 어떤 측면에서 검색엔진은 인트라넷이 얼마나 통제 불가능하고 비체계적이었는지를 직원들에게 생생하게 보여주는 계기가 되었다. 이 회사는 지금 정보의 질을 평가하고 정리하는 개선된 방식을 모색하고 있다. 여기에는 자동 필터링 기법과 사용자의 개입도 포함될 것이다.

인터넷 미래에서, 관리 대상이 지리적으로 멀리 있는 부동산 회사의 독립 중개업자이든 본사의 종업원이든 관계없이, 훌륭한 관리자가 되는데 필요한 기술은 대체로 과거에 필요했던 덕목과 큰 차이가 없을 것이다. 탁월한 의사소통 능력은 관리자의 가치를 언제나 높여주었다. 더욱이 인터넷 미래의 업무상 관계는 일상적인 대면 상태에서 이루어지지 않기 때문에 의사소통 기술이 필수적일 것이다.

관리자들은 더 이상 호감을 주는 성격으로 자신의 빈약한 관리 능력을 감출 수 없을 것이다. 전자우편과 전화통화는 기술적으로나 감정의 측면에서 오해의 소지가 매우 많기 때문이다.

인터넷상의 평가

미래의 관리자는 직무수행에 도움을 주는 도구를 인터넷에서 찾을 것이다. 한 기업이 종업원 평가 기록 과정을 자동화한 시스템을 개발했다 캘리포니아 페타루마에 소재한 지식 기반 인사관리 소프트웨어 개발 회사인 날리지포인트(KnowledgePoint)는 매년 약 천만 명 이상의 관리자들이 1명에서 10명 정도의 종업원 평가서를 작성하기 때문에 인터넷 기반의 종업원 평가 시스템 시장이 엄청난 규모일 것이라고 예측했다.

직원 평가서는 마감시한에 쫓겨 급하게 작성되는 경우가 많으며, 작은 회사는 대부분 한두 개 정도의 표준 양식만 사용한다. 그래서

디지털 관리자

훌륭한 관리자	훌륭한 디지털 관리자
직원들과 의사소통을 잘한다	직원들이 서로 의사소통을 잘하도록 도와준다
메모 내용을 숙지한다	그날의 전자 우편을 숙지한다
지원 부서의 구내번호를 파악하고 있다	컴퓨터를 실제로 수리할 수 있는 지원부서의 인물을 알고 있다
선명한 방향을 제시한다	그룹이 방향을 합의하도록 만든다
직원의 개인적인 욕구를 포용하려고 노력한다	회사의 재택근무 정책 위원회에서 부서의 입장을 대변한다
직원들 위에 서지 않는다	직원들 근처 어디에도 서지 않는다
상부의 중요한 정책 정보를 전달한다	부서 직원들이 중요한 전자우편 전송목록을 확인하게 한다
직원들이 자신의 직무를 훌륭하게 수행하도록 교육시킨다	직원들이 자신의 직무를 훌륭하게 수행하고 경력관리 능력을 습득하도록 교육시킨다
유머 감각이 있다	유머 감각이 있다

날리지포인트는 작은 회사들을 타겟으로, 관리자가 대략 15분 정도만 투자하면 되는 인터넷 기반의 프로그램을 개발했다. 관리자가 36개의 업무 성과 요소 가운데에서 직무 지식이나 적극성 같은 항목을 선택하면, 이 프로그램은 관리자에게 일련의 질문을 한다.

답을 마치면 이 사이트가 공식 평가서를 생성하는데, 관리자는 이것을 전자우편으로 받거나 즉시 프린트할 수 있다. 전자화된 평가서는 인사부서나 담당 관리자 혹은 해당 직원에게 전송된다. 이 제품을 선보인 1998년 몇 개월 동안, 약 1만 명에 대한 평가가 이 사이트에서 완료되었다. 이 회사의 인터넷 마케팅 담당자 마이클 조지는 "많은 회사에서, 성과 평가는 그것이 정말 코앞에 닥치기 전까지는 관심 밖의 일이다"라고 말한다.

북캐롤라이나에서 멀티 사이트 시설과 에너지 관리 제품 및 서비스를 제공하는 스트레티직 리소스 솔루션(Strategic Resource Solutions)은 온라인 평가가 유일한 방법이라고 생각하게 되었다. 이 회사에는 500명 이상의 종업원과 100여 명에 달하는 관리자가 미국 전역의 사무실에서 근무하고 있다. 인사 책임자 게리 보세트는 이렇게 말한다.

"우리는 모든 관리자들에게 간단한 교육과 함께 웹주소를 일러주기만 하면 됩니다. 그러면 그들이 시스템을 사용하기 시작합니다. 사용법을 익히는 시간은 매우 짧습니다. 관리자들은 단지 사이트에 접속해서 필요한 사항을 선택한 다음 클릭만 하면 되니까요. 우리는 보안 문제에 대해서 걱정하지 않습니다. 평가 내용이 그쪽 서버에 있지 우리 서버에 있는 건 아니니까요."

인터넷 미래를 준비하기 위해 얼마나 많은 비용이 들지 정확하게 알고 있는 사람은 아직 아무도 없지만, 많은 회사들은 이미 비용 대비 효과의 우수성을 실감하고 있다. 선도적인 기업들은 가격 결정을 시장기능에 맡길 것이다. 처음에 날리지포인트는 1회 이용에 9.95달러짜리부터 일년 동안 무제한으로 사용할 수 있는 89.95 달러까지 다양한 요금을 부과했다. 그 결과 기업 고객보다 개인 사용자의 수가 더 많아졌다. 조지는 이 부분에 대해서 이렇게 말한다.

"한 회사에서 서로 다른 열 개 부서의 관리자 10명이 이 프로그램을 사용할 수도 있습니다. 이것은 부서 관리자를 위한 도구입니다. 실무 현장에 있는 사람들은 이 기술이 자신에게 어떤 도움을 주는지 정확히 알고 있습니다. 관리자들은 내부공정을 단축할 수 있습니다.

웹 사이트 ┈┈┈┈┈┈┈┈┈┈┈┈┈┈┈┈┈┈┈┈┈┈┈┈┈┈┈┈┈┈┈┈┈

- KnowledgePoint <www.knowledgepoint.com>
- Stratgic Resource Solutions <www.srs.net>

전자 우편과 사람의 성격

· 자기과시형(The Egocaster) 자신을 과시하기 위해 기업 네트워크 전
역에 연속적으로 뉴스 기사를 끊임없이 송신하는 사람.
· 구시대형(The Avon Lady) 전자우편 대신에 전화통화를 고집하는
사람.
· 논평객형(The Commentator) 모든 내용의 그룹 전자우편에 대해
별볼일 없는 촌평을 첨가하는 사람.
· 쓰레기수집형(The County Dump) 모든 채널이 자동으로 자신의 데
스크탑에 전송되도록 해놓은 사람.
· 복사기형(The Copy Machine) 모두에게 같은 전자우편을 송신하는
사람.
· 기록보관형(The Archivist) 직장에 처음 출근한 날부터 한번도 전자
우편함을 정리하지 않은 사람. 어차피, 자신의 입사를 환영
하는 인사부서의 메시지에 답신을 보내야 할 날이 나중에
있을 것이다.
· 전문가형(The CYA) 모호한 전자우편 기술의 달인.
· 늘여쓰기형(The Limelight Hog) 짧은 메시지에 특별히 점수를 줄 필
요는 없잖아
· 겁쟁이형(The Deer) 전자우편에 어떻게 대응할지 몰라 메시지를 마
냥 쳐다보기만 하는 사람.

어차피 그들에게는 소프트웨어가 설치되어 있지 않기 때문에 우리
사이트에 들어와서 평가 과정을 밟고 필요한 결과를 얻기만 하면 됩
니다. 과거의 인사 책임자들은 이런 특권을 누릴 수 없었지요."

날리지포인트는 초기에 이 사업이 종업원 평가서를 저장하는 대
규모 아웃소싱 사업으로 발전할 것으로 예상했다. 하지만 조지의

말에 의하면, "많은 회사들이 다시 방문하여 자사 관리자들에게 그 프로그램을 제공해 달라고 요청하는 일들이 일어났습니다. 그래서 우리는 이 프로그램의 기업용 버전을 그들에게 제공했습니다. 이로 말미암아, 우리는 개발시간을 많이 단축할 수 있었습니다. 기업 고객에게 아주 많은 피드백을 얻을 수 있었기 때문이지요. 구체적인 현장의 도움을 받아 개발을 완료한 셈이예요. 대충 짐작해서 처리할 필요도 없었구요."

회사들이 내부 업무와 공정을 좀더 과감하게 아웃소싱하게 되면서 날리지포인트의 인터넷 사업은 매달 50%씩 성장했다. 이 회사는 최소한 자신들이 성과 평가 시장의 중요한 한 축을 담당하게 되길 희망한다.

가정과 직장의 경계선이 사라진다

노동력이 네티즌화함에 따라, 기업과 근로자는 가정과 사무실의 경계가 점점 흐려지고 있음을 발견할 것이다. 인트라넷이 무선통신 기술과 결합하기 시작하면, 직원들은 언제 어디에서나 전자우편, 주식이 목표가격을 기록했을 때 울리는 경고음, 음성 우편(voicemail) 등의 다양한 정보를 받을 수 있을 것이다. 사무실 공간 축소로 인한 비용절감과 신기술의 개발이 결합되면서 직장생활과 사생활을 통합하는 새로운 방법을 찾아낸 현명한 노동자들이 나타날 것이다. 대다수의 직장인들은 적어도 일주일에 이틀정도의 재택근무를 희망한다고 말한다. 그리고 인터넷 미래에는 그 욕구를 수용하는 회사들이 증가할 것이다.

이미 거의 모든 사무실의 필수 도구가 된 전자우편은 훨씬 더 증가해서, 1999년 전자우편함의 숫자는 1억 1200만 개에 달할 것으로 전망된다. 싱가포르에서는 전자우편이 급속도로 보급되어 택시까지 전자우편으로 호출할 수 있다. 택시를 부르면 그 내용이 자동 배차 시스템까지 전달되고, 배차 시스템은 신청을 확인해주는 전자우편을 다시 보낸다. 택시 운전기사 역시 일종의 네티즌 근로자이다. 범죄가 발생했을 때, 경찰은 택시 운전기사의 네트워크에 직접 접속하여 그 사실을 알릴 수 있다. 모든 택시 운전기사들은 사건 발생 직후부터 경찰이 지명수배한 범인을 찾게 된다.

다음은 가정 생활과 직장 생활의 통합을 시사하는 몇 가지 사례이다.

- 북미의 기업 중 74%가 2,000년에는 재택근무의 활용을 더욱 늘릴 계획이다.
- 적어도 일주일에 이틀 이상 정기적으로 집에서 근무하는 직원을 재택근무 직원으로 정의하는 AT&T는 1998년 자사 사무직 근로자 중 55%를 재택근무 직원으로 분류했다.
- 알리 데니얼스와 14명의 다른 사람들을 고용한 어느 회사는 약 200평방피트의 사무실 공간을 가지고 있다. 데니얼스와 동료들은 공동으로 회사 데이터베이스를 유지하고 웹 사이트를 끊임없이 갱신하는 일을 하고 있는데, 이들은 고객의 니즈를 근거로 팀을 운영하고 있다. 시간급에 기초한 임금과 충분한 복지혜택을 누리고 있는 이들은 한 달에 한 번밖에 만나지 않는다. 왜냐하면 이들을 고용한 회사인 메사추세츠 웰덤 소재 아웃소스 솔루션(Outsource Solutions)은 가상 기업이기 때문이다. 전략 개발과 마케팅을 담당하고 있는 리비아 지보니 부사장을 제외한 모든 직원은 자택에서 근무한다. 모기업은 그들의 서비스를 미국 전

역과 유럽 전역으로, 결국에는 세계로 확대할 계획을 가지고 있다. 불가능한 일은 아니다. 인터넷 미래의 디지털 통근 거리는 훨씬 단축될 것이기 때문이다.

■ 여행객이 항공권을 예약하기 위해 아메리카 웨스트 항공사에 전화를 건다면, 비행시간과 잔여좌석을 충분히 파악하고 있는 항공사 직원은 동료들로 둘러싸인 사무실이 아니라, 편안한 집에서 화사한 속옷을 입은 채 전화를 받을 것이다. 아메리카 웨스트의 홈 에이전트 프로그램에 참여하고 있는 직원들은 가정용 컴퓨터와 항공사 시스템을 직접 연결시키는 소프트웨어의 도움을 받는다. 회사의 800번 전화는 자동으로 원격지(이 경우에는 직원의 집)로 연결된다. 홈 에이전트 프로그램 덕택에 회사는 집에서 근무할 수 있는 신체장애인을 포함한 좀더 다양한 직원을 채용할 수 있다. 이 프로그램의 성공에 고무된 회사측은 관련 에이전트의 수를 120명으로 확대할 계획이다.

■ 시스코가 개발했으며, 현재 글로벌 원(Global One : 독일 전화국과 프랑스 전화국, 그리고 스프린트가 국제적으로 합작한 벤처기업)이 사용하고 있는 시스템은, 자사 전용 네트워크를 갖추지 못한 회사들도 전세계 어디서나 인트라넷에 접속할 수 있도록 만들어 준다. 여행이나 재택근무 중인 직원은 물론 먼 곳에 있는 지사도, 지역번호를 누르고 가상 전용망을 이용하여 인터넷과 전자우편 그리고 자사의 인트라넷에 접속할 수 있다. 글로벌 원은 이 시스템을 내놓은 1998년부터 유럽 및 아시아 태평양 지역, 그리고 미주 대륙에 있는 50여 국가에 서비스를 제공하고 있다.

[웹 사이트] ....

- Outsource Solutions <www.sallysilver.com>

사이버 경영진

MCI의 기업 시장 사업부의 운영을 책임지고 있는 오마 리먼은 일년에 약 260일 정도를 출장으로 보낸다. 그의 사무실은 애틀랜타에 있고 자택은 휴스턴에 있으며, 그가 직접 검토해야할 보고서는 애틀랜타에서 시애틀 사이의 모든 지역에서 발송된다. 그렇다면 오마 리먼은 사방으로 분산된 자신의 생활을 어떻게 하나로 꾸려나가고 있는가?

나는 전자우편과 음성우편, 휴대폰, 그리고 무선호출기를 사용합니다. 나는 자동 전화연결 서비스도 이용하고 있습니다. 사람들이 나에게 전화를 걸면 제일 먼저 휴스턴으로 연결됩니다. 만일 내가 그곳에 없으면, 전화는 내 휴대폰으로 연결됩니다. 그래도 나와 통화가 안되면 전화는 애틀랜타에 있는 내 비서에게 연결됩니다. 나는 자택에서 화상 회의를 열고 수없이 많은 음성 회의를 가집니다.

오늘 첫번째 전화는 동부 시간으로 오전 9시 그리고 휴스턴 시간으로 오전 8시에 왔습니다. 누군가가 나에게 전자 프리젠테이션을 보냈습니다. 나는 그것을 바탕으로 다른 10명의 직원과 통화하며 회의를 가졌습니다. 나중에는 넷 미팅을 실시했습니다. 전국 각지의 사람들이 그 미팅에 참여했습니다. 사회자가 슬라이드를 상영하며 프리젠테이션을 진행했습니다. 점심 식사를 하는 동안에 전화 몇 통이 내 휴대폰으로 연결되었습니다. 주변에 사람이 없을 때에는 쌍방향 무선호출기로 답신을 보내거나, 다른 무선호출기나 전자우편 주소에 메시지를 보냅니다.

애틀랜타에 있는 비서는 나의 약속과 회의 일정을 조정합니다. 나는 비서가 보내는 이 모든 정보를 포켓용 컴퓨터로 봅니다. 비서가 내

스케줄을 갱신하면, 우리는 포켓용 컴퓨터에 동시에 작업하여 내 일정표에 그것이 반영되도록 합니다. 어떤 때는 비서가 토요일이나 일요일에 전화를 걸어와 주간 일정을 함께 확정하자고 말합니다. 다음 주 일정에 변화가 생겼기 때문입니다. 나는 디지털 경영자입니다. 몇 가지 점에서는 아주 성가신 일이지요. 다른 사람들과는 달리 하루종일 통신망에 매달려서 살아야 하니까요.

우리는 현장 직원들에게 동일한 유형의 장비를 제공하여 언제 어디서나 업무를 추진할 수 있도록 만들어 주었습니다. 근본적으로 중요한 것은 하드웨어나 소프트웨어가 아닙니다. 문제는 직원들이 그것을 사용하도록 만드는 일입니다. 바로 이것이 우리가 모든 영업사원과 서비스 종사자들에게 랩탑을 제공한 직후에 닥친 문제였습니다. 직원들이 업무진행 방식을 바꾸도록 만들어야 합니다. 그것은 쉬운 일이 아닙니다. 모든 전제가 정확해야 하니까요. 예를 들어, 우리는 모든 직원이 윈도우즈를 운영할 수 있을 것이라고 가정했습니다. 하지만 개중에는 윈도우를 열라는 말을 말 그대로 실내에 있는 창문을 열라는 의미로 받아들인 직원들도 있었습니다. 우리는 기본적인 PC 운영기술의 습득을 선행조건으로 삼아야 했습니다. 또 다른 문제는 정보를 진달할 때 냉성해야 한다는 사실입니다. 직원들이 자신의 랩탑을 열어보지 않으면 업무 진행에 필요한 정보를 구하지 못한다는 사실을 깨달아야 합니다.

다음 단계는 다양한 장치를 하나로 묶어 많은 정보를 획득하는 것입니다. 나는 쌍방향 무선호출기와 연중행사 일람표를 하나로 묶었으며, 무선호출기와 휴대폰을 사용하기 편리한 방식으로 통합시켰습

웹 사이트 ....

- MCI <www.mci.com>

니다.

출장을 이렇게 자주 다니는 상황에서 개인적인 생활과 업무를 어떻게 조화시키냐구요? 나에게 있어서 이것은 조화의 문제가 될 수 없습니다. 다른 사람의 눈에는 내가 프라이버시를 침해받는 것으로 보일 수 있습니다. 일년에 365일, 일주일에 7일 내내 일한다고 말할 수 있을 정도니까요. 하지만 나는 나의 친구들이나 가족과 항상 교감을 나누는 도구를 사용할 수 있습니다. 무선호출기나 전자우편을 사용하면 언제나 서로 메시지를 주고받을 수 있습니다. 아주 신속하지요. 그래서 나는 가족과 일상적으로 의사소통할 수 있습니다. 나에게는 열네 살짜리 쌍둥이 아이가 있습니다. 아이들이 나에게 처음 전자우편 메시지를 보내기 시작했을 때, 아이들은 자신들이 메시지를 쓰고 있다는 사실을 전혀 실감하지 못한다는 사실을 발견했습니다. 마치 저녁 식탁에 앉아서 아무런 이야기나 늘어놓는 것 같았습니다. 어떨 때에는 아이들이 무엇을 말하는지 문맥을 잡아가며 읽어야 했습니다. 지금 아이들은 아주 분명하고 구체적인 메시지를 보낼 수 있게 되었습니다. 지금 두 아이는 집을 떠나 먼 곳에서 학교에 다니고 있기 때문에 전자우편은 편리한 의사소통 도구가 되었습니다.

아내는 무선호출기 하나를 가지고 있는데, 아내가 나를 호출하는 것처럼 나도 아내를 호출합니다. 내가 디지털 호출기를 처음 구했을 때가 생각납니다. 집 전화번호가 나타나면 당장 하던 일을 멈추고 집에 전화를 걸어서 무슨 일이 일어난 건 아닌가 알아보곤 했습니다. 그런데 디지털 호출기가 문자 호출기로 기능이 향상되었으며, 지금은 쌍방향 통신이 가능한 또다른 형태로까지 발전했습니다.

지금 현재와 같은 통신수단을 포기하고 예전의 무선호출기 수준으로 돌아간다는 건 상상조차 할 수 없습니다. 그것은 내가 업무를 수행할 수 있는 유일한 방법입니다. 부하 직원 전체를 한 장소에 모으지 않아도, 유용한 도구를 활용하여 필요한 일을 할 수 있다는 건 정말 좋은 일이지요.

계속 이동해야 하는 리먼의 스케줄은 극단적인 사례이긴 하지만, 그가 터득한 일과 가정 생활을 조화시키는 새로운 방법은 미래의 직장인들에게 좋은 교훈이 된다.

재택근무촌의 탄생

새로운 네티즌 노동력은 전통적인 노동자와 고용주에 비해 더 많은 새로운 경제적 가능성을 제공한다. 경제적으로 침체된 조그만 지방에서는 정교한 인프라스트럭처 개발에 투자하여, 재택근무자들이 직장에서 멀리 떨어진 전원 지역으로 이주하도록 유도하고 있다.

미국 최초의 재택근무촌이 네바다에 있는 인구 8천 6백 명 규모의 조그만 마을에 건립될 예정이다. 한 영국인 개발자가 예산삭감으로 문을 닫게 된, 1991년까지 정신질환자와 지체부자유자들을 수용하던 주립병원 부지 729 에이커에 최신식 마을을 세우고 있다. 당시까지 그 병원은 주민들을 가장 많이 고용한 곳이었다. 첫 단계로 38가구가 입주할 예정인데, 각각의 주택에는 광섬유 통신망이 깔려있어 주민 각자의 컴퓨터끼리는 물론 기업 네트워크와 인터넷에 연결된다.

한때 마약 및 알코올 중독자들의 재활센터로 사용되던 예전의 병원 건물은 통신회선은 물론 화상회의 시설과 회의실, 고속 데이터 통신망을 갖춘 컴퓨터, 스캐너, 위성송신 시설 등이 구비된 첨단

기술의 '재택근무 센터(telecenter)'로 탈바꿈했다. 흥미롭게도, 아콘 텔레빌리지(Acorn Televillages) 건설을 책임지고 있는 영국인 개발자는 재택근무촌으로 적합한 부지에 대한 아이디어를 인터넷에 공모한 결과, 네바다의 이 마을을 선택하게 되었다고 한다.

미래의 직장 선택

경쟁의 격화로 종업원에 대한 기업의 배려가 소홀해지는 추세이며, 기업에 대한 종업원의 충성심 역시 그만큼 줄어들고 있다는 것은 공공연한 사실이다. 회사는 기업 네트워크를 이용하여 사내 직무 모집공고를 전사적으로 보다 잘 노출시킬 수 있게 되었다. 하지만, 경쟁사 역시 인터넷 구인 사이트 가운데에서 가장 인기있는 몬스터 보드(Monster Board)나 커리어 모자이크(Career Mosaic) 같은 사이트를 통해 많은 구인 광고를 내기 때문에, 종업원들은 한 번의 마우스 클릭으로 다양한 구인 정보를 접하게 될 것이다. 이 사이트들은 수십 만에 달하는 일자리 목록을 분류하는 검색 기법을 사용하여 업종, 지역, 임금 수준에 따라 잘 분류되고 있는 깊이 있는 구인정보를 제공한다. 인터넷상에는 수백만 통의 전자이력서가 게시되어 있으며, 기업들은 인터넷을 통해 직원을 모집하는데 2,000년 한 해 동안 2억 1천 800만 달러를 사용하게 될 것이다.

직장을 구할 때 회사의 위치는 이제 더 이상 장애물이 될 수 없다. 미국 전역의 신문사들은 미래의 구인광고 시장에서 자신들의 지위를 보호하기 위해 서로 단결하여 커리어패스(CareerPath)란 사이트를 개설했다. 이 사이트는 뉴욕 타임즈에서 LA 타임즈에 이르는 많은 신문의 구인광고를 통합시킨다. 그리고 월스트리트 저널은 중견 리쿠르트 기업인 콘/페리 인터내셔널(Korn/Ferry

International)과 제휴하여 퓨처 스텝(Futurestep)이라는 온라인 서비스를 개설했다. 이 사이트는 구직자들이 자신의 여러 자격 증명을 등록할 수 있도록 제작되었으므로, 고용주들은 이곳을 방문하여 풍부한 데이터베이스를 뒤져서 필요한 직원을 충원할 수 있다.

구인광고와 구직광고가 인터넷에 집중될수록, 이 둘을 연결하는 과정 역시 점점 자동화되어 갈 것이다. 인사부서는, 웹에 접속하자마자 자동으로 이력서를 찾아주고 구직자에게 구인자의 전자우편을 보내주는 소프트웨어를 사용하게 될 것이다. 이것은 다른 방식으로 운영되기도 한다. 커리어캐스트(CareerCast)라고 하는 서비스 업체는 참여 기업 사이트에서 구인광고를 자동으로 복사하여 그 내용을 몬스터 보드와 커리어 모자이크 같은 다양한 구인정보 서비스업체에게 자동으로 발송하고 있다.

앞으로는 구직자 전부가 직장을 구하기 위해 여기저기를 전전해야 할 필요는 없다. 스킬서치(SkillsSearch Corp.)가 운영하는 전자우편 서비스는 구직 희망자에게 관심있는 직업의 유형을 자세히 입력하게 만든 다음, 그에 합당한 일자리를 전자우편으로 알려준다. 이처럼 네티즌 근로자들은 다양한 직업과 직장 목록을 손가락 한번 움직임으로 얻을 수 있다. 따라서 기업은 직원들이 나른 곳으로 노망가지 않도록 붙잡기 위해 새로운 노력을 경주해야 한다. 이에 대한 부분적인 해결책 가운데 하나는 처음부터 적임자를 채용하는 것이다. SHL 애스펀 트리 소프트웨어의 최고경영자 랜디 매

웹 사이트 ··

- Monster Board <www.monsterboard.com>
- CareerPath <www.careerpath.com>
- Futurestep <www.futurestep.com>
- SkillsSearch Corp <www.skillssearch.com>

든은 이렇게 말한다.

"지금은 지원자의 수와 면담을 할만한 조건의 사람의 수를 근거로, 인터뷰할 사람을 수학적으로 결정할 수 있게 되었습니다."

이 회사는 사전에 지원자를 미리 선별하는 웹 기반 인터뷰 시스템을 개발했다. 현재 US 웨스트(US West)와 프라이스워터하우스 쿠퍼스(Pricewaterhouse Coopers) 같은 기업들이 사용하고 있는 이런 온라인 인터뷰 시스템은 사전에 10,000명의 신청자를 선별하여 40%를 제외시키고 나머지 60%를 직접 면담하도록 구분해 낸다. 매든은 이 부분에 대해서 이렇게 말한다.

"연필과 종이를 사용하던 시대에 비해 더 많은 신청자가 몰려들고 있습니다. 웹은 이력서 시스템을 괴물로 바꾸었습니다. 원하는 것보다 훨씬 많은 수의 지원자들이 시스템에 모여들고 있습니다. 예를 들어 어떤 회사가 직원 한 명을 채용할 계획으로 광고를 낸 다음, 열 장 정도의 이력서가 접수될 것을 기대하고 있는데 수천 장의 이력서가 접수되곤 합니다. 채용 규모에 맞춰, 이력서 가운데 50%를 사전에 제외시켜야 할 때도 있습니다. 적합한 사람을 채용하는 작업은 극히 중요합니다. 그리고 앞으로는 그 직원이 오랫동안 근무하도록 하는 것이 더욱더 중요하게 될 겁니다."

온라인상의 지원자 대부분이 대학생이거나 기술요원이라는 건 그리 놀랄 일이 아니다. 왜냐하면 대부분의 대학생이 인터넷에 접속하기 때문이다. 매든의 말대로 거의 모든 기업이 기술요원의 채용과 고용유지라는 문제를 안고 있다. 그리고 인터넷 미래에는 구직자로 하여금 일자리를 쉽게 찾도록 만들어 주는 바로 그 기술 때문에 또한 그들이 직장을 쉽게 옮길 수 있게 될 것이다. 그래서 적임자를 채용하고, 그들을 행복하게 만드는 일이 점점 더 기업에 큰 부담으로 다가오고 있다. 매튼에 의하면, "사람들이 직장을 옮기게 되는 데에 단 한 가지 이유만 있는 것은 아닙니다. 하지만 가장 큰 이유는 직무에 대한 만족도입니다."

인터넷 미래의 기업들은 사람을 끌어모으는 인터넷의 능력으로 말미암아 계속 많은 일자리 선택의 기회를 갖는 네티즌 근로자들과 씨름해야 할 것이다.

전자 구매

널리 알려져 있는 것처럼 제너럴밀즈(General Mills)에는 매우 많은 직원이 근무하고 있으며 그만큼 많은 물품을 필요로 한다. 사무용 가구에서 컴퓨터에 이르기까지 별도의 결재과정을 거쳐 공급해야 할 품목이 2,000개 이상에 달한다. 따라서 이 회사는 결재과정을 합리화하기 위해 인터넷 구매 시스템을 도입함으로써 이 시스템을 사용할 1,500여 직원이 편리하게 주문할 수 있게 만들고, 나아가 조달 과정 전체를 통합할 계획을 가지고 있다.

이 시스템 안에서 직원들은 웹 브라우저를 사용하여 원하는 제품 사양에 맞는 기업 카탈로그를 검색하게 된다. 그 품목을 찾아 인터넷 쇼핑 카트에 집어넣으면, 그것이 고객의 쇼핑 사이트로 모아진다. 직원의 직위에 따라서 사전결제 없이 주문할 수 있는 총액이 제한되는데, 해당 직원이 보낸 전자 신청서는 거기에 사인할 지정된 결제권자에게 자동으로 전달된다. 관리자는 결제해야 할 신청서가 있는지를 전자우편으로 확인하거나 자동으로 통보받는다.

(웹 사이트) ··

- U.S West<www.uswest.com>
- General Mills <www.genmills.com>

직원들 또한 시스템에 접속하여 주문이 처리되는 상황을 점검할 수 있기 때문에 예전처럼 구매부서에 몇 번씩 전화를 걸어 신청한 품목이 지금 어떻게 되었는지를 확인할 필요가 없다. 한 예로 마스터 카드는 2,000년까지 미국 내의 모든 직원이 온라인 구매를 실행하게 되기를 희망한다. 이 시스템을 처음 가동한 1998년에는 3개월 간격으로 직원 200명씩을 시스템에 참여시켜, 2백에서 3백만 달러 정도의 물자를 온라인으로 조달하게 만들었다. 글로벌 구매를 책임지고 있는 부사장 제임스 컬리난은 사무용품과 컴퓨터용품을 인터넷으로 주문하는 초기 단계를 넘어서 전자구매를 확대할 계획을 가지고 있다. 그는 직원들이 인터넷으로 마케팅에 필요한 물품을 구입하고, 임시직원을 고용하고, 수송 서비스를 예약하는 것을 좋아한다. 그래서 "많은 영역에서 15%까지 비용이 절감될 것이라고 예측하고 있다"고 말한다.

그러나 네티즌 근로자들이 기업의 구매를 직접 하도록 하려면 문화가 달라져야 한다. 컬리난은 이렇게 말한다.

"우리는 시스템 사용에 대한 직원들의 태도를 변화시켜야 했습니다. 내가 이곳에 왔을 때, 직원들은 필요한 품목을 구입하기 위해 직접 바깥으로 나갔습니다. 모두가 그것을 당연하게 여기는 분위기였습니다. 그래서 우리는 '사람들은 타당하다고 생각되는 규칙을 따른다고 생각하자' 하고 시작했습니다."

컬리난이 이끄는 팀은 공급자의 전용도구를 이용하여 온라인 주문을 조금씩 도입하기 시작했다. 처음에는 공급자 각자의 전자 주문서를, 나중에는 전자 카탈로그를 소개했다.

"우리는 여기서 멈추면 안된다는 사실을 잘 알고 있었습니다. 하지만 우리는 직원들이 이 기술을 신뢰하도록 만들어야 했습니다.

우리가 그들의 일을 좀더 편리하게 해줄 시스템을 개발할 것이라는 사실을 직원들이 신뢰할 필요가 있었습니다. 결국엔 직원들 자신의 행동이 어떤 결과를 가져오는지 직접 눈으로 보고 느껴야 했습니다."

마스터 카드의 시스템은 비교적 선진적인 것으로, 그 일부는 회사의 조달활동을 사람에게 의존하는 기업도 도입할 수 있는 방식이다. 이제 그 시스템은 '구매'라는 이름을 얻고 뉴욕의 본사에 자리잡고 있다.

많은 회사들이 이제 막 조달 과정을 합리화하기 시작했다. 어떤 경우에는 직원들에게 권한을 위임하는 작업이 직원들로 하여금 자신이 정확한 정보에 접속해 있다는 것을 확신시키는 것만큼 간단하다. 타임 워너의 구매부서는 자사에서 대량으로 구매하는 품목(예를 들어, 잡지 용지)의 거래협상에서 탁월한 성과를 올렸다. 그러나 회사 내부의 개별 구매자가 기존에 맺은 계약 내용을 모르고 있기 때문에 타결된 계약금액보다 비싼 비용을 지불하는 사례도 가끔 나타났었다. 하지만 200개 이상의 계약서를 포함한 웹 데이터베이스로 인해 사용자들이 각각의 계약 조건을 숙지하여 좀더 현명한 구매를 할 수 있게 되었다.

구매 자동화는 관리자들에게 새로운 사고방식을 요구할 것이다. 아메리칸 테크(American Tech)의 최고경영자 팀 맥케니는 자동 구매 시스템 개발에 15년 이상 종사했으며 타임 워너에 시스템을 공급한 인물이다. 팀 맥케니의 말을 들어보자.

웹 사이트 ···
- American Tech <www.powriter.com>

첫번째 단계는 내부 결제 과정을 합리화하는 것입니다. 현재의 결재 과정은 서류에 기초하기 때문에 아주 번거롭고 복잡합니다. 지금 현재 전형적인 결재 과정에서는 어떤 직원이 "나는 이것이 필요하다"고 말한 다음 신청서에 결재를 받고 구매부서로 넘기는데 4주일이나 걸립니다. 이 과정을 자동화하면 기간을 24시간으로 단축시킬 수 있습니다. 우리는 이런 방법으로 직원들을 복잡한 과정에서 해방시키려고 합니다.

여러 가지 연구 결과에 의하면, 구매 주문과 결제 과정의 비용은 한 건당 평균 150달러에 달합니다. 우리는 그 비용을 10에서 20달러로 낮추려고 합니다. 하지만 이렇게 하기 위해선 경영 마인드의 변화가 필요합니다. 경영자는 "우리가 모든 개별 거래를 통제할 필요는 없으며 모든 물품을 구매부서를 통해서만 조달해야 하는 것도 아니다"라고 선언할 수 있어야 합니다. 우리 고객 가운데 한 분은 예전에 금융서비스 회사에서 근무한 적이 있는데, 그곳에서는 모든 직원이 필요한 물품을 직접 구매할 수 있었다고 합니다. 그러다 보니 직원들이 물품을 과다 구입하는 경향이 생겼습니다. 그래서 우리 고객은 이런 낭비를 방지하기 위해 몇 년 동안 노력을 했습니다. 하지만 50달러 정도의 사무용품을 구입하기 위한 구매 비용이 150달러나 드는 불합리성이 노출되기 시작했습니다. 그래서 통제의 형태를 바꾸어 시스템을 도입하게 되었습니다. 이 시스템은 직원의 직급에 따라서, "귀하는 50달러 정도의 사무용품은 직접 구매할 수 있지만 고급 스포츠카를 구입해서 그걸 집으로 배달시킬 권한은 없다"는 사실을 알려줍니다. 시스템을 사용한 것이지요.

이같은 시스템은 일정 정도의 통제권을 행사함과 동시에 직원에게 일정한 자율권을 부여한다는 걸 의미합니다.

네티즌 노동력으로 하여금 전자구매를 하게 함으로써 얻는 이익은 직원의 시간을 절약하는 그 이상의 효과가 있다. 많은 경우, 구매하는 직원이 서류 작업을 줄이고, 구매주문서와 송장 사이의 불일치를 해소하며, 나아가 공급자와 협상하여 더 좋은 조건을 이끌어내게 하는 등 좀더 높은 수준의 책임감을 충족시켜 주는 이익도 누릴 수 있을 것이다.

어드밴스드 마이크로 디바이스(Advanced Micro Devices)에서 회사의 공급관리를 책임지고 있는 부사장 패트릭 구에라는 이렇게 말한다.

"미래의 구매부서는 행정능력은 떨어지지만, 대학교육을 받고 분석능력이 뛰어나며 장사수완이 있고 합법적인 계약을 체결할 수 있으며 설득력과 리더십이 있는 사람을 채용할 겁니다. 그들은 시장을 연구하고 각 공급자의 경쟁력을 비교 평가할 수 있을 것입니다. 이들은 거래를 체결하고 계약에 대해 협상하고 다른 사람이 알 수 있도록 그 계약내용을 카탈로그에 분명히 표현할 것입니다. 이 과정을 마친 다음에는 다음 거래를 위한 작업에 들어가, 물품이 필요한 직원들로 하여금 직접 그 물품을 신청하도록 할 것입니다."

SQL 파이낸셜 인터내셔널(Financials International)이라는 회사는 자사의 고객 기업을 분석하여 웹에 기초한 조달 시스템을 도입하여 달성한 직원 일인당 절감 비용을 파악했다. 5천만 달러에서 10억 달러 사이의 연간 총수입을 기록하는 서비스업체는 웹 구매 시스템을 통하여 직원 일인당 연 250달러에서 500달러 사이의 비용을 절감하고 있다는 사실을 발견했다. 그리고 총수입이 20억 달

웹 사이트
- Advanced Micro Devices <www.amd.com>

러인 금융 서비스 회사는 서류 작업을 획기적으로 간소화함으로써, 직원 일인당 연간 5천 달러를 절약한다는 사실도 밝혀냈다.

인터넷 미래는 온라인 카탈로그를 개발하여 고객의 인트라넷과 통합할 준비를 한 기업들에게 성공의 기회를 보장할 것이다. 온라인 구매를 도입하고자 하는 기업들은 이같은 계획을 실현하는데 도움을 줄만한 공급자를 찾는데 어려움을 겪고 있다. 네티즌 노동력을 공급할 준비가 된 기업은 머지않아 시장 점유율을 높일 기회를 갖게 된다. 또한, 이런 전략은 낡은 방식을 사용하는 기존 공급자와 거래하고 있는 회사들을 공략함으로써, 새로운 시장을 개척할 기회를 제공할 것이다. '구매'는 디지털 기업이 재고를 실시간으로 관리할 때 어떻게 경쟁 우위를 획득하게 되는지 보여주는 또 다른 사례라고 할 수 있다.

정보제공자로서의 기업

인터넷 미래의 기업들은 정보를 배포함으로써 종업원이란 독자를 대상으로 적절한 서비스를 하는 새로운 방법에 대해 고민해야 하기 때문에, 어느 정도 출판기업처럼 움직여야 할 것이다. 인트라넷 컨텐츠 시장이 10억 달러 이상으로 성장하는 2000년이 되면, 기업들은 종업원에게 풍부한 정보와 오락거리를 지속적으로 제공하기 위해 새로운 정보원을 물색하게 될 것이다. 대부분의 회사들은 출판사 고유의 기술을 보유하고 있지 못하지만 네티즌 노동력에 적절하게 봉사하려면 앞으로 이런 기술이 필요하게 될 것이다.

전통적인 잡지사와 신문사는 기본적으로 독자를 조직하여 그들에게 컨텐츠와 서비스를 공급하는 사업을 하고 있다. 지방 신문사는 지역적으로 한정된 독자를 조직하여 특정 지역에 관한 정보와 뉴스를 제공하는 반면, 잡지사는 일반적으로 취미나 스포츠처럼 관심 분야를 중심으로 독자를 조직하여 해당 영역에 관한 정보를 제공한다.

결론적으로 지방 신문사가 지역적인 성격이 강하거나 특정 지역에 한정되어 있는 반면, 잡지사는 지역에 관계없이 특정 관심사를 가지고 있는 독자를 대상으로 한다. 성공여부는 출판물이 얼마나 독자를 만족시키느냐에 달려 있고, 수입은 대개 광고주(특정 집단에 자사의 상업적 메시지를 전달하길 원하는 기업들)들에게서 나온다. 총수입은 대체로 광고비와 구독료로 구성된다.

끝으로, 신문과 잡지의 성공은 독자들이 계속 구독하느냐에 의해 결정된다. 만족한 독자들은 유용한 정보나 관심있는 읽을거리를 보기 위해 계속 구입할 것이며, 광고주는 광고효과에 즐거워하며 계속 광고를 게재하게 된다. 이것은 비교적 단순하고, 믿을만하며, 유효한 사실이다. 탁월한 출판인은 그 과정을 매우 쉽게 만드는 것처럼 보인다.

하지만 제조업을 핵심사업으로 삼는 기업들이 인터넷 비즈니스를 시작하거나 온라인으로 지식경영을 사내에 도입하려고 할 때 자신들이 완전히 낯선 프로세스와 맞닥뜨려 고생을 겪어야 한다는 사실을 발견하게 될 것이다. 출판의 네 가지 기본 요소—컨텐츠 창조, 제조와 유통, 광고 판매, 유통(고객 획득과 유지)—는 기름칠을 잘 한 기계처럼 서로 맞물려 돌아가야 한다. 기업은 그들의 직원 독자를 만족시키기 위해 이러한 모델의 일부를 모방해야 할 것이다.

컨텐츠의 창조
· 신뢰성을 유지하라 : 직원들이 회사가 전달한 정보를 신뢰하길 바

란다면 정직해야 한다. 내부로 배포된 모든 정보는 손쉽게 복사되어 외부에 유통되거나 전자우편을 통해 회사 바깥으로 나갈 수도 있다.

· **신속하게 컨텐츠를 재검토하라** : 인터넷은 실시간의 세계이다. HTML 페이지는 내부 진행 절차가 잘 정리되어 있다면 쉽게 수정할 수 있다. 기업들은 지엽적인 부분에 사로잡혀 전체 프로세스를 수렁에 빠뜨리는 오류를 범하지 말아야 한다.

· **시작한 후에 배워라** : 인트라넷에 등재할 모든 컨텐츠를 확보할 때까지 시작을 미루는 기업은 소규모로 시작해서 실수를 통해 교훈을 얻으며 발전하는 이점을 얻을 수 없다. 새로운 내용을 정기적으로 추가해 나갈 계획을 가지고 시작하면, 직원들이 지속적인 피드백을 통해 무엇이 좋고 나쁜지 지적하며 직접적인 도움을 줄 것이다.

· **적시에 갱신하라** : 낡아빠진 사이트는 독자를 잃을 수밖에 없다. 지속적인 업데이트야 말로 인터넷 세계의 규범이다.

· **정보와 서비스를 제공하는 다른 사이트들과 연결하라** : 다른 관련 사이트에 연결하는 링크를 제공하고 인트라넷을 쌍방향 정보 센터로 만들면 회사의 컨텐츠가 보다 매력적으로 구성될 수 있다.

· **혼자가 아니라는 사실을 명심하라** : 컨텐츠를 제공하는 많은 사람들은 자신의 정보가 회사 내부에서 폭넓게 활용되길 바란다. 특정 산업에 대한 정보를 자동으로 제공하는 뉴스 서비스는 직원들에게 유용할 뿐 아니라 지식 유통을 합리화하는데 도움을 줄 수 있다. 그리고 컨텐츠를 구성하는 가장 효과적인 방법 가운데 하나는 사용자가 스스로 컨텐츠를 창출하도록 만드는 것이다.

· **사용자와 계속 접촉하라** : 사람들이 좋은 것과 싫은 것에 대해 표

현할 수 있는 포럼을 열면 네티즌 노동력은 회사가 정보를 공유하는 향상된 길을 찾는데 도움을 줄 것이다.

· **사용자에게 기대감을 주라** : 종업원들이 원하는 새로운 컨텐츠가 인트라넷에서 나중에 제공된다는 사실을 알려라. 그들은 나중에 그 사이트를 다시 방문하게 될 것이다.

· **품질을 유지하라** : 잡지가 시각적 정체성을 갖고 있듯이, 회사의 인트라넷 페이지도 시각적 정체성을 추구해야 한다. 쉽게 이용할 수 있는 페이지 모양과 그래픽은 물론 스타일 지침을 개발하여, 일관된 형식을 유지함과 동시에 변화를 줄 수 있어야 한다.

· **사용자 모두를 위한 내용을 포함시켜라** : 인트라넷에 포함시킬 내용을 결정할 때 커뮤니케이션 전문가와 **IT** 담당자가 함께 참여해야 한다. 어느 대형 금융서비스 회사는 자사 인트라넷의 활용도가 낮은 원인을 분석해서, 인트라넷에 담긴 정보가 정보기술 분야에 너무 치우쳐 있다는 사실을 밝혀냈다.

컨텐츠의 유통

· **인터넷의 장점을 활용하라** : 직원들은 그들에게 컨텐츠를 공급하는 프로그램 작성을 통제하거나 어떤 경우에는 직접 만드는 능력을 갖게 될 것이다. 나는 이것을 '풀캐스팅(pullcasting)' 방식이라고 부르는데, 직원들은 이러한 방식으로 관련 정보를 끌어모아 자신들 고유의 정보 네트워크를 만든다. 시의적절한 업데이트와 관련 사이트 연결 그리고 컨텐츠는 직원들이 제공된 메시지를 받아들일지 여부를 결정하는데 영향을 줄 것이다. 공동 필터링과 같은 기술(5장 참조)은 정확한 인물에게 정확한 정보를 자동으로 전달할 수 있게 만든다.

· 저명인사가 잘 팔린다는 사실을 명심하라 : 핵심 경영자가 인트라넷에 적극적으로 참여할 때 직원들이 인트라넷을 사용하는 비율도 올라가게 된다.

· 모두 참여시켜라 : 많은 기업들은 종업원들의 인트라넷 사용을 촉진하는 몇 가지 방법을 발견했다. 시스템 작명 컨테스트를 연다거나 부서별 '통신원'을 임명한다거나 하는 등의 활동이 그 예이다.

· 틈새를 파고 들어라 : 개별 사업부가 회사 인트라넷의 해당 부분을 자기 고유 업무 니즈에 적합하도록 직접 만드는 것을 장려하라. 회사의 통일성이 지나치게 강조되면 유용성이 떨어질 수 있다.

· 다양한 관심사별 커뮤니티를 조직하라 : 어떤 사람이 게시판에 글을 올렸다면 거기에 답신이 올라왔는지 확인하기 위해 다시 접속할 것이다. '인트라넷의 혁신적 활용 방법'이나 '탁아문제' 등과 같이 직무와 관련된 분야에 깊은 관심이 있는 사람들이 이런 주제를 중심으로 커뮤니티를 조직하도록 장려하라.

컨텐츠 생산과 유통

· 작성 과정을 확정한다 : 정보를 업데이트하는 방식과 업데이트할 담당자, 필요할 경우에 컨텐츠를 평가할 담당자, 그리고 변화를 시도할 사람 등의 결정에 모든 이해관계자의 의견이 반영된다면 업무 과정의 흐름이 원활하게 될 것이다.

· 발행일정을 정한다 : 출판인들은 제작 단계가 다른 여러가지 책을 동시에 진행시키곤 한다. 이들은 책 한 권을 기획하면서 다른 한 권을 편집하고, 세 번째 책을 인쇄하면서, 네 번째 책을 발송하는 등, 모든 작업을 동시에 진행시킨다. 이런 방식은 매우 정교하면서도 유연한 일정을 세우는데 효과적이다. 여기에는 중간에 어떤

작업에 문제가 발생해도, 그것을 해결할 대책을 포함시켜야 한다.

· 업데이트 한다 : 정보를 매우 자주 업데이트하는 것도 진행 과정에 확실히 포함시켜야 한다.

광고 판매와 관리

많은 회사들이 자사 직원들이 사용하는 인트라넷에 외부 광고의 게재를 허용하는 문제를 놓고 고심하기 시작할 것이다. 다음과 같은 문제를 생각해보아야 할 것이다.

· 문서의 용도와 독자 : 기업 스폰서가 인트라넷을 재정적으로 지원하기 위해서는 출판물에 대한 정보가 필요한데, 광고주와 광고대행회사 역시 같은 종류의 정보를 원할 것이다. 이들은 해당 출판물이 독자들에게 얼마나 유용한지, 얼마나 자주 이용하는지, 가장 인기있는 페이지는 무엇인지, 광고를 싣는 비용은 얼마인지 등에 대해 문서화된 정보를 요구할 것이다.

· 수용할 수 있는 유형의 광고에 대한 지침을 개발한다 : 어떤 회사는 자사 직원을 빼내가려고 하는 경쟁사의 광고를 싣지 않기로 결정할 수 있으며, 일부 회사는 술과 담배에 대한 광고를 금지할 것이다.

· 현실적인 기대치를 설정한다 : 인터넷 광고비의 대부분은 가장 많은 페이지뷰(page view)를 기록하는 회사에게 몰리고 있다. 심지어, 광고효과가 높은 독자들에게 광고하기 위해서는 프리미엄 광고비를 지출하기도 한다. 가격을 유연하게 책정할 준비를 갖추어야 한다.

· 페이지뷰를 추적한다 : 페이지뷰는 일반적으로 얼마나 많은 광고를 유치할 수 있는지, 유치 가능한 광고비 총액이 얼마인지 판단

하는 근거가 된다. 예를 들어, 10만 페이지뷰를 계약하려는 광고주가 있을 수도 있다.

· **외부의 광고 판매 대행사와 계약한다** : 출판사 역할을 하는 기업에는 광고 외에도 집중해야 할 다른 일들이 많다. 또한 광고비만큼의 광고효과를 거두기 위해서는 광고 전문가의 도움을 받는 것이 좋다.

기업은 자신이 직접 출판사 역할을 수행해야 함과 동시에 외부 출판사들을 위한 사내 유통부서 역할도 담당해야 할 것이다. 메사추세츠주 케임브리지에 있는 인터넷 접속서비스 회사 로우(Roew.com)는 근로자들의 구독신청을 인터넷 시대에 적합한 형태로 바꾸어 사업화할 가능성을 발견했다.

이 회사는 지불과 불만처리를 포함한 전과정이 자동화된 인터넷 기반의 도서구독신청 서비스를 구현했다. 일단 로우가 특정 기업의 모든 직원들의 구독신청에 대한 독점 계약을 체결하면, 고객 기업의 최고재무경영자는 로우를 통해서 신청한 구독물에 대해서만 회사가 비용을 지불한다는 내용의 메시지를 사내에 발표하게 된다. 그러면 로우는 기업의 전용 가상 구내서점을 개설하여 모든 출판물을 원스톱 쇼핑으로 공급한다. 직원들은 회사 내부 웹 사이트에 방문하여 자신이 선택한 모든 출판물을 신청할 수 있다.

로우의 시스템에는 구독신청이 완료되었음을 직원에게 알려주는 전자우편 통보 기능과 고객의 인트라넷을 로우의 데이터베이스에 직접 연결하는 기능이 포함되어 있다. 이 회사는 중간 단계를 없앴으며, 기업 대상의 서적 판매를 새로운 사업 모델로 만들어냈다.

인터넷 이전의 세계에서는 중개업자가 출판물을 분류하여 비슷한 것끼리 묶은 목록을 기업에 공급하곤 했다. 이것은 인터넷 시대의 모습과는 매우 다르다. 그래서 과거의 중개업자는 기업과 출판사 사이의 중개인으로 기능했다. 이들은 대개 소비자 가격의 2~5%에 해당하는 수수료를 덧붙인 금액을 회사에 청구했으며, 출판사 측으로부터 5~10%의 할인을 받았다. 수수료와 할인금액을 합친 금액이 중개업자의 몫이 되었다.

인터넷 경제시대를 맞아 새롭게 등장한 중개업자는 출판사로부터 동일한 할인을 받지만 할인액 전체를 고객 기업의 직원에게 돌려준다. 그렇다면 새로운 중개업자는 어디에서 이익을 만들어 내는가? 새로운 중개업자는 가격과는 관계없이 모든 도서구입에 대해 거래수수료를 부과한다. 로우는 짧은 역사에도 불구하고 인터넷상의 도서구독 신청에 관해 많은 회사와 독점적으로 계약했다. 그 가운데에는 쿠퍼스 앤드 라이브랜드, 메사추세츠 종합병원, 달로테 앤드 투세이, 언스트 앤드 영, 아더앤더슨, 휴렛팩커드, 코카콜라, 페더럴 리저브 보드 등이 있다.

로우의 창립자이자 최고경영자인 리처드 로우는 "우리는 룰을 바꾸었습니다. 출판업자가 동일한 할인을 해주지만 우리의 거래는 모두 인터넷으로 이루어진다는 강점이 있습니다."라고 말한다. 구독신청 계약을 맺은 기업은 자사 은행계좌로부터 직접 전자지불을 할 수도 있고 뱅크원(Bank One)에 자금을 적립해 둘 수도 있다. 일단 구독 서비스가 시행되면 그 비용은 출판사로 송금된다. 전체 과정은 서류 없이 진행되며 다음의 다섯 단계로 구성된다.

■ 직원은 보고싶은 출판물을 찾아서 구입 신청을 한다. 전자 통지서가 로우(Rowe.com)가 지정한 제3의 은행에게 전달된다.

- '지정된 제3의 은행' 은 구매 요청 통지를 받는다.
- 은행은 출판사의 은행에 대금을 보내고 그 액수를 구매자의 구좌에서 공제한다.
- 주문과 대금 확인서가 출판사에게 전달된다.
- 출판사는 로우가 주문과 수수료를 받았는지 확인한다.

이 모든 거래에 대해 로우가 은행에 지불하는 비용은 얼마일까? 25센트밖에 안된다!

고객 기업이 누릴 수 있는 부수적인 이익은 직원들이 구입하는 책의 목록을 프린트된 정보로 모두다 받아볼 수 있다는 것이다. 이 자료는 나중에 패턴의 유사성, 직업관계, 그리고 선호도를 판단하는데 유용하게 사용될 수 있다.

예를 들어, 직원들은 공동 필터링 기법(5장 참조)을 사용해서 회사 내부의 다른 동료들이 무엇을 읽는지 확인한 다음, 동료들의 독서 행태를 본받아, 그들이 관심있게 읽은 책을 추천받을 수도 있다.

방송국으로서의 기업

기업 전반에 걸쳐 발전된 기술이 소개되고 채택되면서, 많은 회사들은 내부 출판사 역할은 물론 내부 방송국 역할도 수행하게 될 것이다. 어떻게 하면 회사가 세계 전역에 퍼져있는 자사 직원을 대상으로 방송국 역할을 수행할 수 있는지를 보여주는 좋은 사례로 루슨트 테크놀로지스(Lucent Technologies)를 들 수 있다. 이 기업은 인터넷 기반의 내부 라디오 프로그램을 만들었다. 전문 DJ와 경쾌한 음악, 그리고 전세계 주요 뉴스를 다룬다는 점에서, 루슨트 웹라디오는 기존의 라디오 방송국과 아주 흡사하다.

루슨트의 선진적인 경영자이자 루슨트 웹 라디오 창시자인 로버트 유코빅은 "우리는 제품 마케팅 그룹을 하나 만들고, 원료공급 방식에 문제가 있음을 발견했습니다."고 말한다.

유코빅은 리얼오디오와 같은 표준 인터넷 기술을 사용하여 여러 개의 채널을 갖춘 인터넷 라디오 방송국을 만들었다. 그는 BBC, 내셔널퍼블릭 라디오, 연합통신, CNET와 재방송 협약을 맺은 다음 음악과 뉴스를 자사 메시지와 함께 패키지로 묶어서 방송했다. 종업원들과 사업부의 성공사례를 포함한 인터뷰를 정기적으로 방송했는데 전세계에 퍼져있는 직원들은 마침내 서로에 관한 이야기를 들을 수 있게 되었다.

루슨트 웹 라디오는 5만 명 이상의 종업원들에게 청취되고 있으며, 이들의 하루 평균 청취 시간은 156분에 달한다.

유코빅은 "폴란드와 싱가포르, 브라질 등지에 있는 직원들이 이제 서로 연결되어 있다는 느낌이 든다는 내용의 전자우편을 보내고 있습니다"라고 말한다.

이 회사는 웹 라디오 방송국의 가장 중요한 효과가 훈련과 의사소통에서 나타남을 발견했다. 그래서 유코빅은 이렇게 말한다.

"우리는 방송을 통한 원격 교육으로 훈련비용 600만 달러를 절감했습니다. 또한 우리는 의사소통 채널을 설치했기 때문에 중역을 인터뷰할 수도 있습니다."

이 회사의 인트라넷 투자수익률은 얼마나 될까? 750% 이상으로써 이는 연간 1천 550만 달러의 비용 절감 효과에 해당한다.

웹 사이트

- Rowe Com Inc <www.rowe.com>
- Lucent <www.lucent.com>

당신 회사의 구성원들은 네티즌인가?

- 온라인 협력을 장려하는 보상 제도를 실시하고 있는가?
- 종업원들이 동료 직원의 도움을 구하거나 직무 관련 정보를 검색할 때 자동적으로 인트라넷을 살펴보게 되는가?
- 온라인으로 경력 개발에 필요한 정보를 제공하는가?
- 직원들이 연금 정보를 온라인으로 확인할 수 있는가?
- 직원들이 온라인으로 연금 프로그램에 가입할 수 있는가?
- 직원들이 사무용품이나 물품을 구매하기 위해 온라인 카탈로그를 살펴보거나 주문정보를 검색할 수 있는가?
- 직원들이 온라인으로 구매 주문을 하고 있는가?
- 직원들이 직접 공급자들에게 물품을 주문하는가?
- 직원들이 전자적 방식으로 지식을 공유하는 메커니즘이 마련되어 있는가?
- 귀사의 산업 분야와 관련된 정보가 직원의 데스크탑에 자동으로 전달되는가?
- 직장에서 공공 인터넷에 접속하는 직원의 비율이 얼마나 되는가?
- 직원들이 채팅하고 토론할 수 있는 온라인 공간이 있는가?
- 귀사의 직원들은 인트라넷에 게시판을 가지고 있는가? 이 게시판은 회사 측에서 후원했는가 아니면 일반 직원들의 자발적 노력으로 시작되었는가?
- 귀사의 인트라넷은 외국인 직원들을 위한 다양한 언어를 포용하고 있는가?
- 귀사는 온라인 자문역 프로그램을 지원하는가?

- 직원 평가가 인터넷상에서 이루어지고 보고되는가?
- 직원들이 회사가 지원하는 인터넷 교육 프로그램에 접속하는가?
- 최고경영자가 온라인 포럼에 참여하거나 게시판에 글을 올리는가?
- 일주일에 최소한 이틀 이상을 사무실 이외의 장소에서 근무하는 직원의 비율은 얼마나 되는가?
- 재택근무자들에게 필요한 기술 지원을 강화하고 있는가?

기업의 진로를 하룻밤 사이에 바꾼다

기술의 발전으로 하룻밤 사이에 새로운 경쟁자가 생겨날 수 있는 시대에, 조직 내부의 신속하고 효과적인 의사소통 능력은 승자와 패자를 가르는 기준이 될 수 있다. 네티즌 근로자들이 근무하는 기업은 급속한 변화의 속도를 따라잡을 수 있으며, 직원 전체를 인터넷에 전면적으로 접목시킨다는 개념을 받아들인 기업은 번창할 수 있다. 반면에 이런 조류에 저항하는 기업은 홍수처럼 몰려드는 시대의 물결을 놓칠 뿐 아니라 그 물결에 파묻혀 버리는 위기를 겪게 될 것이다.

제3장

정보를 완전 공개하는 오픈 북 경영이 대두된다

많은 기업들이 수년 동안 '고객의 주도'를 강조해왔다. 물론 개별 회사와 대부분의 경영자들은 이 말을 서로 다른 의미로 해석하고 있다. 어떤 회사가 '고객이 주인'이라고 할 때 그 의미는 다양한 조사연구를 통해 고객이 기꺼이 돈을 주고 살만한 제품을 개발하겠다는 점을 강조하는 말이다. 조사연구는 특정 시점에서의 정지된 고객의 행위 또는 일정 기간 동안 고객 행동의 변화를 파악하는 비교적 정적인 과정이다.

인터넷 미래에는 고객이 명실상부한 기업의 주인이 되고, 제품 및 서비스 생산자는 기꺼이 뒷자리로 물러날 것이다. 그리고 고객은 생산사를 내신하여 실질적으로 비즈니스를 주도해나길 것이다. 인터넷 미래에는 이같은 주도권의 역전이 일어나고 이런 변화를 적극적으로 지원하는 기업도 등장할 것이다.

지식의 공개가 힘인 시대

전통적인 비즈니스 세계에서는 '지식'이 힘이었다. 그러나 인터넷 미래에서는 '지식의 공개'가 힘이다. 당신의 사업을 이해하는 기업이 늘어날수록, 당신은 시장을 자신에게 유리하게 만들어 갈 수 있게 된다. 넷스케이프가 그들이 개발한 웹브라우저 프로그램의 소스를 공개하기로 결정한 이유는 무엇인가? 이것이야말로 코카콜라의 제조비법을 타임즈 광장의 벽보판에 부착하는 행동이 아닌가! 그 이유는 다른 회사들이 넷스케이프의 표준에 기반하여 제품과 서비스를 개발하도록 촉진하기 위한 것이었다. 만일 한 회사가 자사의 제품과 서비스를 전세계가 사용하도록 만들 수 있다면, 그 회사는 표준을 장악하게 됨으로써, 그 제품과 서비스를 응용한 다른 제품과 서비스를 개발하여 이익을 올릴 수 있다. 자사가 장악한 표준에 근거해 개발된 제품들은 프리미엄 가격을 받을 수 있다.

전자부품 제조업체인 AMP는 소규모 고객들이 직접 활용할 수 있는 정보를 공개함으로써, 대형 고객에게만 치중하는 유통업자에 대한 의존도를 줄일 수 있었다. 이 경우, 지식의 분배가 시장에서 역량을 발휘하지 못하던 부분을 강화시켜서 새로운 힘의 균형을 만드는 역할을 했다.

또한, 지식의 공개는 성과를 향상시키는 데도 기여한다. 지식의 통합에 기여함으로써, 시장에서 목표와 기준에 대한 영향력을 확대시킨다. 자신을 고객에게 공개하는 초기 단계를 거친 회사는 공개정신을 확대할 수 있는 또다른 방법을 찾을 것이다.

페더럴 익스프레스(FedEx)는 화물 추적 시스템을 고객에게 공개한 후, 공개정신을 회사 내부에도 적용했다. 그들은 운전기사 개인의 업무성과를 다른 운전기사의 업무성과와 비교하는 시스템을 개발했다. 운전기사들이 수령인에게 화물 배달 확인 서명을 받으면, 그 정보는 끊임없이 갱신되는 데이터베이스에 입력된다. 회사는 운전기사의 업무성과를 비교할 수 있고, 운전기사들도 자신의 배달 스케줄과 업무성과를 다른 운전기사들과 비교해서 살펴볼 수 있다. 이것은, 앞에서도 언급했듯이 회사가 외부용으로 개발한 공개의 방법론을 네티즌 근로자를 지원하기 위해 회사 내부로 확대한 사례이다.

전통적인 경제에서는 많은 정보를 통제하는 사람일수록 더 많은 힘을 가질 수 있었다. 관리자들은 자신의 전략이나 계획, 아이디어를 보호하거나 심지어 은폐하기까지 했다. 정보에 대한 특권은 지위에 대한 보장과 함께 권력을 쥐고 있다는 느낌을 주었다. 정보를 가진 사람들은 이렇게 이야기하곤 했다. "그걸 알고 있는 사람은 바로 나야. 내가 없으면 이 프로젝트는 성공할 수 없어." 하지만 인터넷은 이 모든 걸 바꾸어 버린다.

인터넷 미래에는 모두에게 유용한 지식을 더 많이 제공하는 사람이 더 많은 힘을 가질 것이다. 권력은 지식의 수집에 있는 것이 아니라 지식의 공개에 있다. 이 명제는 기업은 물론 개인에게도 유효하다. 예전에는 '오픈 시스템(open system)'을 높이 평가했지만, 앞으로는 정보를 전면적으로 공개하는 '오픈 북 기업(open-book corporation)'을 높이 평가하게 될 것이다. 인터넷 미래는 모든 것을 공개하는 시대가 될 것이다.

페더럴 익스프레스(FedEx)를 비롯한 다른 많은 선진적인 기업들처럼, 자사의 데이터베이스를 전세계에 공개함으로써 다른 사람들의 생산성을 높여주는 기업이 점차 늘어날 것이다. 그리고 고객

웹 사이트 ···

- AMP.com <http://connect.amp.com>
- Federal Express <www.fedex.com>

과 공급업자들은 이런 회사를 좋아한다. 고객으로 하여금 기업 데이터베이스에 직접 접속하여 좀더 신속하게 필요한 정보를 구하도록 함으로써 회사의 인트라넷은 다음 단계로 발전할 수 있다. 이것은 고객과 회사 모두에게 이익이 된다.

오픈 북 기업에서 노동력의 네티즌화는 웹 노동력을 포함한다. 디지털 노동력의 복합적 결합으로 발전된다. 이같은 연결은 디지털 정보의 교환 이상의 의미를 가진다. 회사는 사업관행을 개혁하고 고객 및 공급업자와 보다 긴밀히 연결된다. 본질적으로, 고객과 공급업자 그리고 유통업자들은 기업의 운영에 구체적인 도움을 주기 시작할 것이다.

외부 지향 기업

'오픈 북 기업' 이란 표현은 회사 웹 사이트에 '여기서 주문하시오' 따위의 표시를 붙여놓는 것 이상을 의미한다. 이 표현은 전례 없는 기업의 혁신적인 연결과 확장을 의미한다. 이것은 비즈니스의 전통적 기술과 방법을 재검토하는 것을 의미한다. 그리고 긴밀히 연결된 고객, 공급자, 유통업자의 관계를 새롭고 혁신적인 차원으로 발전시켜 그들이 회사의 핵심사업을 운영하도록 하는 것을 말한다. 또한 그들은 새로운 이익과 비용절감 효과를 만들어줄 것이다.

인터넷에 익숙한 다음 세대의 기업들은 외부 공개를 통한 회사의 성공을 위해 상상할 수 있는 모든 방법을 동원할 것이다. 이들은 자사 고객 데이터베이스를 혁신하고 공급업자들을 하나로 연결할 것이다. 이들은 새로운 집단을 하나로 결합하는 접착제의 역할을 할 것이다. 또한 제품 공급의 속도를 높여 완전히 새로운 고객 집단을 창출할 것이다. 이들은 외부 지향을 통해 회사의 전통적인 비즈니스를 발전시킬 것이다. 나는 이처럼 외부에 포커스를 두고 있으며 인터넷에 기민한 다음 세대의 기업을 '외부 지향 기업(Nextroverts)'이라고 부른다. 이들은 새로운 시대의 새로운 주역으로 떠오를 것이다.

인터넷은 전통적으로 고객을 통해 새로운 이익을 창출하는 데 사용되어 왔고, 인트라넷은 회사 내부 업무를 간소화하여 비용을 절감하는데 이용될 수 있다. 엑스트라넷은 두 가지 용도 모두로 사용될 수 있다. 새로운 고객을 통해 새로운 이익의 원천을 창출하는 동시에 전통적인 핵심 사업을 혁신하여 비용을 절감할 수 있다. 이 사실을 벌써부터 감지한 두 기업이 있는데, 1-800-Flowers와 오피스 디포(Office Depot)가 바로 그들이다.

꽃 장사들의 네트워크

롱 아일랜드에 본사가 있는 1-800-Flowers는 세계 최대의 꽃 판매 회사로 성장해왔다. 이 회사의 연매출액은 3억 달러에 달하며, 지난 몇 년 동안 40%의 연평균 성장률을 기록했다.

뉴욕 지역에 14개의 꽃 판매점 체인망을 가지고 있던 짐 맥칸은 전통적인 방식으로 이 회사를 시작했다. 그리고 맥칸이 1987년에

웹 사이트 ···

- Office Depot <www.officedepot.com>

1-800-Flowers의 전화 서비스를 시작한 다음부터 말 그대로 신화가 시작되었다. 1-800-Flowers는 꽃 공급능력을 기반으로 150여 개의 직영점과 프렌차이즈 아울렛을 운영하고 2,500개에 달하는 다른 꽃 판매점과 제휴를 맺었다.

이 회사는 1990년대 중반 인터넷의 새로운 시장에 뛰어들었다. 인터넷 사업은 그들의 비즈니스 추진방식을 혁신하여 회사의 연간 총수입을 3,000만 달러 증가시켰다. 1-800-Flowers는 소매점을 통털어 2,000명 이상의 직원을 고용하고 있으며, 기술요원과 마케팅 전문가 그리고 인터넷 전문가 20명으로 구성된 특별 팀을 포함한 쌍방향 서비스 부서를 운영하고 있다. 바로 이 팀이 1994년 인터넷 사업망을 발족시켰다.

이 회사의 전화, 팩스, 소매점, 인터넷을 통한 탁월한 꽃 판매 능력은 널리 알려져 있다. 하지만 신속한 주문처리를 위한 배달 시스템, 매장 간의 상호 연결에 관해서는 비교적 덜 알려져 있다.

쌍방향 서비스 담당 이사 도나 이우코라노는 이렇게 말한다.

"인터넷은 매우 강력합니다. 인터넷 판매는 5천만 달러에서 1억 달러짜리 사업으로 성장할 겁니다. 하지만 현재 눈길을 끌지 못하는 엑스트라넷이 오히려 더 큰 분야로 성장할 수 있습니다."

1-800-Flowers는 어버이날과 같은 성수기에 인터넷 사이트에서 최고 십만 명까지의 방문자를 수용할 수 있다. 이 웹 사이트를 방문하는 사람 가운데 약 20% 정도가 꽃을 주문한다. 고객은 아무런 도움 없이 쉽고 편리하게 주문할 수 있다. '오픈 북 기업' 방식을 취하고 있기 때문에 고객 스스로 모든 작업을 진행한다. 부가적인 이익도 발생한다. 일부 고객은 인터넷 사이트의 카탈로그를 보고 마음에 드는 꽃을 고른 다음 800번 전화를 통해 주문한다. 이우코

라노는 "이런 현상이 매일 증가하고 있다"고 말한다.

이 회사는 이런 다양한 현상에 주목하여 전통적인 사업과 인터넷을 보다 긴밀히 결합하기로 결정했다. 800번 전화로 주문하는 고객에게 전자우편을 통해 마케팅 자료를 보내도 괜찮은지 질문했다. 전화를 건 고객 가운데 평균 20% 정도가 기꺼이 전자우편 주소를 알려주었다. 이우코라노는 "이런 과정을 거치며 전통적인 고객이 점차 인터넷으로 이동하고 있다"고 말했다.

이 회사는 소매점 네트워크의 장점을 극대화할 수 있는 더 큰 기회를 잡게 되었다. 첫번째 단계는 소매점이 1-800-Flowers에 직접 접속하여 실시간으로 고객의 주문과 문의를 접수하게 한 것이다. 소매점과의 의사소통 시스템이 갖추어져 있었기 때문에, 고객이 1-800-Flowers를 통해 소매점에 주문하면, 소매점은 꽃의 종류와 배달 시간에 관한 고객의 질문에 즉시 응답할 수 있게 된 것이다. 소매점 네트워크는 1-800-Flowers를 통하여 좀더 긴밀하게 연결 또는 통합되었고, 1-800-Flowers는 모든 꽃 공급자들에게 기반 기술을 제공해 주었다.

1-800-Flowers에서는 소매점의 이 시스템 사용을 촉진하기 위해 인터넷 기반의 시스템을 통한 주문 접수에 대해서는 건당 10센트만 내도록 했다(전통적으로, 소매점은 1-800-Flowers를 통해 주문할 경우 한 건당 50센트를 지불했다). 고객들은 여러가지 방법으로 꽃을 구입한다. 어떤 고객들은 인터넷을 통해 주문을 한 후 전화로 다시 확인하기도 한다. 그래서 1-800-Flowers는 항상 분 단위로 데이터베이스를 갱신한다. 그리고 전화와 인터넷 주문 채널을 처음부터 통합 운영하였기 때문에 모든 소매점은 같은 정보에 근거해서 작업하고 있다.

주문된 대부분의 꽃들은 당일 배달되어야 하기 때문에, 구매자와 판매자의 접촉은 신속히 이루어져야 한다. 1-800-Flowers는 이를 위해 채팅 공간을 마련했다. 고객과 소매점은 특별 주문에 대해 신속한 의사소통을 할 수 있게 되었다. 이 과정은 고객 서비스 상담원을 전화선에 묶어놓지 않고도, 고객이 필요로 하는 정보가 좀 더 신속히 전달되도록 한다.

그렇다면 1-800-Flowers는 인터넷 미래에서 어떤 모습을 가지게 될 것인가? 이 회사는 자사와 제휴한 2,500여 소매업자에게 인터넷 시스템을 제공하고 이들이 인터넷을 통해 서로 의사소통할 수 있도록 만들기 시작했다. 인터넷 시스템에서는 꽃을 도매가격으로 구입할 수 있을 뿐 아니라 1-800-Flowers의 교육 과정도 제공한다.

또한 이 회사는 원예업자 및 꽃 디자이너 양성 과정을 중심으로 인터넷 원격 교육 사업에 뛰어들 예정이다. 꽃 상인 모두가 상호연결 됨으로써, 1-800-Flowers는 탄탄한 고객 기반을 갖게 될 것이고 꽃 상인들을 대상으로 상품을 마케팅하려는 제3의 판매자에게도 서비스를 제공하게 될 것이다.

트럭 운전기사들의 네트워크

오피스 디포(Office Depot)는 자산 70억 달러 규모의 소매업체로서, 미국 내의 620여 개의 상점과 20여 개의 창고를 가지고 7천여 종의 사무용품을 취급하고 있다. 이미 2천여 대의 트럭과 2천 5백여 명의 운전기사를 보유하고 있던 이 회사는 자사의 유통능력을 인터넷 미래에 적합한 수준으로 발전시키길 원했다. 이 회사가 1998년에 웹 사이트를 개설하면서, 핵심사업을 새로운 디지털 환경에 연결시킨 것은 아주 당연한 조치였다.

웨더채널(Weather Channel)에서 weather.com을 개설한 것으로 유명한 엘리자베스 밴스토리가 오피스 디포의 온라인 담당 부사장으로 임명되었다. 밴스토리는 샌프란시스코에 시스템을 설치하고 인터넷 전문인력들을 끌어들였다. 그녀의 말을 들어보자.

강력한 상품개발력과 브랜드 인지도가 매우 중요하긴 하지만, 인터넷을 통한 판매에서는 그 이상을 필요로 합니다. 오피스 디포에서 우리는 종합적인 접근 방식을 취했습니다. 인터넷에 진입하기 위해, 우리는 우리 사업의 모든 측면이 웹 사이트와 어떤 영향을 주고받게 될지 검토해 보았습니다. 우리는 가장 훌륭한 전자상거래 사이트를 만들어 우리 고객들을 만족시키고 싶었습니다.

우리는 고객에게, 무엇을 기대하고 무엇을 원하는지 구체적으로 물었습니다. 고객들은 사무용품을 주문해서 다음 근무일까지 배달받을 수 있으면 좋겠다고 대답했습니다. 주문내역을 파악하고 개별적인 쇼핑목록을 만들 수 있으면 좋겠나고 내답한 고객도 있었습니다. 그리고 우리의 목표 고객층 중에서 소규모 사업자들은 편리함을 가장 중요한 가치로 꼽았는데, 사무용품을 구입하기 위해 밖으로 나가 시간을 허비하는게 싫었기 때문이었습니다.

다음으로 우리는 기존 비즈니스 시스템을 최상의 수준으로 개선할 방법을 찾았습니다. 우리는 인터넷 상거래 소프트웨어 몇 개를 검토

(웹 사이트) ....
- Office Depot <www.officedepot.com>

했지만 모든 기능이 다 담겨있는 소프트웨어 패키지는 우리에게 맞지 않는다고 판단했습니다. 우리는 상거래 운영의 일부 핵심 요소를 이미 만들어 두었거나 특허를 가지고 있는 상태였습니다. 우리는 이미 주소 확인 및 수정 소프트웨어 그리고 세무회계 소프트웨어를 사용하고 있었으며, 주문서 기록 소프트웨어의 일부를 만든 상태였습니다. 기존의 이러한 시스템들은 실물 매장을 지원할 뿐 아니라 수십 억 달러에 달하는 카탈로그 배달 사업에도 도움이 됩니다.

우리는 사이트의 인프라를 구축하면서 인터넷 사이트를 재고목록과 고객 데이터베이스가 포함된 백엔드(back-end) 시스템과 통합시켰습니다. 이 시스템을 통해 고객은 직접 가까운 지역 대리점이나 도매점에 원하는 제품이 있는지, 또 입수가능한지 확인할 수 있습니다. 또한 우리는 고객이 입력한 주소를 실시간으로 확인하여 배달 주소가 정확한지 검증합니다. 그리고 오타를 찾아내어 우리 직원들이 배달 불가능한 지역에서 헛걸음하는 일이 없도록 만듭니다. 또한 우리는 신용카드 정보를 실시간으로 조회합니다. 이것은 주문한 지 몇 시간이나 지난 고객이 자신의 카드에 문제가 있다는 사실을 우리에게 통보받는 일이 없다는 것을 의미합니다. 우리 고객은 실시간으로 주문하며, 우리 서비스 담당 직원은 그 주문 정보를 즉시 접수합니다. 우리는 시스템을 통합하여 제품재고·청구금액·배달과정 확인을 실시간으로 진행함으로써, 고객에게 우수한 서비스를 제공할 수 있습니다. 우리처럼 통합된 시스템을 가지고 있는 웹 사이트는 아직 그리 많지 않습니다.

우리는 고객이 사이트를 이용하여 일련의 쇼핑 행위를 완결할 수 있도록 만들었습니다. 이러한 개별 고객에 대한 적극적인 직접조사가 몇 가지 검색영역을 정돈하는 수단이 되었습니다. 하지만 모든 웹 사이트가 그렇듯이, 우리는 고객의 계속적인 피드백을 받으며, 그들이 입력한 내용을 근거로 사이트를 보강하고 있습니다.

전통적인 대형 카탈로그 고객 대부분은 전화나 팩스를 통한 주문에서 인터넷 주문으로 전환했습니다. 우리 계산에 의하면, 전화 주문을 받는데 100이라는 비용이 든다면, 팩스 주문은 40이 들고 인터넷 주문은 10이 듭니다. 그래서 우리는 판매비용을 효율적으로 절감하고 있습니다. 게다가, 우리는 꾸준히 새 고객을 확보하고 있습니다. 우리는 상당수의 온라인 고객이 문구점이 문을 닫은 시간에 우리 사이트에서 쇼핑한다는 사실에 주목했습니다 우리는 또한, 반복구매 고객이 계속 늘어나는 것을 목격하고 있습니다.

웹에서 우리는 거래내용과 마케팅 활동을 자세히 검토할 수 있습니다. 우리는 암묵적으로나 명시적으로 고객 정보를 활용하여 모든 채널을 통한 고객 판촉 활동을 향상시켜 나갈 것입니다. 우리는 회사의 모든 활동과 웹 사이트 운영을 적극적으로 결합시켰으며, 과거의 경험을 최대한 활용했으며 인프라스트럭처에 대한 적극적인 투자를 했습니다.

새로운 시장, 새로운 방법

AMP의 사례는 오픈 북 기업으로 전환하는 회사가 가격정책, 다양한 고객 집단의 가치 그리고 유통망 전략 등에 대해 어떻게 재검토해야 하는지 잘 보여준다.

펜실베니아에 본사가 있는 이 회사는 전기 및 전자 커넥터 공급자 중 세계 최고를 자랑하며, 전세계 46개국에 있는 8천 8백여 고객에게 13만여 제품을 판매하고 있다. 그리고 평균 200여 종의 신제품이 매일 출시된다. 제품 정보는 전통적으로 400여 쪽 분량의 카탈로그를 통해 전달됐는데, 카탈로그를 인쇄할 때마다 1600만 달러의 예산이 책정되었다. 400여 쪽 분량의 카탈로그는 8개 언어로 출간되었는데, 이것은 비용이 많이 들고, 불합리한 일이었다. 결국 카탈로그는 2년에 한 번밖에 갱신될 수 없었으며, 항구에 선적될 즈음에는 이미 낡은 내용이 되었다.

글로벌 일렉트로닉 커머스(Global Electronic Commerce)와 에이엠피이머스 인터넷 솔루션(AMPeMerce Internet Solutions)의 이사인 짐 케슬러는 저조한 성장률에 대한 우려가 AMP가 오픈 북 기업으로 전환하게 된 이유중 한 부분이었다면서 이렇게 덧붙였다.

우리는 주문 처리과정을 추적할 필요가 있었습니다. 회사 성장이 정체되고 있다는 사실을 자각하면서, 우리는 고객을 세 층으로 분류해서 각 층에 대한 우리의 고객 서비스 방식을 살펴보기 시작했습니다. 첫 번째 층은 80여 곳의 대형 고객들인데, 이 부분은 저조한 성장률을 그대로 반영하고 있었습니다. 왜냐하면 이들의 거래 규모는 크지만 판매 마진은 낮았기 때문입니다. 이들과 완전히 상반되는 한 층은 8만여 소규모 고객들로서, 매우 높은 성장 잠재력과 수익률을 보여주었습니다. 하지만 우리는 유통업자들이 이들을 외면한 채 대형 고객에게 치중하는 것을 발견했습니다. 소규모로 주문하는 고객에게서 더 많은 이익이 나오는데 말입니다. 그래서 우리는 이렇게 자문했습니다. "어떤 전략을 세워야 이 시장을 활성화 시킬 수 있을까?" 우리는 최고의 성장 잠재력을 가지고 있는 이 고객들에게 좀더 나은 서비스를 제공하는 방법을 찾기로 했습니다.

사설 네트워크는 비용효율이 높지 않았습니다. 하지만 우리는 CD-ROM 시험 사업을 위한 검색 기술을 만들어 낸 상태였습니다. 그래서 우리는 고객이 자신이 찾는 부품을 직관적으로 설명할 수 있도록 하는 이 기술을 웹 회의에 올려놓고 반응을 살펴보았습니다. 반응은 매우 긍정적이었고, 우리는 이 기술로 특허를 출원했습니다.

그 당시에 인터넷은 아이들의 장난감 정도로 간주되고 있었습니다. 그래도 우리는 목표 고객의 인터넷 친숙도를 조사하기로 결정했습니다. 조사가 진행되기 전에 우리는 이들 가운데 약 5~10% 정도가 인터넷을 사용하고 있을 것이라고 생각했습니다. 하지만 실제 조사한 결과는 30%에 가까운 고객이 인터넷을 사용하고 있는 것으로 나타났습니다. 그래서 우리는 인터넷으로 고객에게 제품 정보를 제공하고 고객 또한 인터넷으로 부품을 주문할 수 있도록 시스템을 개발하는 일이 충분히 타당하다는 결론을 내렸습니다.

우리가 개발을 시작할 때, 경영진은 인터넷에서 구입 가능한 부품의 숫자가 목표 시장 고객의 주문액수에서 80% 이상이 될 때까지 개발을 멈추지 말라고 요구했습니다. 또한 경영진들은 전세계를 대상으로 한 시스템을 개발하여 다양한 언어를 사용할 수 있게 하고 현지의 부품 재고 보관 방법을 지원할 수 있도록 하라고 요구했습니다. 그리고 그 시스템을 운영할 내부 전문가도 육성하라고 요구했습니다.

시험 프로그램에는 AT&T, GE, IBM, 지멘스(Siemens), 제록스(Xerox) 등과 같은 고객 기업 12곳과 유통업체 두 군데가 참여했습니다. 우리는 참여 고객에게 지금까지 개발한 시스템을 평가해 달라고 요청했습니다. 1차 평가가 끝난 후 우리는 지적된 단점을 2주일 안에 보완했고 다시 재평가를 요청했습니다.

마침내 우리는 3만 2천 개의 부품 목록을 갖추고 5개 언어로 사용가능한 인터넷 카탈로그 'AMP Connect'를 출범시켰습니다. 지금 여기에는 9만 개 품목에 대한 정보가 8개 언어로 수록되어 있으며, 매일 11만 5천 회의 접속을 기록하고 있습니다. 인터넷 카탈로그의 반복 사용은 매달 10~15%씩 증가하고, 하루 평균 250여 명의 사용자가 신규 등록하고 있습니다.

예전에 우리의 가격 체계는 국가별로 달랐습니다. 하지만 이제 고객이 모든 가격 체계를 알 수 있게 되었기 때문에, 우리는 전세계에 적용되는 단일한 기본가격을 만들어야 했습니다. 구체적인 관세와 운송비용은 기본가격에 포함시키지 않고 추가비용으로 설정했습니다. 우리로서는 기본가격을 표준화한 다음, 기본가격 산정 근거에 대해 고객에게 설명하는 것 외에 다른 방법이 없었습니다.

우리는 또한 전자상거래가 유통업자의 위상을 변화시키고 있음을 발견했습니다. 유통업자들의 장점은 지리적 인접성과 제품정보 제공 능력이었습니다. 인터넷은 이런 장점을 무위로 만들었습니다. 유통업자 가운데 일부는 그 사실을 자각하고 새로운 방법으로 가치를 창출하기 시작했습니다. 한 유통업자는 고객 교육 프로그램을 개발했습니다. 이것은 공급에서 유통업자의 지위를 보다 높혀 주었습니다. 그리고 다양한 품목을 완벽하게 공급하거나 고객의 비용을 절감해주는 역할을 담당하는 유통업체도 있습니다.

우리는 카탈로그 출판 비용을 절감하는 부수적 성과도 얻었습니다. 인터넷 유통 채널의 개발 비용은 카탈로그 출판 비용보다도 낮았던 것입니다. 온라인 시스템을 개발하는데 140만 달러가 들었습니다. 그 중에 80만 달러는 검색 가능한 데이터베이스를 개발하는데 투자되었는데, 이 데이터베이스는 인쇄 카탈로그를 만들 때마다 계속 사용됩니다. 이것만으로도 카탈로그 제작비는 60%나 절감됩니다.

모든 사람들이 인터넷에서 얼마나 수익을 올릴 수 있는지 궁금해 합니다. 수익이 성공의 지표이기 때문입니다. 그러나 종이 카탈로그를 인쇄·출판하는 비용을 절감하게 되었다는 점 역시 중요합니다. 전자상거래로의 전환은 순조롭게 진행되고 있습니다.

정보를 오픈 북 기업으로 전환하면 고객에게 편리함과 의사결정 능력, 그리고 쉬운 주문결과 파악 등을 제공할 수 있을 뿐 아니라, 중요한 경쟁우위를 확보하게 된다. 당신의 시스템을 통해 주문하는 것에 익숙해진 고객은 경쟁사로 옮겨갈 가능성이 낮다. 다른 업체로 옮기는 과정에는 일정한 혼란과 재교육이 필요할 뿐 아니라 모든 과정을 처음부터 다시 시작해야 하는 불편이 따르기 때문이다. 따라서 고객의 관성은 그 고객과 끈끈하게 연결된 기업에게 많은 도움을 주는 강력한 힘이 될 수 있다.

그러나 AMP의 사례가 잘 보여주듯이, 이같은 전환을 하려면 사업 전반에 대해 여러가지를 재고해야만 한다. 지금은 AMP의 고객이 회사를 주도하는 위치에 확고히 자리잡고 있지만, 만일 AMP가 가격 구조를 개혁하지 않았다면 고객들은 분명히 강하게 저항했을 것이다.

종업원 · 고객 · 공급업자가 동일한 페이지에 모인다

일부 고객들은 공급업자들이 고객이 엑스트라넷에서 빠져나가는 것을 어렵게 만드는 방식으로 일정한 이익을 누리고 있음을 파악하고 있다. 그리고 정보를 전면적으로 공개하는 기업이 늘어날

수록 고객들은, 자체적인 주문 메커니즘과 기술 그리고 자동 시스템을 가지고 있는 다양한 공급업자를 상대해야 한다. 이런 다양한 시스템은 다른 공급업자의 시스템이나 고객의 내부 회계 및 자원 관리 시스템과 통합될 수도 있고 그렇지 않을 수도 있다. 그래서, 인터넷 미래의 대기업은 외부의 공급업자들을 자신의 오픈 북 구매 시스템에 강제로 편입시켜 통제를 시도할 가능성이 높다.

보스턴 에디슨(Boston Edison)의 직원 3,400명은 부품과 장비 그리고 유지·보수·운전 등에 소요되는 물자 등 매년 약 7만 개의 품목을 주문한다.

이 회사의 자동 주문 시스템을 통해 직원들은 인터넷으로 공급업자에게 직접 주문한다. 직원이 어떤 물건을 주문하면 그 물건은 다음 근무일에 자신의 책상으로 배달된다. 게다가, 이 회사는 각각의 공급거래처들을 회사 내부 시스템에 통합했기 때문에 직원들은 공급업자들의 다양한 주문 시스템을 일일이 익혀야 할 필요가 없다.

SNS 같은 기업들은 특정 산업 분야의 구매자와 공급업자 모두에게 원-스톱 거래를 제공함으로써, 이 문제를 해결하려고 한다. SNS는 원래 고객인 캐나다 금융회사들을 위해 신용카드를 인증해주는 사업을 하고 있었지만, 지금은 전자상거래의 전과정을 서비스하는 기업으로 탈바꿈하고 있다. 이 회사는 운송 추적 서비스를 제공한다. 만일 공급업자나 선적회사 혹은 화물운송업자가 화물의 운송상황을 확인하고 싶으면 웹 페이지 문의 양식에 기록함으로써 배달 예상일자를 알 수 있다. 정보를 요청받은 SNS는 그 양식을 주요 항공사 등 운송업체가 이해할 수 있는 형식으로 바꾸어 전달하고 운송업체는 운송상태를 확인하여 선적회사의 웹 브라우저로 보낸다.

또한 운송업체는 화물의 예상 배달 일자를 수령업체에게 통보해 준다. SNS의 비즈니스 개발 수석 부사장 프레드 더글라스는 이렇게 말한다.

"구매자에게는 다양한 공급업자의 카탈로그를 같이 볼 수 있는 공통 인터페이스가 필요합니다. 공급업자 역시 주문 판매 제품을 관리 · 유지 · 목록화하기 위해 내부의 재고 및 업무수행 시스템을 연결하는 전자화된 인터페이스를 필요로 합니다."

셀프서비스 전략

사람들이 원하고 있고, 또 지금의 인터넷 환경에서 실현가능한 것이 셀프서비스이다. 서비스 조직의 궁극적인 목표는 고객이 셀프서비스할 수 있는 기반을 마련하는 것이다. 금융회사나 항공사 같은 다양한 기업은 사업 방향을 셀프서비스쪽으로 잡아가기 시작했다.

기본적으로 인터넷 미래에는 두 가지 유형의 셀프서비스 방식이 존재할 것이다. 하나는 고객이 직접 주문하는 방식으로서, 스스로 상품을 골라 페더럴 익스프레스로 배달해 주도록 주문하는 행위 등이 여기에 해당된다. 다른 하나는 뮤직보울버드(Music Boulevard)에서 온라인으로 CD를 구입하는 경우처럼 고객이 바로

웹 사이트 ···

- Boston Edison <www.bedison.com>
- SNS <www.sns.ca>

상품을 구입하고 지불하는 방식이다. 여기에서 말하는 '고객'은 모든 고객을 의미하며, 기업과 소비자의 거래(B to C)나 기업간 거래 (B to B)의 고객을 포괄한다.

기업간 거래의 사례로 스칸디나비아 최대의 보험 회사 스칸디아의 자회사인 아메리카 스칸디아 생명보험을 들 수 있다.

설립한지 10년밖에 안되는 회사는 다양한 연금을 패키지로 판매하는 경쟁이 심한 분야에 뛰어들었을 때 장점을 가질 수 있었다. 이 회사의 고객은 미국 전역에 산재한 투자회사의 중개업자들이다. 고객 기업 중에는 에브런 시큐어리티스(Everen Securities), LPL, 데인 루셔(Dain Rauscher), 렉 메이슨(Legg Mason), 페인스톡 (Fahne-stock), 알더블유 바이어드(R.W. Baird) 등이 포함된다.

아메리카 스칸디아는 기본적으로 다양한 금융상품 패키지를 모아서 중개업자들에게 판매하며, 중개업자들은 그것을 다시 개인 투자자들에게 판매한다. 인터넷 미래에 이 회사는 그들의 엑스트라넷을 통하여 이 과정을 간소화하려고 한다. 중개업자 고객들은 이 회사의 모든 금융설계도구에 직접 접속할 수 있게 된다. 아메리카 스칸디아의 사장 웨이드 독겐(Wade Docken)은 이렇게 말한다.

예전에는 고객이 투자계약을 체결하고 싶거나 기금을 증액 또는 감액시키고 싶을 때, 혹은 배당액을 바꿀 때, 그들은 중개업자가 우리를 거쳐서 일할 것을 요구했습니다. 우리가 그 모든 사항을 웹에 제일 먼저 올렸기 때문입니다. 그런데 우리는 지금 우리의 고객인 투자 상담원들이 웹을 좀더 유용하게 사용하도록 지원하고 있습니다. 그래서 그들은 이제 자기 고객의 포트폴리오와 보유 주식 정보를 인터넷으로 다운받을 수 있습니다.

예전에는 투자 상담원들이 우리에게 전화를 걸어 문의를 했기 때문에 양쪽 모두 많은 시간을 낭비했습니다. 우리는 만일 투자 상담원들이 자신의 고객 모두를 점검하고 그들의 소유 주식 정보 전체를 다운받을 수 있게 된다면 우리도 단순한 대행업자나 중개업자의 역할을 넘어설 수 있을 것이라고 생각했습니다. 낮은 수익을 내는 중개인은 인터넷에서 살아남을 수 없습니다.

고객이 일상용품을 구입하지 않을 때 웹은 허약합니다. 하지만 적극적인 구매자가 있을 때 웹은 위대합니다. 우리는 웹에 친숙한 기업입니다. 우리는 비교적 선진 기업으로써 구식 시스템에 대한 미련이 없기 때문입니다.

우리는 펀드 매니저들의 비디오를 웹에 올려놓고 있습니다. 그리고 중개업자들은 인터넷을 통해 우리에게 직접 신청서를 낼 수 있습니다. 이같은 조치로 인해 중개업자들은 자신의 고객과 충분한 시간을 보낼 수 있게 되었습니다. 우리가 거래하는 고객 가운데 75%는 금융 설계사인데, 이들은 첨단을 달리는 중개업자들로서, 기술을 쉽게 받아들입니다. 한번은 우리가 일련의 전문 프로그램이 담긴 CD-ROM 제품을 만든 적이 있었습니다. 금융 설계사들은 비디오 테입을 사용하지 않습니다. 비디오 테입은 그들을 객체로 만들기 때문입니다. 반면에 컴퓨터 프리젠테이션은 그들을 완전한 주체로 만들어 주지요.

인터넷은 우리 고객이 많은 비용을 절감할 수 있도록 만들어 줍니다. 아주 간단하지요. 우리는 직원들이 고객을 유치하여 인터넷 관계를 맺음으로써 가치를 창출하도록 하기 위해 노력 중입니다.

아메리카 스칸디아는 회사가 전면적으로 공개될수록 고객들이 회사의 여러 업무 분야에, 그리고 궁극적으로는 모든 분야의 고객 서비스에, 더 후한 점수를 준다는 사실을 발견했다.

직원 역할을 하는 고객

시티코프(Citicorp)는 온라인 뱅킹 사업에 뛰어들면서 신용카드 계좌 데이터를 웹 사이트에 올려 놓았다. 한편 뱅크아메리카 (BankAmerica)는 신용카드 소지자들이 현재 잔고, 지난 몇 개월 동안의 사용내역, 신용한도 등을 확인할 수 있도록 웹 사이트를 구성했다. 델타, 유나이티드를 비롯한 대부분의 항공사들은 그들의 단골 고객이 마일리지 누계를 확인할 수 있도록 했고 이트레이드 (e*Trade), 찰스스왑(Charles Schwab)을 비롯한 인터넷 증권 중개 업체들은 소비자들이 직접 자신의 인터넷 계좌를 관리하도록 만들었다. 하얏트 호텔은 인터넷 예약과 등급확인 서비스를 제공한다.

자동차 제조업체는 일반적으로 대리점 판매망을 지원함으로써 그들을 통해 자동차를 판매해 왔다. 그러나 제조업체 중 일부는 인터넷을 통해 직접 판매하고 대리점 네트워크를 유통경로로 활용하는 실험적 시도를 하고 있다. 고객들은 포드 자동차의 쇼룸에서 중고차를 온라인으로 구입할 수 있다. 모든 모델은 생산된 지 3년이 지나지 않은 차들이며 주행거리도 5만5천 킬로미터 이하이다. 게다가 12개월 혹은 2만 킬로미터 주행까지 품질을 보증하며 24시간 긴급 서비스를 제공한다.

인터넷으로 구매하려면 고객은 자신의 우편번호를 입력한 다음 목록을 뒤져서 자신이 원하는 중고차를 찾아본다. 그래서 구입하고 싶은 자동차를 발견하면 개인 정보를 입력한 다음 신용카드를 이용하거나 고객서비스 상담요원과 통화해서 300달러를 지불한다.

그 다음에는 시험주행과 배달을 책임질 대리점을 선택한다. 융자가 필요한 고객은 인터넷으로 융자를 신청할 수도 있다. 고객서비스 직원은 주문 내용을 인터넷으로 확인한 다음 신용카드 승인을 점검하고, 24시간 안에 전화로 재확인한다. 만일 구매내용이 48시간 안에 확인되지 않으면 주문은 취소된다. 일단 자동차가 대리점에 도착하면, 고객은 대리점에 들러 시험주행을 하라는 통보를 받는다. 시험주행을 마친 구매자가 구입의사를 밝히면, 매매는 대리점에서 완료된다.

트럭 운전기사들은 예상밖으로 인터넷을 많이 사용한다. 트럭 운전기사 가운데 55% 이상이 PC를 가지고 있으며, 그 중 35% 는 매일 인터넷에 접속한다. 볼보 자동차가 잠재고객들로 하여금 12만 달러짜리 770모델 트럭을 인터넷으로 주문할 수 있도록 한 것은 타당한 조치였다. 볼보는 구매자가 원하는 사양을 지정하고 인터넷으로 융자도 신청할 수 있도록 만들었다. 사용자는 색상과 차축, 엔진, 트랜스미션, 인테리어를 선택할 수 있을 뿐 아니라, 트럭을 전달받을 대리점까지 지정할 수 있다. 트럭 운전기사는 신용 신청서를 작성하고, 볼보 재정 융자팀은 그 서류를 24시간 안에 평가해서 통보한다. 신청이 진행되는 상황은 인터넷으로 추적할 수 있다. 그래서 융자의 승인이 나면 고객은 신용카드로 계약금을 걸세한다. 트럭은 두 달쯤 뒤에 대리점에서 인도된다.

몇 가지 사례를 통해, 오픈 북 기업의 2가지 유형을 발견할 수 있다. 피델러티 투자그룹의 피델러티 인스티튜셔널 리타이어먼트

웹 사이트 ···

- E*Trade <www.etrade.com>
- Charles Schwab <www.schwab.com>

서비스(Fidelity Institutional Retirement Services)는 2,500여 개의 기업 500만 근로자의 퇴직금과 연금을 관리하는 대규모 독립사업부이다. 고객 기업들은 연금 정보를 자사 망에 올리지 않고 직원들이 피델러티의 넷베네핏(NetBenefits) 서비스에 직접 접속하여 이용하게 만든다. 개중에는 자사 인트라넷에 피델러티 사이트로 통하는 링크를 단 기업도 있고, 피델리티가 넷베네핏(NetBenefits)을 회사의 용도에 맞도록 수정하여 그들의 인트라넷에 부속시킨 경우도 있다.

퇴직금 운용 계획에 참여할 사람은 처음에는 피델러티의 800번 전화를 통해 패스워드를 배정받은 후 넷베네핏에 접속해야 한다. 패스워드를 부여받은 후부터 자신의 계좌잔액을 살펴보고 자신의 퇴직금 투자방식을 결정하고, 퇴직금 운용계획을 수립하고, 자기 회사 주식의 가격을 실시간으로 확인할 수 있게 된다. 그리고 회사의 동의를 받은 참여자는 인터넷으로 자기 회사의 퇴직금 운용계획에 등록할 수 있게 된다.

- 몬트리올 은행에서는 고객이 인터넷으로 담보를 설정하고 신청한 융자의 진행상태를 확인할 수 있다. 이것은 교육비 융자에도 그대로 적용된다.
- 포드의 온라인 연례회의(Annual Meeting On-Line)는 주주들이 인터넷으로 투표에 참여할 수 있도록 구성되어 있다.

한편 고객의 셀프서비스 모델 창출은 여러 가지 점에서 기업에게 이익을 준다. 우선, 고객 서비스 비용이 절감된다. 웹 사이트를 통하는 고객이 늘어나는 반면 회사에 직접 전화를 걸거나 방문하는 고객이 줄기 때문이다. 보다 중요한 사실은 그 규모가 아무리 방대한 대기업이라 할지라도 고객이 원하는 내용을 원하는 때에 정확히 제공할 수 있다는 것이다. 고객은 적은 비용으로 해당 기업에 대한 정보를 훤히 파악할 수 있다. 어떤 경쟁사가 이런 능력을 갖춘 고객을 외면하겠는가?

물론 셀프서비스가 실패할 수도 있다. 캔사스시 전력회사의 경우를 보자. 서비스에 문제가 생길 때 회사와 직접 접촉할 수 있는 능력을 고객에게 제공하자는 갸륵한 열의로, 이 회사는 고객이 웹 사이트에 접속하여 발생한 문제를 통보할 수 있도록 만들었다. 이런 구도가 무엇이 잘못되었을까? 한번 생각해 보시라. 전력이 나갔을 때 고객이 어떻게 컴퓨터를 사용할 수 있겠는가?

직접 지불하는 고객

고객들은 몇 년전부터 청구서 대금을 온라인으로 납부할 수 있게 되었다. 하지만 은행계좌 자동납부를 신청하거나 청구서 수령 후 소프트웨어 패키지를 이용하여 지불하는 방식이 전형적이었다. 그러나 인터넷 미래에는 온라인으로 청구서를 받고 신용카드로 금액을 지불하는 방식이 일반화될 것이다.

MCI는 전자청구 방식을 이용하는데, 이것은 고객이 MCI 웹 사이트에 들어와서 청구금액을 지불하도록 만든 서비스이다. 또한 AT&T 유니버설 카드와 벨사우스 역시 고객이 직접 자사 사이트에서 청구금액을 확인하고 대금을 지불할 수 있도록 하는 서비스를 실시하고 있다.

웹 사이트 ....
- Ford motor Company <www.ford.com>

온라인 지불 방식의 또다른 대안은 전자수표이다. 미국 국방성과 계약한 50여개 기업은 보스턴 연방준비은행의 전자수표 시험 사용에 협조하고 있다. 이 시험 사용에서 국방성은 디지털 서명이 첨부된 전자수표를 발행하여 계약자들에게 전자우편으로 보낸다. 그러면 계약회사는 그 수표를 디지털로 승인하여 전자 예입전표와 함께 거래은행으로 보내고, 거래은행은 전자수표와 승인 서명을 확인한다. 전자수표 정보는 인터넷 호환의 프런트 엔드를 사용한 기존의 은행 시스템에서 처리된다. 이 실험 방식은 연방 정부와 거래하는 기업이 미래에 대금을 결제받는 한 유형으로 자리잡을 가능성이 크다. 미국 정부는 정부 대상의 모든 공급업자가 전자결제를 받도록 규정하고 있다.

이같은 형태의 기술은 궁극적으로 고객이 디지털 서명 암호를 내장하고 있는 스마트 카드로 전자수표에 서명할 수 있도록 만들 것이다. 전자수표의 사용은 전자결제를 단순화하여, 실질적인 전자결제 기반을 갖추지 못한 개인간 거래에도 전자화폐 유통을 활발하게 만들 것이다.

전자적 방식으로 급여 지급을 시도한 기업도 있으며 주식배당금을 전자결재한 사례도 나타났다. 커민스-엘리슨(Cummins-Allison Cotp.)은 그렌뷰에 있는 그렌뷰 주립은행과 협력하여 주식배당금을 주주에게 전자적으로 지불하는 시스템을 개발했다. 이 기업은 종이수표를 발송하지 않고 배당금을 주주의 은행계좌로 직접 전송할 수 있게 되었다.

주문형 서비스를 제공하는 정부

인터넷 미래에는 '오픈 북 기업'의 개념이 정부로 확대되어 곧

바로 주민 서비스로 이어질 것이다. 예를 들어 메사츄세츠 주정부 웹 사이트의 익스프레스 레인(Express Lane)에서는 신용카드 결제가 가능하기 때문에 주민들은 긴 줄을 서지 않고도 자동차를 등록할 수 있으며 속도 위반 범칙금도 지불할 수 있다. 익스프레스 레인에서, 주민들은 부재자 투표용지를 받을 수 있으며 회사 설립 절차를 밟을 수도 있다. 거의 모든 주정부가 정부의 문을 활짝 열어 주민들로 하여금 수없이 많은 정부 서비스를 활용할 수 있도록 만들고 있다.

주정부 수준의 모든 활동은 주정부 정보관리 최고책임자(CIO)가 담당한다. CIO는 대기업에서 사용하는 직함이지만 이제는 주정부에서도 이 직위를 신설하고 있다. 1990년대 초반에는 CIO가 있는 주정부가 아주 드물었지만 지금은 미국의 모든 주정부에 이 직위가 존재한다.

주정부 CIO 가운데에서 가장 진취적인 인물은 캘리포니아 주정부 CIO 토마스 플린이다. 플린은 1994년에 메사츄세츠 주지사 윌리엄 웰드에 의해 임명된 미국의 초창기 CIO 가운데 한 명이다. 총수입이 GM, 엑슨, 포드 다음 순위인 캘리포니아 주정부에서 그는 8,000여명에 달하는 정보기술 공무원을 시휘하며 20억 달러에 달하는 주정부 정보기술 예산을 관리한다.

이 주정부의 고용인은 28만여 명에 달하며, 각각 1억 달러 이상의 예산이 책정되어 있는 5개의 기술 프로젝트가 진행되고 있다. 플린은 주정부 CIO들의 공식모임인 전국 주정부 정보책임자 협의회의 회장을 맡고 있다. 그는 정부 구조를 대대적으로 혁신한다는

🔲 웹 사이트 ....
- Cummins-Allison <www.cumminsallison.com>

비전을 제시하면서 이렇게 말한다.

정부 내의 많은 조직에서 대대적인 혁신이 진행되고 있습니다. 정부가 수행하는 모든 업무는 인터넷을 통하여 훨씬 신속하고 비용이 적게 들며 편리하게 진행될 수 있습니다. 면허 발부, 세금 징수, 연금 지급 등 우리가 하는 모든 일이 거기에 해당됩니다. 우리는 지금 업무 수행 방식을 전면적으로 변화시키려고 합니다.

궁극적으로 우리의 모든 업무는 컴퓨터에 의해 좀더 효율적으로 수행될 수 있습니다. 앞으로는 정부의 모든 서비스가 달라질 겁니다.

샌프란시스코의 경우, 자동차 번호판을 받으려는 사람은 먼저 원하는 번호 세 가지를 서류에 기입합니다. 줄을 서서 기다리다가 차례가 되어 서류를 제출하면, 담당 공무원이 그 세 가지 번호를 컴퓨터에 입력시킵니다. 하지만 세 가지 모두 거부될 수 있습니다. 그러면 처음으로 돌아가서 다른 번호 세 가지를 서류에 기입하고 다시 줄을 서야 합니다. 그러나 지금 우리는 모든 자동차 번호판을 온라인 데이터베이스에 입력해 놓았습니다. 주민들은 인터넷으로 양식을 다운받아 기재한 후에 다시 인터넷으로 보내면 됩니다. 우리는 인터넷으로 서류를 접수하면서 이와 함께 신용카드 결제를 합니다. 이런 형태의 변화는 일주일만에 정착했습니다.

만일 캠프장에 가고 싶다면, 먼저 인터넷을 통해 캠프장을 사전답사할 수 있습니다. 그러면 추천엔진이 당신에게 낚시 허가가 필요할지 모르며, 원한다면 즉시 발급해 드린다고 제안합니다. 또한 당신이 캠프장에 있는 동안 모자나 셔츠가 필요할 것이라고 제안하기도 합니다. 10년 동안 현재의 공무원 숫자는 늘지 않을 것입니다. 대민업무에 지금처럼 많은 공무원이 필요하지 않을 테니까요.

정부는 아직 아웃소싱을 고려하지 못하고 있습니다. 관료주의적 비효율성과 변화에 대한 강력한 저항 때문에 정부는 이런 부분에 대해 비교적 더딘 편이지요.

하지만 미래에는 업무처리를 위한 공무원 수가 많지 않을 겁니다. 정부 조직 전체가 바뀔 겁니다. 앞으로 2~3년만 지나면 선생님에게 전자우편을 보내지 못하는 학부모들은 많은 불편을 겪게 될 겁니다. 지금 모든 학교는 웹 사이트를 가지고 있습니다. 열두 살짜리 내 아들만 하더라도 웹 사이트에 관련된 파트타임 일을 하고 싶어 합니다. 이런 추세가 뒤짚히지는 않을 것입니다.

몇몇 지방자치단체도 투자수익률에 주목하기 시작했습니다. 그들은 이제까지는 이 문제를 제대로 고려하지 않았습니다. 전체 주민 중 15% 정도는 적극적인 정부의 고객이라고 할 수 있습니다. 이들은 실업연금 같은 몇 가지 종류의 연금을 수령하고 있습니다. 이외에도 주민들은 연료 지원사업 등의 프로그램에 참여합니다. 하지만 이런 혜택을 누리는 사람이 얼마나 되는지 알고 있는 사람이 하나도 없습니다. 사업과 데이터베이스가 분리되어 있기 때문이지요. 자동화 시스템이 우리를 고립시킨 셈입니다. 예를 들어, 운전 여부에 관계없이 누구에게나 발부되는 디지털 운전면허증은 엉뚱하게 이용되기도 합니다. 이것을 저소득자용 식품배급표로 사용할 수 있습니다. 우리는 경제력이 없는 아이들을 지원하기 위한 예산 중 70억 달러를 집행하지 않고 있습니다. 하지만 인터넷은 당사자를 확인하고 이런 범법자를 적발하는데 도움이 될 겁니다. 정부가 업무를 훨씬 적절하게 처리할 수 있는 기회를 확보하는 셈이지요.

지금 현재, 주정부는 학생들에게 디지털 가상 강의에 참여할 수 있도록 공간을 제공할 뿐 아니라, 어린이를 위한 웹 사이트 몇 개를 특별히 선택해서 제공하고 있다. 캘리포니아는 앞장서서 시민들에게 문호를 개방하고 있으며, 시민들은 필요할 때마다 손쉽게 정부 서비스를 받을 수 있다.

출시 초기에 성공한 제품만 살아남는다

오픈 북 기업(open-book corporation)은 고객뿐만 아니라 비즈니스 파트너에 대해서도 정보를 전면적으로 공개할 것이다. 정보를 공개적으로 유통시킨다는 것은 판매 촉진 전략을 세우기 위해 기업과 공급업자가 밀접한 관계 속에서 일하는 것을 의미한다. 그리고 인터넷 미래에서 이것은 비즈니스 관계에 '파트너'라는 단어의 의미가 지금보다 명확하게 반영된다는 걸 뜻하기도 한다.

정보를 전면적으로 공개하는 기업은 마케팅 전략 수립과 재고 처리 계획 등의 마케팅 의사결정 과정에서 제조업자나 소매업자들과 좀더 긴밀히 결합할 수 있을 것이다. 광범위한 정보의 유통은 현장에서 신속한 의사결정이 가능하게 만들기 때문이다. 요약하면, 엑스트라넷이 통합된 운영 사슬을 만들어 내는 것이다. 복합적인 세계에서 직원들이 팀작업을 하듯, 접목된 기업들 역시 공급업자들과 팀을 이루어 일해야 할 것이다.

예를 들어, 3만여 개 소매점과 총판업체를 통해 400여 종의 유제품을 판매하는 랜드 오레이크스(Land O'Lakes)는 식품 도매업체에게 자사 데이터베이스를 통해 고객 요구사항 보고서를 검토할 수 있는 권한을 부여함으로써 이들을 자사의 영업인력으로 통합하고 있다.

도매업체는 실시간 데이터를 활용하여 보고서를 만들고, 이 회사의 유제품(Land O' Lakes는 소매업체 대상의 직접 판매를 하지 않는다.)을 매장에 진열하는 슈퍼마켓에게 보여줄 수 있다. 도매업체는 오레이커스 제품이 동일한 다른 슈퍼마켓 체인점에서 어떻게 팔리고 있는지, 다른 유제품에 비해 얼마나 많이 팔리는지, 경쟁 매장에서 어떻게 팔리는지 등을 매장 관리자에게 보여줄 수 있다. 이같은 정보는 도매업체와 소매업체가 상호 협력하여 제품의 가격 및 진열 위치를 변화시켜 판매를 촉진시키도록 만들어 준다. 이 견고한 상호협력 체제는 제품에 대한 반응을 신속히 알려주는 정교한 데이터마이닝 기술과 짝을 이루어, 판매촉진 뿐만 아니라 제품 개발에도 잠재력을 행사하게 된다.

인터넷 미래에서, 몇몇 소비품의 마케팅 담당자는 '향수 신드롬'에 직면하게 될 것이다. 향수 회사들은 향수의 운명이 출시 몇 개월 이내에 결정난다는 사실을 잘 알고 있다. 만일 몇 개월 안에 히트를 치지 못하면 그 다음에는 절대 성공할 수 없는 것이다. 소매업체와 공급업체는 소비자의 즉각적인 반응을 근거로 신속한 행동을 취하기 때문에, 상품이 전시될 기회는 그만큼 줄어든다.

데이튼 허드슨(Dayton Hudson) 백화점에서 신속한 피드백이 제품 판매에 어떤 영향을 미치는지 살펴보자. 이 백화점 체인은 제품 판매에 대한 실시간 정보를 공급업체에 제공하여, 자신들이 공급한 제품이 각각의 체인점에서 어떻게 팔리고 있는지 검토할 수 있도록 만든다. 이같은 정보로 무장한 개별 매장 관리자와 공급업체는 제품 진열, 가격 책정, 판매 촉진 등에 대해 서로 협력한다. 공급

웹 사이트

- Land O'Lakes <www.landolakes.com>
- Dayton Hudson <www.dhc.com>

업체 직원은 매장 관리자에게 경품 제공이나 타겟 마케팅 등 다른 데이튼 허드슨 아웃렛에서 성공한 전략을 제안할 수 있다. 그리고 매장 담당자는 그날 그날의 자료에 근거해서 진열 공간을 가장 효율적으로 활용하는 방안을 만들어 낼 수 있다.

신속한 피드백에 근거해서 위와 같은 결정이 내려진다는 사실은 인터넷 미래에서 제품을 출시한 초기에 집중적인 판촉활동을 펼쳐야 한다는 걸 의미한다. 만일 출시한 제품이 자신의 시장을 신속하게 확보하지 못한다면, 그 제품은 진열장에서 금방 사라지거나 구석자리로 밀려날 것이다. 반면, 출시 초기에 성공한 제품은 더 좋은 자리로 옮겨갈 것이다. 지금도 서점계에서는 출간 90일 안에 독자의 반응을 끌지 못한 서적을 출판사로 반품처리 하고 있다. 하지만 인터넷 미래에서는 그 시간이 더 짧아질 것이다.

다른 채널에서 일어난 혁명
디지털 기업의 확대는 마케팅 사이클 단축에 더 큰 영향을 끼질 것이다. 유통업자와 소매업자 그리고 제조업자의 관계에서 야기되는 급격한 변화로 인해 공급연쇄망 전체는 재고비용을 절감하고 실시간 제품 변형 생산과 함께 제조 사이클을 단축할 수 있게 된다. 인포테스트(Info Test)는 이 과정을 보여주는 하나의 사례이다. 인포테스트는 다양한 분야의 기업들이 신기술 사용 방식을 공동 모색하기 위해 구성한 컨소시엄이다. 캐터필러(Caterpillar), 3M, 디지털 이퀴프먼트(Digital Equipment Corp.), 휴즈 일렉트로닉스 (Hughes Electronics), 스프린트(Sprint), 휴렛팩커드, IBM 등의 기업이 포함된 컨소시엄은 가상 시나리오를 실제 실험에 옮겨서, 고객의 요구에 대한 반응 시간을 몇 주에서 5일로 단축할 방법을 개발했다. 이 실험은 제조업체가 공급업체 및 고객과 협력하여 제품을 고객의 요구에 부합하도록 신속하게 수정하는 방법을 찾는 것이었다. 이 실험에 기초한 인터넷 미래에서의 제품 개발 방식은 다음 페이지의 표(인터넷 미래의 제품 개발)에 실려있다. 이 그룹은 시장의 요구에 따라 제품을 신속하게 변화시키는 과정을 통해 해외에 공장을 설립하는 것보다 더 큰 비용 절감을 기대한다.

정보를 전면적으로 공개하는 기업의 또다른 극적인 사례는 ANX(Automotive Network eXchange)이다. 북미 자동차 제조업체와 공급업체 1,300개 이상이 모인 협의회 AIAG(Automotive Industry Action Group)가 1998년에 시험적으로 결성한 ANX는 궁극적으로 미국 내부의 기업은 물론 유럽을 비롯한 세계 전역의 모든 자동차 관련 기업을 연결할 계획이다.

ANX는 기본적으로 자동차 산업을 위한 비즈니스 엑스트라넷이다. 모든 형태의 자동차 부품 공급망을 하나의 방대한 의사소통 루트에 연결하기 위해 인터넷 기술을 도입한 전용 네트워크 형식으로 존재하고 있다. 이 시범 프로젝트에는 자동차 빅3 업체는 물론 캐터필러(Caterpillar), 팩커(PACCAR), 그 밖의 28개 대형 공급업체가 참여한다. 앞으로 이 시스템은 중소 공급업체에게도 적용되어 작업을 편리하게 개선해 줄 것으로 예상된다. 현재 인터넷으로 정보를 교환하는 중소 공급업체는 50%에 약간 못미친다.

이 시스템은 제조업체와 공급업체가 서로 전자우편을 교환하고, 함께 CAD 설계에 참여하고, 화상회의를 통해서 토의하고, 지금보

웹 사이트
- Info Test <www.infotest.com>
- AIAG <www.aiag.org>

다 훨씬 쉽게 생산 스케줄을 결정할 수 있게 한다. 이 시범 프로그램을 개발하는 동안 AIAG의 상임이사를 맡았던 탐 헤이에 따르면, ANX 서비스는 가장 방대한 규모의 공급사슬 합리화 프로젝트로서, 자동차 업계 전체가 연간 20억 달러 정도의 비용을 절감하게 할 잠재력을 지니고 있다. 그의 말을 직접 들어보자.

현재 북미 자동차 업계에서 작업 스케줄 및 생산 정보를 최일선에 있는 공급 체인망까지 전달하는데는 약 4주에서 6주 정도의 시간이 필요합니다. 한 단계를 내려가는데 약 1주일 정도가 필요한 셈이지요. 마침내 최일선에 도달한 정보는 아무 소용이 없습니다. 결국 그 정보는 최일선의 업체 즉, 개별적인 부품 제조업체가 계획을 세우는 데 아무런 도움도 주지 못합니다. 우리에게 온갖 기술이 있음에도 불구하고, 기존의 공급망을 통해 정보를 내려보내는 것보다는 시카고에서 디트로이트까지 직접 걸어가서 메시지를 전하는 것이 더 빠를 정도니까요.
디자인 데이터와 비즈니스 정보 운영에 대해 접근가능한 대안을 모색하면서, 우리는 데이터 공유, 화상 디자인, 화상 회의, 전자우편과 그밖의 지원도구가 자동차 업계에서 점점 중요해지고 있음을 깨달았습니다. 우리는 제조업체와 공급업체 간 그리고 공급업체와 공급업체 간 의사소통을 합리화하고 싶었습니다. ANX는 기존의 많은 전화선과 데이터 통신 기술의 필요성을 없애버릴 겁니다. 개중에는 전용 전화선 한 라인을 유지하는데 매달 수백 달러에서 수천 달러의 비용이 드는 경우도 있거든요. 게다가 공급업체는 ANX 시스템을 활용해서 내부 전용 네트워크를 만들 수 있기 때문에 자동체 제조업체 한 곳마다 하나씩 연결한 전용 통신 시스템을 제거할 수도 있습니다.

인터넷 미래의 제품 개발

〈첫째날〉요구	〈둘째날〉조사	〈셋째날〉공정	〈넷째날〉작업	〈다섯째날〉선적
고객이 캐터필러 딜러에게 요구 사항을 팩스로 보낸다	팀 구성원들이 상황을 평가한 후에 인터넷에서 만난다	부품 공급업체는 부품을 수정할 방식에 대해서 담당자와 지난 밤에 협의한 자세한 내용을 팀에게 보낸다	제품 팀 구성원은 인터넷을 통해 동시 작업을 하여 변화와 작업 흐름 전체를 마무리 짓는다	공급업체는 주형을 캐터필러에 보내 마지막 기계 작업을 한 후 딜러에게 보내고, 딜러는 그것을 고객의 트랙터에 설치한다
딜러가 요구 사항을 보내면, 지역 담당 직원은 그것을 살펴 본 다음, 인터넷을 이용하여 생산 지원 그룹에게 전송한다	팀 구성원은 요구 사항을 수용할 방식에 대해 결정한다	팀은 전자우편과 데스크탑 화상회의, 부품 공급업체가 보낸 정보 등을 활용하여 여러가지 디자인을 정리한다	팀 리더는 · 작업 계획 수립을 감독하고 · 필요한 부품에 대한 공급업체의 주형작업을 확인 하고 · 프로젝트 폴더와 작업 흐름 계획을 업데이트한다	프로젝트에서 발생한 정보를 고객에게 보내고 차후에 참고로 하기 위해 데이터베이스로 보낸다
제품 그룹 팀 리더는 · 호출기나 전자우편, 음성우편 등을 사용하여 글로벌팀에게 늦은 오후에 인터넷 회의가 개최된다는 사실을 알린다 · 모든 프로젝트 정보가 들어 있고 팀 구성원 전체가 접속할 수 있는 전자 폴더를 연다	팀 리더는 임무를 할당하고 작업흐름도를 업데이트 한다	팀은 인터넷 상에서 만나 · 디자인 분석 결과를 비교하고 · 필요한 부품을 어떤 디자인으로 할 것인지 결정한다		
모임에서 팀 구성원(기술, 제조,회계, 제품 지원, 공급업체)은 정보를 평가하고, 조사 책임자를 정하고, 작업흐름도를 결정한다	팀 구성원은 독자적으로 작업하여 가능한 대안을 모색한다	팀 리더는 프로젝트 폴더와 인터넷 작업 흐름도를 업데이트 한다		
팀 리더는 · 다음 날에 열릴 인터넷 회의계획을 짠다 · 실행 계획의 개괄적인 내용을 딜러에게 전자우편으로 보낸다	일과가 끝날 즈음에, 팀 구성원은 · 인터넷 회의를 통해 트랙터 안에 집어 넣을 새 부품을 설계하기로 결정한다 · 여러가지 디자인을 평가한다 · 비용을 계산하고 스케줄을 잡는다 팀 리더는 정보를 프로젝트 폴더에 집어넣는다			

다양한 거래업체가 각각 여러가지 프로그램과 통신망을 사용하는 방식에 비해 모든 업체가 단 하나의 통신망에 연결되어 단 하나의 프로그램을 사용하는 일은 훨씬 효율적이며, 시간을 단축할 수 있습니다. 현재, 공급업체들은 포드나 GM, 크라이슬러를 비롯한 여타의 업체와 개별적으로 연결되어 있습니다. 그들 모두를 연결할 수 있는 단일한 경로를 마련하는 것은 각 거래처로 통하는 전용 전화선을 하나씩 설치하는 것에 비해 훨씬 유리합니다.

공공 인터넷과 달리, ANX는 중앙통제기구를 가지고 있습니다. 통신 감독 회사인 벨코어/사이크(Bellcore/SAIC)는 인터넷 서비스 제공업체(ISP)를 조사하여 기능과 신뢰도와 안정성에서 ANX의 표준에 적합한 업체를 찾아 증명서를 발부할 겁니다. 공급업체와 자동차 제조업체는 이 ISP 가운데 하나에 가입함으로써, ANX 네트워크에 접속할 수 있습니다. 만일 ANX 접속에 어려움을 느끼는 회사는 감독 회사에 통보하여 문제 해결을 요청할 수 있습니다. 이같은 구조는 공공 인터넷이 갖추지 못한 신뢰성과 안전성 그리고 기능을 보장합니다. 전체 경로를 거치는 의사소통 시간이 4~6주에서 4~6일로 단축될 수 있다는 사실이 시범 연구 과정에서 밝혀졌습니다. 자동차 한 대당 71달러의 비용이 절감되는 셈이지요.

경쟁사가 당신을 충분히 파악하게 된다

오픈 북 경영의 가장 아이러니한 사례로 어떤 것이 있을까? CIA는 어린이들을 위한 웹페이지를 운영하고 있는데, 이곳에서는 다이얼 금고가 열리는 소리가 완벽하게 재현되고, 변장을 시도하는 공간, CIA를 상징하는 개를 모델로 한 '가상 경호견' 등의 내용이 담겨 있다.

CIA가 아동용 사이트를 공개했다고 해서 국가 기밀이 노출될 위험은 없을 것이다. 하지만 인터넷 미래의 기업들은 대부분 이런 행운을 누리지 못할 것이다. 기업의 전략 전술 대부분이 경쟁사에 쉽게 노출될 것이다. 경쟁사는 클릭 몇 번으로 해당 기업이 판매하는 품목과 그 가격을 쉽게 파악할 수 있다. 여기에서 클릭을 몇 번만 더 하면 그 회사의 재정 상황까지 조목조목 파악할 수도 있다.

대부분의 대기업이 경쟁사 정보를 파악하기 위해 체계적인 비즈니스 정보 시스템을 가동하고 있지만, 인터넷을 가장 중요한 정보원으로 활용하는 기업은 그리 많지 않다. 지금은 인터넷을 이용한 마케팅 자료의 수집이 대기업 위주로 이루어지고 있지만, 미래의 모든 기업은 그 규모에 관계없이 언제라도 접속가능한 인터넷을 통해 정보의 바다를 능숙하게 항해할 수 있는 사람을 채용하게 될 것이다. 코네티컷의 사업정보회사 퓨처 그룹(The Future Group)의 빌 피오라는 이렇게 말한다.

"인터넷은 회사 밖에서 탁월한 인력 자원을 찾아내는 진정한 출발점입니다. 그리고 인터넷은 정보 수집 속도를 전면적으로 뒤바꿀 것입니다."

인터넷에는 경쟁사 정보만 전문적으로 제공하는 회사 이른바 CI가 존재하는 데 펄드 앤드 컴퍼니(Fuld & Company)는 수백 곳의 사이트로 연결되는 링크를 설치하고 이를 산업별로 분류함으로써 고객이 미로를 손쉽게 헤쳐나가도록 도와주고 있다. 몬테그 인스티튜트(Montague Institute)는 경쟁사 정보를 인터넷에서 구하는

웹 사이트 ·······································

- CIA for Kids <www.odci.gov/cia/ciakids>
- Fuld & Co <www.fuld.com>

방법 등의 내용을 다룬 잡지를 제공하며, 경쟁사 정보 전문가 협의회는 수백 명에 달하는 경쟁사 정보 전문가 목록과 연구 논문들을 보유하고 있다.

대부분의 기업들은 연례 보고서와 임원 명단, 사업 체계도, 생산 제품 등을 자사 웹 사이트에 올려놓는다. 그러나 그것이 전부는 아니다. 경쟁기업의 웹 사이트에 충분한 시간을 투자한 사람은 그 기업에 대해 더 많은 정보를 파악할 수 있다.

- 거의 모든 기업의 웹 사이트에 마련되어 있는 구인목록은 자주 그 회사의 향후 사업 계획을 파악하게 하는 실마리가 된다. 유럽 시장을 집중적으로 공략할 계획을 가지고 있는 기업은 마케팅 매니저와 지원부서를 비롯한 다양한 직책의 담당자를 런던 거주자 가운데에서 뽑는 광고를 낼 것이다.
- 기업의 언론홍보자료의 내용과 시기를 추적하여 기록을 쉽게 열람할 수 있다. 기업의 모든 언론홍보자료가 신문이나 잡지에 실리는 건 아니기 때문에, 보도자료들은 기업의 미공개 계획을 파악하게 하는 풍부한 자료원이 된다.
- 핵심 임원의 자세한 이력과 연락처가 게재되어 있는 코너는 경쟁사 신임 경영진의 능력을 쉽게 포착할 수 있는 공간이다. 심지어 간단한 조직표를 제공하는 기업도 많다.
- 그 회사의 사업 파트너와 우량 고객은 누구인가? 물론 쉽게 알 수 있다. 기업들은 자사의 우량 고객들을 자랑스럽게 광고하고 그들에 대한 포상 기록과 그들이 회사에 기여한 사례를 자세히 게재해 놓는다. 이를 통해 우량 고객의 사고방식을 명백히 파악할 수 있다.

피오라는 "모든 기업이 항상 웹 사이트에 게재할 내용을 정확히 판단하는 건 아닙니다. 1차 정보를 정리하는 하위직 직원이 모든 내용을 그대로 정리하라는 지시를 받고 은밀한 내용을 그대로 웹 사이트에 올려놓는 경우가 종종 나타납니다."라고 말한다.

컴페어넷(CompareNet)의 핵심 서비스 내용은 가격을 비교하는 것이다. 이 업체는 제조업체의 가격목록을 자동차, 전자제품, 스포츠/레저, 저택/정원, 소프트웨어, 서비스, 가정용 사무용품의 일곱 가지 영역으로 나누어 서로 비교하는 서비스를 제공한다. 인터넷 상의 컴퓨터 소매업체인 넥스(NECX)는 한발 더 나아간다. 이 업체는 다른 소매업체의 웹 사이트에서 가격 목록을 자동으로 전달받아 자신들이 판매하는 가격과 비교한다. 정보를 전면적으로 공개하여 자사를 경쟁사와 비교하는 것이다. 넥스는 전세계 2만여 공급업자와, 주문품을 공급하는 20여 개의 도매업체와 인터넷으로 연결되어 있다.

이같은 상황을 피할 방법은 없는가? 없다. 하지만 이건 별다른 문제가 안된다. 인터넷 미래의 변화 속도는 너무 빨라서, 인터넷을 통해서 수집한 정보는 이미 과거 활동 내용을 살펴보는 그 이상을 넘지 못할 것이다. 이것은 기업이 인터넷 미래의 변화하는 속성을 충분히 따라잡을 정도로 민첩하게 움직여야 하는 이유이기도 하다.

고객이 주도권을 쥐게 하라!
고객에게 주도권을 넘기기를 바라는 기업과 이미 그렇게 되었다

웹 사이트 ....

- Montague Institute <www.montague.com>
- CompareNet <www.compare.com>
- NECX <www.necx.com>

고 주장하는 기업은, 정보를 전면 공개함으로써 마침내 이러한 지향을 실현할 기회를 잡을 것이다. 정보를 전면적으로 공개하는 기업에서 모든 주도권은 고객에게 있다는 사실을 임원직과 중간관리자들이 받아들여야 한다. 그리고 진정으로 지혜로운 기업은 고객을 인터넷 미래의 주인으로 만들 것이다.

제4장
소비자가 가격을 결정한다

인터넷 미래의 소비자는 시간과 공간의 제약에서 벗어나 모든 판매자로부터 어떤 물건이든지 구입할 수 있게 될 것이다. 인터넷 환경이 제품의 제조와 유통과 판매의 가치 기준을 근본적으로 바꾸어 놓기 때문이다. 이러한 역동성은 가격 책정은 물론 제품 자체의 실질적 가치에도 영향을 미칠 것이다.

"제품의 가치는 판매자가 제품에 부여하는 가격"이라는 오래된 통념도 인터넷 미래에서는 더 이상 통용되지 않는다. 그 대신 "제품의 가치는 지금 이 순간에 내가 지불할 가격이다" 혹은 "그것은 최선의 가격이 아니다", "나는 이 가격을 지불하겠으니, 팔든지 말든지 당신이 결정해라" 등의 표현이 늘어날 것이다. 심지어 "아니, 얼마를 원한다고요? 나는 내가 중요한 고객이라고 생각했는데……." 등의 이야기까지 나올 수 있다.

어떤 표현이든, 그 안에 담긴 메시지는 분명하다. 인터넷으로 회사 내부의 의사결정이 신속해지고, 마우스 클릭 한번에 경쟁사가 사라질 때, 그리고 그 어느 때보다 풍부한 선택 기회를 누리게 된 대중이 신속하게 업데이트되는 정보를 소유하게 될 때, 가치 사슬은 극적으로 전환될 수밖에 없다.

지금까지는 제조업자가 상황을 주도해왔다. 그러나 지금부터는 소비자가 새로운 상황을 주도한다.

웹스터 사전은 'commodities(상품, 필수품, 일상용품, 기본제품)'를 "유용하거나 가치있는 물건"으로 정의한다. 그러나 비즈니스 세계에서 이 용어는 부정적인 의미를 내포하기도 한다. 상품 시장에서 '일상용품(commodities)'은 일반적으로 대량 거래되는 상품을 말한다. 이때는 상품 자체의 특성은 가격에 영향을 미치지 못한다. 한 농부가 생산한 곡물과 다른 농부가 생산한 곡물의 차이점을 파악하는 것은 어려운 일이다. 가격 산정에 영향을 미치는 건 날씨와 공급량 등의 외적 요소이다. 가격은 이런 외적 요소에 근거하여 다양한 방식으로 등락한다. 이상 기후나 전쟁은 곡물이나 원유 품귀 현상을 발생시켜 가격을 폭등시킬 수 있다.

일상용품(commodities)의 부정적인 의미는 일상용품이 비교적 광범위하게 퍼져있으며 누가 생산하든 균일하기 때문에 마케팅 전략상 높은 가격을 매길 수 없다는 현실에서 비롯된다. 자사에서 생산한 닭을 특화시킨 프랭크 퍼듀(Frank Perdue)의 광고는 일상용품을 브랜드 상품으로 전환하려는 노력을 보여주는 좋은 사례이다. 반면에 곡물과 채소 통조림에 흑백 라벨을 붙이던 10여 년 전의 유행은 브랜드 상품을 멀리 하고 일상용품을 지향하는 운동을 대변한다.

일부 제품이 일상용품화하는 것은 사이버 경제가 주류를 형성하는 과정에서 나타나는 필연적인 현상이다. 이 두 과정이 많은 동일 요인들로부터 기인하기 때문이다. 지금까지 외부요인이 일상용품 가격 책정을 주도했다면 지급부터는 인터넷 소비자 이른바 디지털 소비자가 외부요인과 더불어 일상용품 가격 책정의 중요한 기준이 될 것이다. 그들은 그 어느 때보다 많은 제품과 정보를 접하고 있으며 예전에는 전혀 상상도 못하던 방식으로 서로 연합할 수 있기 때문이다. 인터넷 환경에서 소비자가 하나의 핵심 세력으로 등장한다는 사실을 인식한 기업만이 생존을 위한 변화를 준비할 수 있을 것이다.

핵심 자산은 부차적 요소로 변한다

하드웨어 제품에서 소프트웨어 제품에 이르는 모든 제품이 일상용품이 될 수 있다. 잡석 판매과정의 가치사슬은 이 과정을 잘 드러낸 사례이다. 지구상에는 무수한 잡석이 존재한다. 천연 잡석은 바위가 고운 모래로 변하는 과정에 생겨난 온갖 크기의 돌멩이를 총칭한다. 채취되기 전의 잡석은 거의 가치가 없다. 천연 상태 즉 관목을 뽑아내지 않은 상태의 돌무더기는 1세제곱야드(0.7647㎥)에 1달러로 쓰레기나 다름없다.

관목을 제거하여 잡석을 채취할 수 있게 한 상태에서는 1세제곱야드에 1.5달러를 받을 수 있다. 잡석 판매 회사는 잡석의 부가가치를 높여서 보다 많은 수익을 획득하려 한다. 다음은 기본 가격이다.

천연 상태	1달러/yd
나무 제거 작업(청소 작업)	0.5달러/yd
적재 작업	0.5달러/yd
파쇄 작업	3달러/yd
고르는 작업	0.5달러/yd

30마일 운송	2달러/yd
60마일 운송	4달러/yd

각 과정은 부가가치를 창출시키며, 고객은 원하는 형태의 가치를 구입할 수 있다. 트럭에 적재된 상태의 천연 잡석을 구입하고 싶으면 1세제곱야드당 2달러를 지불하면 된다. 파쇄해서 고른 잡석을 30마일 떨어진 현장까지 배달시키고 싶으면 1세제곱야드 당 7.5달러를 지불하면 된다. 원한다면 1세제곱야드당 1달러라는 가장 저렴한 가격으로 천연 상태의 잡석을 구입할 수도 있다. 하지만 나무를 뽑고 잡석을 파내고 트럭에 실어서 운반하는 작업과 그것을 파쇄하고 고르는 작업은 자신이 직접 해야 한다.

이와 마찬가지로, 가공되지 않은 정보는 아무런 가치가 없다. 조직 내부 어딘가에 있는 데이터베이스 본체의 방대한 정보 역시 마찬가지이다. 인터넷 미래에는 많은 제품이 위에서 설명한 잡석과 비슷한 방식으로 판매될 것이다. 몇 가지 사례를 들어보자.

- 이코노미스트그룹(Economist Group) 소유의 170년 전통의 신문사 저널오브커머스(Journal of Commerce)의 핵심 상품은 화물선 운행스케줄이었다. 그런데 인터넷이 도입되자, 주요 광고주였던 한진 해운과 코스코 그룹, 그리고 피앤큐네드로이드(P&Q Nedlloyd) 등은 이 유서깊은 신문사를 외면하고 자사 웹사이트에 운행스케줄을 올려서 화주와 직접 접촉을 시작했다. 모든 회사가 운행스케줄을 쉽게 파악할 수 있게 되면서 저널오브커머스의 핵심 자산인 화물선 운행스케줄이 일상용품으로 전락한 것이다. 저널 오브 커머스는 구조조정에 들어가 450여 명에 달하던

종업원 가운데 거의 75%를 감원했으며 인터넷 운영에 필요한 직원을 고용한 다음 자료를 추가하고 다른 해운회사를 자사 웹 사이트와 연결시키는 데 주력했다.

- 마운틴 뷰에 있는 코우트(Quote.com)는 15~20분 전의 주식시세와 다양한 금융사이트에 입각한 금융정보를 제공하는 기업이다. 그러나 총 수입의 절반 이상은 웹사이트 운영에 필요한 금융도구와 비즈니스 정보를 다른 기업에 판매하는 데서 나온다. 이 수입은 고객의 정보이용료를 대체하는 결과를 낳았다. 주식시세 서비스 비용은 사용자 대신 스폰서 기업이 지불한다. 주식시세는 일상용품화 되고(웹에서 일정 시간이 지난 주식시세를 제공한 대가로 비용을 부과하는 건 이제 불가능하다) 사용료는 소비자 대신 스폰서가 지불하게 된 것이다.

- 제품의 일상용품화는 실시간 주식시세에서도 나타나기 시작했다. 본래 실시간 주식시세는 뉴욕 증권교환소에 상당한 이용료를 지불한 중개업자들만 볼 수 있었다. 그러나 이제 인포스페이스(Infospace)와 머니(Money), 월스트리트시티(Wall Street City)에서 실시간 주식시세를 무료로 제공하고 있다. 1년 전만 해도, 실시간 주식시세 서비스의 표준요금은 월 29.95달러였다.

- 무료 전자우편은 이용자를 확보하여 유지하고자 하는 웹 사이트의 기본 서비스가 되었다.

웹 사이트 ....

- Journal of Commerce <www.joc.com>
- Quote.com <www.quote.com>
- Infospace <www.infospace.com>

주변 제품이 수입원이 된다

제품이 일상용품화하면, 그래서 이윤율이 제로로 떨어지면, 어떤 일이 일어나는가? 기업들은 방법을 바꾸어서 사람들이 기꺼이 돈을 지불할 그 무언가를 제공해야 할 것이다. 대부분의 경우, 기업의 핵심 자산이었던 것들이 큰 손실요인이 되고, 주변 제품과 서비스가 새로운 수입원으로 등장한다. 소다수 6병을 99센트에 판매함으로써 고객을 끌어들인 다음 10달러 이상의 물품을 구매하도록 유도하는 식의 판매방법이 이제 광범위한 제품과 서비스에 적용되고 있다.

- 오토-바이-텔은 지금 인터넷에서 공장출하 가격에 500달러만 추가한 가격으로 자동차를 판매한다. 그리고 자동차 매매가 이루어진 다음 고객에게 전자우편을 보내 특정 기업의 자동차보험 가격에 대해 알고 싶냐고 질문한다. 인터넷 미래의 보험회사는 자동차를 소유하고 있는 동안 자사 보험에 가입한다는 조건을 받아들인다면 더 저렴한 가격에 자동차를 제공할 것이다. 보험 회사에게 자동차의 가치는 관심거리가 되지 않는다. 중요한 건 보험이며 새로운 고객을 확보하는 것이다. 이런 일들이 자동차 딜러 네트워크에 어떤 영향을 미칠까?
- 부동산 중개업자에게 중심가의 부동산 목록은 핵심 자산이다. 하지만 인터넷 미래의 중개업자는 이 목록을 인쇄하여 배포할 권한을 지역 신문사에게 제공할 것이다. 그러면 신문사는 여기에다 현지 학교에 대한 정보나 마을의 인구, 쇼핑센터까지의 거리 등, 부동산과 관계된 주변 상황까지 덧붙여 기사를 만들게 될

것이다. 그 후에 부동산이 거래되면, 부동산 중개업자는 구매자에게 이삿짐 센터와 잔디 회사, 보험설계사 목록 등의 자료를 애프터 서비스로 제공하게 될 것이다. 부동산 목록은 일상용품이 되며, 진짜 수입은 판매후 거래에서 생기는 것이다.

■ 전통적으로 건강정보는 의사를 찾아가서 얻는 것이었다. 그러나 세이피언트 헬스 네트워크(Sapient Health Network)는 만성질환자와 중환자를 대상으로 방대한 정보 도서관을 개설하여 모든 정보를 무료로 사용할 수 있도록 했다. 이 웹 사이트는 고객의 요구에 맞춘 책꽂이(book-shelf)를 제공함으로써 환자 개개인이 자신의 프로필로도 활용할 수 있게 한다. 이 '책꽂이'는 환자 개인과 직결된 중요한 주제들을 다루고 있다. 또한 이 사이트에는 메시지 게시판과 채팅 공간, 건강 전문가와 함께 하는 온라인 워크샵, 의료 사전, 의약품 데이터베이스 등도 들어있다. 그렇다면 세이피언트는 이처럼 유용한 사이트를 어떻게 무료로 제공할 수 있을까? 이들은 사용자가 제공하는 정보를 모아서 그 자료를 의료 관련 회사에 판매하는 방법으로 수익을 올린다. 환자의 프로필을 공개하지 않고 환자의 프라이버시를 침해하지 않는 한도에서, 수집된 정보들을 제약 회사들에게 판매함으로써, 그들이 마케팅 전략을 수립하는데 활용하도록 만드는 것이다.

핵심 자산이나 서비스를 활용하여 이것을 아무런 관계가 없거나 전혀 예상 못한 제품이나 서비스로 발전시킬 가능성을 모색하는

웹 사이트 ....

- Auto-By-Tel <www.autobytel.com>
- Sapient Health Network <www.shn.net>

것도 중요한 기회 중 하나이다. 사우스웨스트(Southwest) 항공사는 정보기술 부서를 확대하기로 결정한 다음 직원 채용에 단골 고객의 도움을 받기로 했다. 고객의 도움으로 이력서가 제출될 경우에 무료 비행기표와 여행권을 제공하기로 했다. 그 결과 1,400장 이상의 이력서가 도착했다. 이 항공사는 또한 신규 기술직에 지원한 직원들에게 보직 이동 보너스를 제공하는 프로그램을 만들었다. 이런 아이디어를 인터넷에 그대로 적용한다면 아주 강력한 사이트를 만들 수 있을 것이다.

인터넷 미래에는 기존 제품과 서비스를 바탕으로 새로운 부가가치를 창출할 수 있다. 브로드캐스트(Broadcast.com)는 기존의 라디오, TV, 케이블방송 프로그램을 비롯한 다양한 방송 프로그램을 모아서 재편성하여 일반 소비자와 기업 인트라넷에 판매한다. 정보 그 자체보다는 그것을 다시 편성하고 분배하는 방식에서 새로운 가치가 창출되는 것이다. 기업은 원래의 제작사에게 직접 정보를 구입할 수도 있지만, 브로드캐스트가 제공하는 서비스에서 새로운 가치를 사는 것이다. 뉴욕에서 창업한 루트(Root)는 다양한 온라인 서비스를 고객에게 제공하며 고객의 온라인 몸종을 자처한다. 이들은 자신이 배달하는 제품보다는 자신이 제공하는 서비스에 기업의 사활을 걸고 있다. 최고경영자 세스 골드스타인은 이렇게 말한다.

"루트는 모든 사람을 대상으로 하지 않습니다. 시간을 가장 중요한 가치로 여기며 좀더 많은 자유 시간을 누릴 특권을 원하는 고객이라면 우리의 서비스를 기꺼이 구매할 겁니다."

구매자와 판매자를 위한 새로운 행동 원칙

제품의 일상용품화는 구매자와 판매자 간의 상호작용 방식 변화를 의미한다. 중고품 판매, 벼룩시장, 휴양지의 상점 등 몇 가지 예외가 있지만, 기업은 일반적으로 자사 제품을 정찰제로 판매하고 있다. 경영진은 시장성을 평가하고 제조를 위한 원료 조달 공정을 만든 후 제품을 제조하고 유통시킨다.

소비자는 직접 상점에 가서 '쇼핑'을 하는 동안 어떤 상품이 마음을 끄는지(혹은 잘 팔리는지) 살펴본 다음, 그 제품을 필요한 만큼 구입한다. 제품이 모두 팔렸으면, 고객은 제품 구입을 포기하거나 혹은 친절한 직원에게 제품을 주문해줄 것을 특별히 요청한다.

이 경우, 고객의 주문은 상점에서 유통업체로, 그 다음에는 도매업체로, (만일 재고가 없다면) 제조업체까지 전달되고, 제품은 다시 도매업체에서 유통업체로, 상점으로 전달되어, 며칠 혹은 몇 주일이 지난 다음에 마침내 소비자에게 전달된다. 그 동안 소비자가 마음을 바꾸었다고 해도 문제될 건 없다. 그 제품을 선반에 진열하여 다른 소비자에게 판매하면 되기 때문이다.

이것은 기본적으로 진형적인 낡은 세계의 유통 방식이다. 물론 많은 과정이 간소해졌다. 과거의 판매량과 시즌별 수요를 근거로 일정한 판매 예측이 가능해졌고, 소비자의 주문에 신속하게 대응하는 기술이 도입되었기 때문이다. 하지만 이 과정은 대체적으로 정찰제를 전제로 하고 있으며 가치사슬 전반에 걸쳐 비용이 든다.

소비자의 입장에서는 제조업자가 정해진 가격에 제품을 판매하

웹 사이트

- Southwest Airlines <www.southwest.com>

기 때문에 그 제품을 항상 그 가격에 구입할 수 있다고 받아들이게 된다. 상점 주인은 다 팔린 제품을 별다른 생각없이 특별히 더 주문한다. 그리고 특별히 더 주문하여 재고가 충분한 제품을 예전과 동일한 가격에 판매하는 것을 당연하게 여긴다.

제조업자의 입장에서 일부 제품은 빨리 팔리는 반면 일부 제품은 오랫동안 팔리지 않는다. 빨리 팔리는 제품은 가격이 너무 낮게 책정되고, 팔리지 않는 제품은 가격이 너무 높게 책정되었을 것이다. 어떤 경우이든 제조업자는 많은 손해를 보게 된다. 이것은 매우 불합리하다. 그러나 어떤 해결책이 있겠는가? 인터넷이 없다면 별다른 대안이 없을 것이다!

역동적인 가격 책정

인터넷 미래의 제품 가격 책정은 완전히 새로운 양상을 보일 것이다. 소비자는 구매할 제품이나 장소를 선택하는데 아무런 제약도 받지 않을 것이다. 이런 환경에서 제품 그 자체를 기준으로 제품을 차별화하는 일은 점점 어렵게 될 것이다. 그리고 이 환경은 제조업자가 제품가격을 책정하는 데 영향을 미칠 것이다. 제조업

가격 산정의 역동성

기존 경제	인터넷 미래
판매자가 결정한다	구매자가 결정한다
정찰제	유동적인 가격
공급에 기초한다	수요에 기초한다
과거의 판매에 기초한다	지금 이 순간의 판매에 기초한다
제품의 특성에 기초한다	제품의 환경에 기초한다
가격 변동은 일정 기간이 지난 다음에 할인이나 할증 판매 형태로 발생한다	가격 변동은 일상적으로 발생한다

자가 제품에 바람직한 환경(훌륭한 서비스, 편리함, 브랜드 이미지 등)을 제공할 수 없는 한 이 제품은 일상용품으로 전락하고 여기에 맞춘 가격이 매겨질 수밖에 없을 것이다.

기업은 핵심 제품의 이면에서 새로운 방법으로 새로운 가치를 창출해야 할 뿐 아니라, 다양한 시장 요인에 그 어느 때보다 신속하게 반응해야 할 것이다. 결과적으로, 인터넷 미래의 신제품 가격 책정은 매우 유동적일 것이다. 인터넷 미래에서 '정찰제'는 일종의 넌센스가 될 것이다.

판매자의 힘

인터넷은 진정한 공급과 수요를 결정하는 뛰어난 평형장치이다. 기존의 세계에서는 제품이 만들어지면 영업사원이 그것을 판매했다. 영업사원은 습관적으로 '낮은 가지에 달린 과일' 즉, 제품을 구입할 가능성이 높은 소비자를 우선적인 목표로 삼는다.

그러나 인터넷에서는 구매자 주도하에 제품과 구매자가 직접 만난다. 인터넷 미래에는 네트워크로 조직된 공급업자들이 네트워크로 조직된 소비자들에게 접근하면서 이런 경향이 더욱 확대될 것이다.

제품의 일상용품화에 대처하는 한 가지 방법은 제품공급 네트워크를 통합함으로써 여러 제품을 취급하는 일상용품 상인이 되는 것이다. 인터넷 환경에서 단일 제조업체는 시장 영향력을 확보하기 힘들겠지만, 일상용품 판매 네트워크를 구축한 기업은 네트워크의 규모와 범위에 따라 시장 영향력을 확보할 수 있을 것이다.

〔웹 사이트〕 ···

- Garden Escape <www2.viaweb.com/gardeners/index.htm/>

또 다른 방법은 공급망을 통합하는 것이다.

- 가든 에스케이프(Garden Escape)는 미국 전역에서 원예장비를 공급하는 수십 명의 틈새 상인들을 끌어모았다. 약 30여 개의 공급업체 각각은 인터넷 카탈로그에 자사 제품을 수록하는 조건으로 가든 에스케이프를 유일한 인터넷 판로로 삼는데 동의해야 한다.

- M&A 마켓플레이스(M&A Marketplace)는 사업체를 판매할 사람을 연합한다. 이곳의 판매목록에는 약 3천 5백여 개의 사업체가 항상 등록되어 있으며, 구매자가 자신이 찾는 사업체에 대해 기록한 목록도 1천여 개 등록되어 있다. 목록 등록은 무료지만, 구매자나 판매자와 접촉할 방법을 찾으려면 3개월 회비 34.95 달러를 지불해야 한다. 이 회사의 최고경영자인 밥 브라운스는 금요일에 등록된 후 그 다음 월요일에 매매되는 회사도 있다고 말한다.

또 다른 방법은 비교 통합이다. 고객에게 다양한 제조업체의 상품 가격을 비교할 수 있는 정보를 제공하는 것이다. 구매자는 계속 가격을 떨어뜨리겠지만, 제휴업체는 비교 목록에 남아 제품을 판매하기 위해서 기꺼이 비용을 감수할 것이다.

- 라이프쿠오트(LifeQuote)는 약 50여 개 보험회사의 생명보험 가격을 비교해서 제시하는데, 이 서비스를 요청한 소비자 가운데 17% 정도가 보험에 가입한다(DM에 의한 보험 가입률이 1~2%에 불과한 것과 좋은 비교가 된다). 이에 대한 수수료로 라이프쿠오트

는 첫 1년 동안의 보험료 가운데 50%를 받는다.

- 컴페어넷(CompareNet)은 각종 제품 정보를 수집하여 통합 제공하는 데, 이 정보에는 가격도 포함된다. 프라이스스캔(PriceScan)은 컴퓨터 장비와 소프트웨어를 대상으로 동일한 서비스를 제공한다.

그러나 언급된 사례들은 비교적 정적인 형태의 공급통합을 보여준다. 인터넷 미래에는 개별 기업이 경쟁과 수요 등 다양한 마케팅 환경 요인을 끊임없이 검토하는 시스템을 가동하게 될 것이다. 이때 비교한 자료는 자동으로 소비자들에게 제시될 것이다. 유능한 영업사원이 판매를 성사시키기 위해 적절한 조치를 취하듯, 이 시스템 역시 자동으로 그 순간에 가장 적합한 가격을 책정할 것이다. 몇 가지 사례를 보자.

- 북스(Books.com)와 센던츠 넷마켓(Cendant's netMarket)의 서적 파트는 자신들의 도서가격을 온라인 서점 아마존과 반스앤노블 웹 사이트의 도서판매가격과 자동으로 비교한다. 이 시스템은 비교목록을 고객에게 보여주는 서비스를 수행할 뿐 아니라 경쟁사보다 비싼 자사 제품의 가격을 자동으로 내린다. 액서스(Acses)는 20여 곳 이상의 온라인 서점의 판매가격과 구입 가능성 및 배달 비용을 몇 초 안에 비교해서 제공한다.

웹 사이트 ....

- Life Quote <www.lifequote.com>
- Compare Net <www.compare.net>
- Books.com <www.books.com>
- Time.com <www.time.com>

- 프라이스드롭(PriceDrop.com)은 제품이 모두 판매될 때까지 한 시간 간격으로 제품 가격을 내린다.
- 타임(Time.com)이 다른 사이트에 띄운 배너 광고는 헤드라인이 실시간 업데이트된다. 이 기술은 항공요금을 신속하게 변화시키는 데도 사용되고 있다.

온라인 경매 : 판매자와 구매자의 동시만족

경매는 소비자와 생산자가 만나는 공간으로 부각될 것이다. 온라인 경매를 벼룩시장이나 항목별 광고의 온라인 형식 정도로 간주하는 것은 큰 오산이다.

온라인 경매는 웹의 구조적 발전 형태이다. 경매에 참가한 사람들은 구입하려는 품목을 발견하고, 지불할 가격을 제시하고, 상품의 신뢰성을 '온라인 경매'에 참여한 다른 사람들을 통해 확인할 것이다. 회사는 공급업자가 가지고 있는 과다한 재고품을 끌어모아 판로를 제공함으로써 공급업자의 손실을 줄여주고 온라인 구매자에게는 아주 저렴한 가격에 제품을 구입할 기회를 제공하게 된다. 이것은 궁극적으로 자유 기업이다. 이 커뮤니티는 스스로의 감독을 받는다. 수백여 개의 경매 사이트가 있기에, 소비자들은 원하는 대부분의 제품을 언제든지 찾을 수 있을 것이다.

온라인 경매는 구매자와 판매자가 조직되거나 연합하는 공간이다. 한쪽에서는 구매자들이 연합하고, 다른 한쪽에서는 판매자나 생산업자를 조직한다. 경매 시나리오에서는 모두가 승자가 된다. 구매자들은 매우 싼 가격에 제품을 구입하게 된다. 판매자들은 과다한 재고를 처분할 수 있을 뿐 아니라, 보다 중요하게는 경매 과정을 관찰함으로써 앞으로 어떤 제품을 생산하여 고객의 마음을 움직일지 파악할 수 있게 된다. 하지만 온라인 경매라는 개념의 중요성을 제대로 파악하고 있는 사람은 아직 드물다.

온세일(onsale.com)은 초창기 온라인 경매에 뛰어들어 큰 성공을 일군 회사 가운데 하나이다. 이 회사는 멘로 파크에서 컴퓨터 및 관련 장비 재고품 경매로 사업을 시작했다. 인터넷에서 성공적인 출발을 보인 이 회사는 지금 현재 하루 1만 명 이상의 입찰자의 주문을 처리하여 매월 수백만 달러의 판매를 기록하고 있다. 1997년에 주식을 공개하여 불과 몇 개월만에 5억 달러의 가치를 평가받게 되었다. 설립자이자 대표이사인 제리 카프란은 이렇게 말한다.

소매업에는 두 개의 잘못된 신화가 존재합니다. 하나는 상품 공급이 무한하다는 신화이고 또 하나는 정찰제가 계속 유용할 것이라는 신화입니다. 상품 구매자와 판매자 사이의 피드백은 거의 존재하지 않습니다. 구매자의 입장에서는 상품을 구입하거나 혹은 그냥 가버리면 그것으로 끝입니다. 우리는 이제 막 새로운 방향으로 첫발을 내딛었습니다. 이곳에서는 시장 상황과 고객의 반응에 따라 가격이 결정되고 거래가 이루어집니다.

팔리는 모든 상품의 생산비용과 유통비용은 각각 다릅니다. 먼저 팔린 상품의 비용과 나중에 만들어서 판매한 상품에 부입된 비용은 다릅니다. 항공사가 최대의 이윤을 위해 항공권 가격을 상황에 따라 변화시키는게 좋은 사례입니다. 또 다른 사례는 행사 입장권인데, 이건 아주 어처구니 없습니다. 입장권 가격이 정해져 있기 때문에, 객석은 관객으로 꽉 찰 수도 있고 텅 빌 수도 있습니다. 이런 형태는 높은 가치를 생산하지 못하며, 좌석은 낭비됩니다. 불합리한 이벤트를 진행하는 셈이지요. 우리는 과잉생산된 제품의 판로를 개척했으며, 구매자 다수의 의지에 따라 가격을 책정하는 메커니즘을 갖게 되었습니다. 미래 사회는 항공권 판매 방식을 추구할 겁니다. 물론 모든 제품이 경매로 팔리진 않을 겁니다. 하지만 우리는 거의 모든 제품을 구매자가 구입을 원하는 시점의 현물 가격으로 살 수 있게 만들 겁니다. 이것은 소비자가 제품 가격 결정권을 쥐고, 현시점의 가격을 제시함으로써, 모든 제품의 시세를 역동적으로 결정하는 것과 같습니다. 이 시세는 두 시간 동안 유효할 수도 있고 24시간 동안 유효할 수도 있습니다.

우리는 공급이 핵심 관건임을 알았습니다. 적절한 공급원을 확보하고 있으면 소비자 대중은 스스로 모여듭니다. 자동차 사이트는 아주 능숙한 솜씨를 발휘하여 정보를 끌어모으고 이용자에게 정보이용료를 받습니다. 제품 정보를 끌어모으는 가상상점도 비슷합니다. 온라인 경매는 상호 대립하는 과정이 아닙니다. 구매자는 판매자와 똑같지 않습니다. 이것은 제품을 구하려고 하는 소상인들의 공청회와 비슷합니다. 제품가격은 제품가치보다 높거나 낮지 않습니다. 그 가격은 공급과 수요의 기능에 의해서 결정됩니다. 온라인 경매는 자유시장보다 한발 앞선 공간입니다. 모든 사람들이 소형 라디오를 즐기고 있는데, 하이파이 스테레오가 등장한 것처럼 혁신적인 일입니다.

온세일(onsale.com)은 가격을 낮추어가는 경매 모델을 실험했는데, 사람들이 비현실적인 가격을 제시하며, 질문만 무성할 뿐 실제 판매는 적다는 사실을 발견했다. 그리고 판매자는 1인 평균 11개 품목을 경매에 붙이지만, 구매자는 평균 5개 품목을 구입한다는 사실도 발견했다. 현재 5십만 명 이상의 고객을 확보하고 있는 이 회사는 현재의 시장을 확대함과 동시에 항공권과 부동산 그리고 임대사업 등의 새로운 영역에 뛰어들 계획을 가지고 있다.

인간의 역동성은 경매 시스템에서 큰 역할을 하기도 한다. 온세일에서 48시간 경매가 뜨겁게 달아오르면서, 사람들이 제품 구입 자체보다는 상대편을 이기기 위한 목적으로 서로 입찰가를 높이기 시작한 것이다. 그래서 온세일의 웹 사이트 화면 상단에는 '구매방법' 대신 '게임 방법'이라는 버튼이 달려있다. 사람들이 '게임'을 즐길 때마다 온세일은 돈을 번다.

새롭고 역동적인 가격 책정 모델의 대세에 합류한 회사는 온세일만이 아니다.

■ 이베이(eBay)에서는 경매로 제품을 구입한 고객이 판매자를 평가할 수 있으며 온라인 거래에 대한 코멘트를 보낼 수 있다. 이 회사는 구매자와 판매자가 만나는 공간을 제공할 뿐, 선적이나 배달에 관여하지 않는다. 이 회사는 매일 평균 약 3만 5천 건의 경매를 진행시킨다. 컴퓨터 하드웨어와 소프트웨어를 중심으로 시작된 경매는 이제 유아용 모자에서 스포츠 사건 기록철에 이르는 모든 품목으로 확장되고 있다. 이 회사는 거래가 이루어질 때마다 품목당 1.25~5%를 수수료로 받는다. 1998년 초에는 사이트 가입자가 매달 25%씩 증가했다. 1995년 설립된 이 회사는 6개월만에 흑자기업 반열에 들어섰다.
■ 벤튜라에 있는 인터액티브 바이어스 네트워크 인터내셔널 (Interactive Buyers Network International)은 구매담당자들을 타

웹 사이트 ....

- Onsale.com <www.onsale.com>
- EBay <www.ebay.com>

겟으로 이들이 정기적인 소모품(복사지와 필기구부터 건물관리 필수품과 운영 관리에 필요한 제품까지)을 훨씬 편리하고 싸게 구입할 수 있는 네트워크를 구축했다. 이 기업은 '가상 자원 (Virtual Source)' 이라는 이름의 네트워크를 발족시켜, 구매자들이 필요한 품목의 시세를 온라인상에서 문의할 수 있게 만들었다. 이 질문에 대해 판매자들은 최선의 가격을 제시했다. 판매자를 찾기에 앞서 먼저 구매자들을 확보하는 경매와 정반대의 거래방식은 대단히 성공적이었다. 매달 사업 규모를 두 배로 확장할만큼 성장했고 설립 첫해에만도 7천 2백만 달러에 달하는 거래를 중개했다. 이 사이트를 이용하는 기업 고객은 1천 달러 이하의 연회비를 지불한다.

실시간 수요의 통합

판매자를 통합하는 일과 구매자를 통합하는 일은 둘 다 뚜렷한 장점을 가지고 있다. 그러나 미래 사회는 구매자 집단이 주도할 것이다. 소비자 중심적인 인터넷 미래의 환경은 가치사슬을 바꿔놓는다. 인터넷 미래의 진정한 180도 변화 속에서 '공급과 수요' 의 개념은 '수요와 공급' 의 개념으로 바뀔 것이다.

여러 가지 측면에서, 이런 현상은 제조업체를 규제하던 독점금지법의 입법 취지와 정반대 현상이다. 제조업체가 카르텔을 형성하여 가격을 담합하는 것을 규제하는 법률은 있지만, 소비자들이 담합해서 "우리는 이 품목에 대해서 이 정도 가격을 지불하겠다" 며 담합하는 것을 금지하는 법규는 없다. 하지만 이것은 또 다른 측면의 가격담합이다. 그리고 인터넷 미래에는 이런 일들이 실시간으로 발생하게 된다. 이에 따라 제품 판매 방식은 유연한 가격구조, 대량구매, 초를 다투는 거래 등 일상잡화점에서 이루어지는 형태로 재편될 것이다.

소비자는 승리자이며, 그 이유가 단지 강력한 가격 결정 능력 때문만은 아니다. 고객들은 인터넷의 새로운 역동성에 힘입어 원하는 바로 그 순간에 제품을 구입할 수 있게 된다. 가격이 소비자의 수요를 그대로 반영하게 되는 만큼, 소비자들이 싼 가격 때문에 1월에 에어콘을 구입할 필요는 없다. 소비자 대량 수요는 이제 가격을 올리는 대신 낮추는 방향으로 작용한다. 따라서 소비는 판매자의 일정이 아니라 소비자의 계획에 따라 발생한다.

역설적으로, 이런 소비자 중심적인 환경은 새롭게 통합된 고객들이 직접 개별 구매(one-to-one buying)를 진행할 수 있도록 도와줄 것이다. 직접 개별 판매(one-to-one selling) 환경에서 기업은 개별 고객을 타켓으로 삼아, 회사의 내적 자원과 외적 자원을 향상시킬 수 있을 것이다. 소비자들은 비슷한 요구를 가진 다른 소비자들과 다양한 그룹을 형성할 것이며, 하나의 기업 혹은 하나의 제품에 대해 강력한 구매력을 행사하며 개별적 만족도와 요구를 더욱 충족시킬 수 있을 것이다.

소비자가 새로운 관계를 형성하며 전면에 등징하는 동안, 인터넷 환경을 갖춘 기업들은 새로운 수익을 창조할 다양한 기회를 누릴 것이다. 이 역동성은 새로운 유형의 기업이 성장할 모태가 될 것이다. 새로운 기업은 수요(소비자)를 이끌어 내고 공급에 대한 소비자의 집단적인 구매력을 끌어올리는 역할을 할 것이다. 그리고 기업이 새로운 방식으로 소비자의 요구를 파악하고, 실시간 서비

〔웹 사이트〕 ··
- Virtual Source <www.vsource.net>

스를 하기 위해서는 고객에게 좀더 깊은 관심의 초점을 맞춰야 하는데, 이 부분에 대해서는 다음 장에서 다루도록 하겠다.

모든 수요의 수용

여행상품 통합 사이트는 비어있는 비행기 좌석과 호텔 객실을 예약 마감 시점에 할인 가격으로 판매하는 전통을 가지고 있다. 지금 프라이스라인(Priceline.com)은 소비자가 예약되지 않은 항공권을 직접 입찰하도록 만들어 주고 있다. 비행기 티켓을 매우 싼 가격에 구입해서 테네시에 있는 친지를 방문하고 싶은가? 그렇다면 프라이스라인에 접속하여 비행시간과 목적지, 지불하고 싶은 가격, 그리고 신용카드 번호를 기입하라. 프라이스라인은 자사의 비행기 운행요금 데이터베이스를 검색할 것이다. 만일 비행사가 당신의 제안을 받아들인다면, 프라이스라인은 환불 불가능한 국내선 티켓을 한 시간 안에(국제선은 24시간 안에) 당신에게 발행할 것이다. 프라이스라인은 영업을 시작한 첫 10주 동안 2만 장의 티켓을 판매했다. 이 회사는 사업영역을 신용카드 대출과 호텔 객실, 자동차 렌트, 주택 담보까지 확대할 예정이다. 이 회사를 이끌고 있는 제이 워커의 말을 들어보자.

마치 우리가 구매자들을 끌어모으고 있는 것처럼 보이지만, 사실 그렇지 않습니다. 우리는 수용 가능한 범위 안에서 수요를 끌어모으는 시스템을 운영하고 있습니다. 우리는 수용 가능한 수요를 창출하여 구매자에게 수용 가능한 제품을 공급합니다. 과거에는 좋은 가격에 제품을 구입하려면 구매자 연합이 필요했습니다. 하지만 이제는 인터넷이 그런 모델을 진부한 과거의 사례로 만들어 버리고 있습니다.

새 모델에 필요한 조건은 고객의 요구가 먼저 검증되어야 한다는 겁니다. 일반적으로 신용카드 번호가 그 역할을 하지요. 구매자는 우리에게 모든 걸 위임합니다. 그리고 우리는 판매자에게 '나에게 어떤 고객이 있는데, 이 고객이 수용 가능한 범위는 이렇다'고 말합니다. 판매자는 그 제안을 받아들일 수도 있고 거절할 수도 있습니다. 주식매매와 비슷한 형식이지요. 우리는 앞으로 구매자가 상거래를 주도하게 될 것이라고 확신합니다.

프라이스라인은 영업을 시작한지 몇 개월만에 이런 개념을 신형 자동차 판매로 확대시켰다. 제시한 가격에 자동차를 구해주는 조건으로 구매자에게 25달러의 수수료를 받는 것이다. 또한 이 회사는 자동차 매매가 성사되면 딜러에게 75달러의 소개비를 받는다. 프라이스라인은 중간상인이나 중개업자의 입지를 위협하는 세력으로 간주되지 않는다. 오히려 인터넷을 통해 '재중개'라는 새로운 지평을 개척한 업체로 평가받고 있다. 인터넷에 기반을 둔 이 회사는 구매자와 판매자를 서로 연결해주는 중간자로 자리잡음으로써, 구매자와 판매자에게 가치있는 서비스를 제공하고 있다. 구매자는 자신이 원하는 가격에 제품을 구입하고, 딜러는 자동차 판매라는 목적을 달성한다. 만일 구매자가 거래를 취소하면 어떻게 되는가? 고객이 먼저 200달러를 예약금으로 지불한 상태이기 때문에, 이 돈이 딜러에게 지급되어 그 동안의 비용을 만회해 준다.

인터넷 미래에는 판매 가능한 거의 모든 물품이 통합되고, 물품 구입을 원하는 거의 모든 소비자가 자기 요구를 수용하는 구매조

웹 사이트 ....

- Priceline.com <www.priceline.com>

직에 참여하게 될 것이다.

인터넷 상거래의 신용보증

구매자와 판매자들이 상대를 찾아 매매를 성사시키면, 판매자가 대금을 전달받고 구매자가 구입한 물건을 안전하게 전달받는 것을 보증하는 서비스를 제공하는 기업들을 찾게 될 것이다. 산 메테오의 아이에스크로우(I-Escrow)가 시티옥션과 해글 온라인(Haggle Online) 같은 경매 사이트와 제휴하여 작업하듯이, 보증회사 대부분은 비슷한 형태의 제휴를 모색할 것이다. 반면에, 다양한 경매 현장에서 자사 서비스를 광고하는 탐파의 트레이드 다이렉트(Trade Direct)처럼 전혀 다른 방식을 택하는 보증회사도 등장할 것이다.

트레이드 다이렉트는 온라인 거래에서 제3자 집배센터 역할을 한다. 구매자는 제품을 구입하기로 결정한 다음, 판매자에게 트레이드 다이렉트 서비스를 이용하겠다고 통보한다. 그런 다음 구매자는 구매 비용을 트레이드 다이렉트로 보내고, 판매자는 제품을 구매자에게 직접 보낸다. 그러면 구매자는 구입한 제품이 광고 내용과 일치하는지 이틀 동안 살펴볼 수 있다. 제품에 문제가 없으면, 트레이드 다이렉트는 구매비용을 판매자에게 보내고, 구매자는 5%의 수수료를 트레이드 다이렉트에 지불한다. 만일 제품이 애초의 설명과 다르거나 문제가 있다면 제품을 판매자에게 다시 돌려보낸다. 트레이드 다이렉트의 대표이사 토니 디폴리나는 "이 방식은 판매자가 정직하게 영업하도록 만든다"고 말한다.

인터넷 미래에는 시장의 새로운 수요가 확인되자마자 새로운 기업이 계속해서 생겨날 것이다. 온라인 경매의 경우에도, 전혀 모르는 사람들이 익명으로 거래하는 위험성이 특별한 수요를 낳았다.

한쪽에서는 제품이 생각만큼 좋기를 희망하고, 다른 한쪽에서는 구매자가 대금을 진짜로 보내길 희망하는 것이다. 여전히 새로운 사업 기회들이 확인되고 있다. 기업들이 과다 재고를 고객에게 판매할 방법을 찾아야 하기 때문이다.

가격결정의 역동성

샌프란시스코에 본사가 있는 모아이 테크놀로지스(Moai Technologies)는 기업간 전자상거래(B to B)에 필요한 기업용 응용 소프트웨어를 판매하는 기업이다. 모아이의 제품은 반도체와 컴퓨터 산업의 제조업체와 유통업자를 대상으로 한다. 이 기업의 첫번째 응용 소프트웨어는 웹 기반 재고품 경매 시스템으로서, 실시간 재고품 거래협상을 자동화하는 것이다. 이 시스템은 종이와 전화를 대신하는 극히 효율적인 대안으로 자리잡았다.

모아이는 기업들이 높은 수익성을 달성하고, 판매채널에 대한 통제권을 강화하고, 생산성을 향상시키고, 재고 비용을 절감하도록 만드는 게 자사의 목표라고 말한다. 대개의 온라인 경매 서비스와 달리, 모아이는 기업에게 기술을 제공함으로써 기업 자신이 직접 전자 경매 공간을 만들어 경매될 제품과 경매 시간, 최저 입찰가, 거래 파트너 관리 등을 통제할 수 있도록 한다.

이같은 개념은 1994년 천연가스 산업의 컨설팅 프로젝트 일부로 등장했다. 모아이의 설립자 가운데 한 사람은 당시 그 팀의 일

(웹 사이트)···

- I-Escrow <www.iescrow.com>
- Haggle Online <www.haggle.com>
- Trade Direct <www.trade-direct.com>
- Moai Technologies <www.moai.com>

원으로 참여하여, 고객이 천연가스 입찰에 참가하게 하는 시스템을 개발해서 초과용량에 대한 현물시장을 만들어 낸 경험이 있다. 그러던 중에 인터넷 상거래가 등장하자, 이 설립자는 기업체가 직접 설치하여 사이버 시장을 만들 수 있는 소프트웨어를 개발하기로 결정했다.

텐덤(Tandem)의 중역 출신으로 현재 이 기업을 이끌고 있는 앤 펄먼 여사는 앞으로 시간이 갈수록 가격 통제권이 고객에게 넘어갈 것이라고 예측하면서 이렇게 말한다.

상업적인 비즈니스 대부분은 구매자와 판매자가 서로 분리된 채 진행되어왔습니다. 또한 대부분의 거래는 단순한 직선 경로를 거칩니다. 판매자는 가격목록을 제시하며 판매 과정을 시작하고, 구매자는 제품의 가치는 어떤지, 협상된 가격이 상품 가치에 적합한지를 판단합니다.

반면에 시장은 구매자와 판매자가 함께 만나는 현장입니다. 판매자는 제품을 제시하고 구매자는 판매자와 함께 적극적으로 거래에 관여합니다. 인터넷과 브라우저는 판매자와 구매자가 서로 쉽게 만날 수 있는 가상 시장을 제공합니다. 우리는 입찰자들이 입찰가를 기준으로 검증된 '적정' 가격에 많은 제품을 구입하도록 만들어 줍니다. 이곳은 역동적인 가격 책정의 현장이며 공급과 수요가 실질적으로 결합하여 가격을 결정하는 공간이기도 합니다. 이것은 가장 높은 입찰가를 제시한 입찰자가 제품 전체를 구입하는 현실을 통해서도 증명됩니다.

우리의 경험에 비추어 볼 때, 구매자는 시장에 함께 모여서 수요를 창출합니다. 가격은 역동적으로 변하며, 고정된 가격은 판매자가 제시하는 최저 입찰가 밖에 없습니다. 동일한 제품이 많이 쌓여있기 때문에 한 입찰자가 제일 높은 입찰가를 제시하여 전량을 낙찰받지 않는 한, 입찰자들은 동일 제품을 다양한 가격에 낙찰받을 수 있습니다. 최고 입찰가를 제시해 필요한 분량만큼 낙찰받은 입찰자 입장에서 보면, 그 제품은 아주 높은 가치를 가지고 있습니다. 두번째 입찰가를 제시하여 일부를 낙찰받은 입찰자 입장에서 보면, 그 제품에 대한 수요가 그만큼 높지 않기 때문에 그보다 낮은 입찰가를 제시한 것입니다. 세번째 입찰가를 제시해서 수요를 충족시킬 수 있을 정도만 구입한 낙찰자는 다른 낙찰자들보다 더 높은 입찰가를 제시할 정도로 그 욕구가 강하지 않지만, 원하는 가격에 일부라도 구입하고 싶은 정도의 욕구는 가지고 있는 셈입니다.

우리 고객들은 오늘날 이같은 원리를 매우 실천적으로 활용하면서 과잉 재고를 판매하고 있습니다. 경매 환경은 이들이 거래 파트너에게 전화를 하고 팩스를 보내던 낡은 방식에 비해 아주 낮은 영업비로 최저 입찰가보다 약 15% 정도 높은 가격에 재고품을 판매하고, 판매 채널을 긴밀하게 유지하고, 브랜드 이미지를 향상시키는 등의 효과를 보도록 만들어 줍니다.

동시에 이들은 경매를 통해서 최고 100%의 투자비를 3개월 안에 회수할 수 있습니다. 또한 이들은 미래에 대해 충분히 생각하고 있습니다. 경매 환경이 중개업자를 몰아내는 건 아닐까? 어떻게 하면 경매 제도가 자사의 재고품은 물론 경쟁사의 재고품까지 신속하게 처리하는데 기여할 수 있을까? 재고품 일부가 아닌 모든 제품을 어떤 단계에서 경매에 붙여야 할까?

기업들은 마진이 줄어드는 것을 우려한 나머지, 구매자들이 가격을 결정하는 온라인 경매에 참여하는 걸 꺼릴 수 있다. 하지만 모아이는 온라인 경매가 판매가격을 떨어뜨리기보다는 오히려 상승시키는 경향이 있음을 발견했다. 시장을 중심으로 실수요가 창출되기 때문이다. 펄먼 여사의 말을 들어보자.

고객이 가격을 결정한다는 개념을 기업에게 설명하면, 기업 측에서는 이런 대답을 하곤 합니다. "미쳤소? 만일 우리가 고객에게 가격을 정하라고 하면 그들은 공짜로 달라고 할겁니다." 물론 일부는 그렇게 하겠지요. 하지만 전부가 그런 건 아닙니다. 기업용 소프트웨어가 좋은 사례입니다. 소프트웨어 대부분은 컴퓨터 한 대당 하나씩 '사용 허가증'과 함께 판매되고 있습니다. 기업들은 이 소프트웨어를 한 장만 구입해서 다량 복제하여 회사 전체에 유포시킬 수 있지만, 그렇게 하는 회사는 거의 없습니다. 이런 식으로 비용을 아끼는 것은 근시안적 사고에 불과하다는 것을 알기 때문입니다.

기업 고객 대부분은 정당한 가격을 기꺼이 지불하길 원합니다. 물론 상인의 마진을 모두 깎아버리려는 고객은 언제나 있기 마련입니다. 하지만 판매자와 소비자가 좋은 관계를 맺고 이를 오랫동안 지속하는 것이 서로에게 이익입니다.

고객이 상인에게 합리적인 가격을 요구하는 사례는 계속 증가하고 있습니다. 고객은 더 이상 가격표와 카탈로그에 만족하지 않고, 특정 공간에서 제품에 대한 충분한 정보를 검색하고 있으며, 판매자에게 시장에 근거한 가격을 책정하도록 요구하고 있습니다.

이런 역동성을 판매자가 장악하는 건 바람직하지 않습니다. 그보다는 일정 제품을 구입할 의사가 있는 소비자들이 일정 시간에 한 곳에 모여 시장 가격을 결정하는 편이 판매자와 구매자 사이의 균형을 유지하는데 훨씬 바람직합니다. 고객은 판매자와 일대일로 만나는 걸 원치 않습니다. 자동차 딜러와 좁은 사무실에 일대일로 앉아서 골치아픈 흥정을 벌이고 싶어하는 사람은 아무도 없습니다. 실력있는 구매자는 딜러가 자신의 몫을 모두 깎아주기 전까지는 자동차를 계약하지 않습니다. 하지만 내일 혹은 모레 다시 구입해야 한다면 어떻게 하겠습니까? 딜러가 얼마 못가서 파산한 다음에는 어떻게 하겠습니까? 무조건 가격을 깎는 건 올바른 방법이 아닙니다. 역동적인 가격 책정 방식이 열기를 더해 가는 게 당연한 일이지요.

구매자가 가격을 결정한다면 어떤 현상이 벌어질까요? 약간 다른 각도에서 살펴봅시다. 만일 소수의 판매자 집단이 밀실에 모여서 가격을 결정하면 어떻게 되겠습니까? 그건 가격 담합으로 불법입니다. 하지만 구매자들이 한곳에 모여서 희망 가격을 결정하게 되면 효율적인 시장이 형성됩니다. 구매자를 한데 모으는 일은 제품의 정당한 가격을 결정할 권한을 구매자들에게 제공합니다.

금융계가 모든 금융상품을 한 곳에 모아서 판매하듯이, 모든 유형의 제품이 한데 모인 시장이 생길 날도 그리 멀지 않았습니다. 모든 제품이 일상용품으로 간주될 때 비로소 역동적인 가격 책정이 효과를 발휘할 수 있습니다. 우리는 지금 첨단기술 산업에서 이런 현상이 일어나는 것을 보고 있습니다. 사방에서 진행되는 혁신은 제품의 차별성을 없애고 있습니다. 하드웨어 제품은 특히 더하지요. 모든 제품이 일상용품화함으로써, 제품간의 차별요인이 사라질 때, 우리 앞에는 가격과 공급만 남게 됩니다.

시장에 온갖 제품이 확산되고, 구매자가 통합되는 현상이 점증하게 되면, 공급이 제품 구입의 결정적인 요인이 됩니다. 만일 원하는 제품이 사방에 널려있다면, 고객들은 그 제품을 구입하기 위해 많은 돈을 지불하지 않을 겁니다. 하지만 고객에게 제품이 많지 않다는 확신을 심어주면, 그들의 욕구는 증대할 겁니다.

역동적인 가격 책정이라는 혁명이 임박한 상태에서, 공급은 가격 결정에서 그 어느 때보다 지대한 역할을 수행하게 될 것입니다. '제품이 얼마나 남았는가?' 가 고객의 구매 기준 가운데 하나로 자리잡을 겁니다. 이 새로운 기준은 전체 시장 판도를 좌우할 잠재력을 지니고 있습니다.

약간 다른 관점에서 좀더 살펴봅시다. 당신이 컴퓨터 회사의 제조 관리자라고 합시다. 당신 회사에 대한 거의 모든 정보를 가지고 있는 구매자 집단이 당신 회사의 제품 가격을 결정하고 있습니다. 구매자들이 묻습니다. "얼마나 만들고 있습니까?" 이 질문에 대해 "시장에서 원하는 만큼"이라는 대답을 하겠지요. 하지만 진정한 대답은 "안 만든다"는 것입니다.

고객들이 웹 경매에 익숙해지고 시장 수요에 따라 제품 가격이 책정되는 상황에서 어떤 일을 해야 하겠습니까? 훌륭한 컴퓨터 회사라면 고객이 원하는대로 제품을 만드는 방법 외에 또 다른 대안을 찾을 수 있겠습니까? 델의 사업 방식을 살펴봅시다. 이 회사에서 우리는 고객이 최종적인 권한을 가지고 기업의 생산 일정과 가격 책정을 통제하는 미래 세계를 엿볼 수 있습니다. 델의 모든 활동은 고객의 요구에 의해 지배받고 있습니다.

지금 우리는 완전히 색다른 시대로 접어들고 있습니다. 고객의 목소리가 기업 내부로 깊숙히 파고드는 시대가 이제 막 열리고 있습니다.

자동 흥정 시스템
인터넷 미래에는 소비자들이 직접 가격을 흥정하는 일로 머리를 쓸 필요조차 없을 것이다. 자동 쇼핑 에이전트가 쇼핑 가격을 비교할 뿐 아니라 몇몇 경우에는 네티즌 소비자를 위해 가격 협상을 대신할 것이기 때문이다. MIT 미디어 연구소의 카스바흐 프로젝트는 사용자들이 인식기능을 갖춘 에이전트(intelligent agent)를 만들고 이 에이전트가 잠재적인 구매자나 판매자를 찾아내고 사용자가 정해준 전략에 따라 흥정을 진행하도록 구성되어 있다.

카스바흐는 증권시장과 흡사한 방식으로 기능한다. 가령 당신이 책 한권을 팔려고 한다고 가정해 보자. 당신은 카스바흐 에이전트에게 원하는 판매가격과 함께 당신이 수용할 수 있는 최저가격을 입력시킨다. 이때 수신용 테이프가 현재의 문의와 입찰 현황, 그리고 동일한 유형의 제품이 가장 최근에 팔린 가격을 알려주어 판매가격을 결정하는데 도움을 준다. 당신은 또한 에이전트에게 판매 전략을 지시할 수도 있다. 당신은 가격을 깎으려는 구매자의 시도에 최대한 저항하도록, 혹은 비록 가격이 떨어지더라도 최대한 신속하게 판매하도록 지시할 수도 있다.

일단 당신에게 개괄적인 내용을 입력받은 에이전트는 시장으로 나가서 당신의 책에 대해 관심을 기울이는 모든 에이전트와 협상을 시작한다. 그래서 두 에이전트가 가격에 합의하면, 각 에이전트는 사용자에게 그 사실을 통보하고, 사용자는 그 협상을 받아들이거나 거부할 수 있다. 가격 한도나 판매 전략은 언제든지 수정될 수 있다. 한 카스바흐 실험에서는, 실험 자체가 거의 끝나갈 즈음에 아무런 소득도 올리지 못할까 염려한 판매자들이 에이전트에게 가격을 재빨리 떨어뜨리라고 지시한 일도 있었다. 싼 가격에라도 판매하는 편이 하나도 못파는 편보다 좋기 때문이었다.

지금 당장으로서는, 카스바흐는 사이버 시장의 협상 방식을 보여주는 시뮬레이션에 불과하다. 그러나, 이 프로젝트는 인터넷에서 자동화된 가격 협상이 이미 시험되고 있음을 보여준다.

정찰제의 사멸 : 원인인가 결과인가?

"인터넷 미래에서 정찰제의 사멸은 원인인가 결과인가?"라는 질문은 답변하기 어려운 문제라 할 수 있다. 그 의미를 생각해 보라.

- 실시간 제조가 이루어진다. 앞에서 언급했듯이, 공급업자와 유통업자가 진행 과정의 일부로 되면서 제조업자는 소비자의 요구에 즉시 반응할 수 있게 된다. 제조업자는 실수요가 파악될 때까지 제품 유통을 지연할 수 있을 것이다. 그리고 이 실수요의 본질은 시장조사 결과가 아니라 돈을 내는 인물, 실제로 제품을 주문하는 인물이다.
- 소비자들이 인터넷에서 제품을 직접 구매하는 형태가 많아지면서 영업사원의 필요성이 줄어들 것이다.
- 모든 소비자들이 어떤 제품이든 그 순간에 가장 저렴한 가격(배달비용을 포함하여)에 구입할 수 있게 되면서 모든 주요 상품은 일상용품이 될 것이다.
- 가격이 순간적으로 변한다. 소비자들이 입찰가를 제시하고 판매자가 그 가격을 받아들이면 거래가 성사된다. 제조업자는 유연한 가격 모델을 도입하게 된다.
- 새로운 중개업자는 구매자들을 연합하여 그 막강한 구매력을 활용하며 가격을 낮추려고 할 것이다.
- 시장조사는 경쟁사보다는 고객이 서로 경쟁하는 상황에 더 포커

스를 두고 진행될 것이다.

- 인터넷 미래에는 가격을 기준으로 총수입을 예상하기가 점점 어려워질 것이다.

기업의 운명 : 경쟁과 역전

많은 성인들은 어린 시절에 하던 등 짚고 넘기 놀이를 기억할 수 있을 것이다. 한 아이가 두 손을 무릎에 대고 엎드리면 그 뒤에 있던 아이가 그것을 뛰어넘은 다음 두 손을 무릎에 댄 채 엎드리고, 이번에는 먼저 엎드렸던 아이가 일어나 뒤에서 그 위를 뛰어넘는 방식으로 진행되는 놀이이다. 이 놀이는 별다른 특징이 없어 보이지만, 뒤에 있던 아이가 앞으로 가고, 앞에 있던 아이가 뒤에 있게 되는 방식이 정말 독특하다. 인터넷 미래에는 새로운 비즈니스 모델과 인간의 역동성이 충돌하면서, 많은 기업이 한 번은 엎드렸다가 다음 번에는 그 위를 뛰어넘는 새로운 유형의 등 짚고 넘기를 시작할 것이다.

등 짚고 넘기 현상은 인터넷 미래의 많은 기업이 일상용품 혹은 서비스 품목을 훌륭한 제품으로 전환시킬 수 있도록 만들어 줄 것이다. 인터넷 검색엔진 사업이 좋은 사례이다 웹 사용자가 정보를 찾을 때마다 의존하는 검색엔진은 정보의 세계로 통하는 출발점이자 대문으로 급속히 부상했다. 많은 사람들이 검색엔진에 의존하는 현실에서, 인터넷을 항해하는 사람 대부분은 주요 검색엔진 기업 가운데 한 곳 즉, 야후나 인포시크, 익사이트, 라이코스 등을 지나갈 수밖에 없다. 사용자들의 즐겨찾기(북마크) 목록에는 이런 검

〔웹 사이트〕 ···

- GoTo.com <www.goto.com>

색엔진이 필수적인 사이트로 자리잡기도 한다. 이 회사들은 이같은 현상을 활용하여 웹을 항해하는 사람들을 대상으로 광고하길 원하는 기업들에게 방대한 분량의 광고를 판매하고 있다.

아이디어랩은 GoTo.com을 개설하여 검색엔진 사업을 약간 변화시켰다. 이 검색엔진은 다른 엔진과 비슷하게 작동하지만, '눈에 띌' 권리를 낙찰받은 광고주들이 검색 결과로 등장한다는 점이 다르다. 이들의 논리는 만일 광고주가 자사 제품이나 서비스 정보를 제일 먼저 화면에 띄우기 위해 기꺼이 비용을 지불한다면, 그래서 사용자 화면에 광고가 한번 뜰 때마다 비용을 지불한다면, 그 정보는 검색을 실시한 사용자에게 가장 필요한 정보일 가능성이 크다는 것이다. 그래서 사용자가 특정 단어를 검색한 결과로 특정 기업이 나타날 때마다, 광고주는 10센트를 지불한다. GoTo.com은 검색 서비스(일상용품)를 '상품'으로 전환시켜 많은 이익을 올리고 있는 것이다.

정찰제가 사라진 자리에 유연한 가격 정책이 자리잡는 충격을 극복한 기업은 인터넷 미래에 어울리는 계획을 세우기 시작할 것이다. '디지털 근로자'와 '정보를 전면 공개하는 경영'에 힘입어, 기업은 가격 변동을 고객 수요를 측정하는 척도로 활용하기 시작할 것이다. 인터넷 미래에는 모든 요소가 서로에게 영향을 미친다. 실시간 가격 변동은 기업이 내부와 외부의 자원을 동원하여 시장이 원할 때 시장이 원하는 제품을 만들어 내도록 할 것이다.

제5장

모든 기업활동이 고객 데이터로부터 시작된다

인터넷 미래에는 고객의 니즈에 관한 정보가 실시간으로 끝없이 축적될 수 있다. 전자상거래 혁명이 임박한 상황에서, 고객 정보 획득 능력이 강화될수록, 획득된 정보를 효과적으로 활용해야할 필요성도 증대될 것이다. 그리고 끝없이 유입되는 새로운 정보를 따라잡기 위해 이 과정들은 신속히 이루어질 것이다.

더욱 풍부해진 정보와 정교한 정보 활용기술의 조화로운 발전으로 인해, 고객은 원하는 시기에 원하는 방식으로 원하는 제품을 살 수 있는 새롭고 전례없는 힘을 갖게 될 것이다. 기업들 역시 고객이 미처 자각하기도 전에 고객의 필요와 욕구를 미리 충족시키는 새로운 능력을 갖추게 될 것이다.

기업들은 지금까지 많은 고객 정보를 수집해왔지만, 특정 고객에게 포커스를 맞추어 모든 정보를 효율적으로 통합하는 데는 미숙했다. 비록 마케팅 담당 임원이 '고객에게 포커스를 맞춘 계획'을 세웠다하더라도, 기업 정보 대부분은 개별 고객이 아니라 제품과 서비스 혹은 기능을 중심으로 조직되었다.

기업은 한 고객에 대해 많은 정보를 가질 수 있다. 하지만 그 가운데 일부는 상담센터 데이터베이스에 있고, 또 다른 일부는 청구서 발송 데이터베이스에 있고, 또 다른 일부는 이동 중인 어느 공간 혹은 회사 내부의 웹 서버에 담겨있을 수 있다. 그리고 제품을 중심으로 여러 개의 부서를 조직한 경우에는 동일한 유형의 정보가 다양한 데이터베이스에 담겨있을 가능성도 있다. 그러나 인터넷 미래에는 고객 중심이라는 개념 자체가 전면적으로 재규정될 것이다.

고객은 인터넷에 그림자를 남긴다

대부분의 쌍방향 컴퓨터 게임들은 이용자가 게임에서 자신을 대신할 사이버 인물을 선택하도록 만든다. 인터넷 미래에도 이와 비슷한 방식으로 사용자(보다 정확히 표현하자면 사용자의 행위)를 대신하는 전자 인물이 창조되어 가상공간에 등장할 것이다. 사이버 인물은 완전한 가공이라기보다는 사용자의 행위를 기초로 창조된 사용자의 분신이다. 사용자 자신에겐 보이지 않는 사용자의 또 다른 분신은 기업에게 충분한 전자적 '정보'를 제공함으로써 개별 고객을 타겟으로 그들의 구체적인 니즈와 욕구에 부응하는 서비스를 할 수 있도록 만들어줄 것이다. 나는 이런 보이지 않은 가상 인격을 '당신의 그림자'라고 부른다.

기업들은 개인 행동의 핵심을 포착하여 그 사람이 당연히 관심을 갖게 될 제품과 서비스, 그리고 그 밖의 모든 것들을 재창조하게 될 것이다. 특정 집단 참여 여부나 인구통계학상의 위치보다는, 개인 행위를 재창조하고 예상하는데 포커스를 맞춘 '당신의 그림자'가 앞으로는 판매자와 마케터의 타겟이 될 것이다.

개인의 컴퓨터에 약간의 정보를 입력하여 그 사람이 지금 웹 사이트 어디에 있는가를 포착하는 '쿠키' 기술은 인터넷 사용이 증가하면서 보편적으로 사용되기 시작했다. 비록 대부분의 인터넷 사용자들이 이같은 추적을 전혀 눈치채지 못하거나 관심을 기울이지 않지만, 원한다면 이 쿠키를 '거부'하거나 혹은 자신의 컴퓨터에서 'cookies'라는 단어를 검색하여 추적자의 정체를 쉽게 파악할 수 있다. 이 기술은 미래 인터넷 환경에서 나타날 모습을 보여주는 전조이다. 지금 현재, 기업들은 데이터마이닝(datamining)과 공동 필터링(collaborative filtering), 온라인 분석 처리(online analytical processing), 신경 네트워크(neural network) 등과 같은 이름의 고객 분석 기법을 이미 채택하고 있다.

이런 기술들은 고객이나 기업에게 미래의 행동을 추천해주는 시스템이다. 초창기 사례 가운데 하나는 파이어플라이(Firefly)라는 시스템인데, 이 시스템은 음반 구입 고객을 같은 음반을 구입한 다른 많은 사람과 비교했다. 특정 음반을 구입한 사람들이 그 외에 무엇을 선호했는가를 근거로 목표 고객의 또 다른 구매를 추천한 것이다. 이러한 방식은 '내 친구의 친구 또한 내 친구이다'는 논리와 같은 맥락을 갖고 있다.

많은 기업이 자사 고객에 대해 여러 유형의 정보를 축적한 상태이기 때문에, 최근에는 이 자료를 조직하여 방대한 데이터 저장고로 만드는 일에 관심이 집중되고 있다. 기업들은 지금 인터넷을 활용하여 개인 및 그룹 차원의 정보를 실시간으로 수집, 통합, 분류한다.

이같이 신속한 피드백은 마케팅 담당자들이 전략적으로 가장 적절한 시기에 광고를 집행할 수 있게 해주며, 다른 유사한 고객들의 선례를 기초로 특정 고객의 구매 습관을 예측할 수 있게 해줄 것이다. 그리고 새로운 기술에 힘입어 과거 그 어느 때보다 많은 사람에게 그 정보가 전달될 것이다.

고객 행위를 데이터로 활용하는 과정

1. 데이터를 수집한다.
2. 상점별·품목별 판매 등을 기준으로 정보 체계를 만들고 데이터 웨어하우스를 구축한다.
3. 고객 정보를 통합한다.
4. 고객 개인의 정보를 통합한다.
5. 영업 및 마케팅 담당자에게 예상 자료를 실시간으로 보낸다.
6. 고객 정보와 제품 정보를 정보 시스템에 연결한다.
7. 습관과 구매 패턴, 제품 공급, 가격 책정을 예측한다.
8. 거래 중에 고객에게 추천한다.
9. 거래에 앞서서 고객에게 추천한다.

인터넷 미래에는, 고객 정보가 기업의 정보 시스템에 포착된 후 경영진으로 전달되는 데 필요한 시간이 엄청나게 단축될 것이다. 또한 실시간 피드백의 역동성으로 인해 고객, 정보 시스템, 경영진의 3자간 상호작용이 거의 동시적으로 이루어질 것이다.

기업이 다양한 데이터를 수집하고 처리할 수 있게 됨으로써, 인터넷 미래의 고객은 단지 제품을 구매하여 수익을 가져다 주는 존재 이상의 가치를 갖게 될 것이다. 현재 고객의 데이터는 아직 기업의 시야에 잡히지 않은 다른 고객을 대상으로 미래의 판매를 성사시키도록 도움을 줄 것이다.

이러한 모든 데이터베이스로부터 입수된 정보는 기업이 어떤 제품을 생산하고 어떻게 광고할 것인가를 결정하는 중요한 기준으로 자리잡을 것이다. 데이터마이닝과 공동 필터링 그리고 예측 모델 설정 등의 기술은 앞으로 고객의 행위와 욕구를 예측하는 과정을 전면적으로 바꿀 것이다.

새로운 시장접근법

컴퓨터에 입력된 데이터를 활용하여 예상 고객과 구매 패턴을 파악하는 작업은 수년 전부터 진행돼 왔다. 하지만 '데이터마이닝' 은 전통적인 방식과 세 가지 중요한 차이점을 갖고 있다.

1. '데이터마이닝'은 데이터 검색방법이 좀더 포괄적이다. 전통적 방식에서는 명확하게 규정된 일련의 가정과 조건을 근거로 데이터베이스를 검색했다. 전형적인 질문 방식은 "전자 제품을 많이 구입하는 층이 캘리포니아 주민인가, 뉴욕 주민인가?" 하는 식이었다.

   반면에 데이터마이닝의 질문은 "전자 제품을 구입하는 소비자의 특징 가운데에서 미래의 구매를 예측할 수 있게 하는 것 몇 가지를 제시하라"는 식이다. 기존 방식은 과거의 데이터를 기초로 가정을 세우지만, 새로운 접근법은 과거와 현재의 정보를 바탕으로 분석할 뿐, 데이터에 대한 아무런 제약이 없다.

   유연한 접근법을 취함으로써 전혀 예상치 못한 연계성을 밝혀내고 고객에게 접근할 새로운 방법을 발견할 수 있다. 전자제품 소비자를 예로 들면, 데이터마이닝을 실시하는 사람은 10대 소년의 부모가 스테레오 장비를 구입할 가능성이 많다는 사실을

데이터마이닝 전문용어

고객을 자료로 활용하는 방식	효용성	전형적인 질문
예측모델 (Predictive Modeling)	모든 거래를 일일이 실시간으로 비교하여 이후에 예상되는 거래를 추천한다	"저희는 귀하의 구매 습관을 알고 있습니다. 저희가 포드 무스탕을 추천해도 괜찮겠습니까?"
공동 필터링 (Collaborative filtering)	개인의 행동을 다른 소비자의 유사한 행동과 비교하고, 다른 소비자들의 행동을 근거로 개인에게 추천한다	"저희는 귀하 같은 분이 무엇을 구입하는지 알고 있습니다. 저희가 포드 무스탕을 추천해도 괜찮겠습니까?"
온라인 분석 처리 (Online analytical processing : OLAP)	자료 분석기는 매우 구조적인 질문을 사용해서 특정 자료를 비교한다. 결과는 질문의 구조가 어떤가에 따라 다르다	"우리가 가격 구조를 바꾼 이래 중서부 지역 주민들과 캘리포니아 주민들 가운데에서 어느 쪽이 자동차를 더 많이 구입하는가?"
데이터마이닝 (Datamining)	포괄적인 질문과 정교한 연산 방식을 사용해서 데이터의 패턴을 파악한 다음, 이 패턴에 근거해서 고객의 습관을 예측한다.	"자동차 구입을 결정할 때 가장 중요한 요인은 무엇인가?"
의사결정 지원 시스템 (Decision-support systems)	특정 변수에 변화가 일어난다는 가설에 근거한 가상 시나리오를 만들도록 한다	"만일 우리가 가격 구조를 바꾼다면 중서부 지역의 판매에 어떤 변화가 일어나겠는가?"
경영진 정보 시스템 (Executive information system)	자료를 기업 내부에서 요약하여 현재 진행중인 거래에 대해 경영진에게 매우 상세하게 보고하는 전통적 기법.	"지난 3개월 동안 우리는 중서부 지역에 자동차를 몇 대나 판매했는가?"

발견할 수 있다. 그리고 그 요인이 미래의 구매를 예상하는데 있어 소비자의 거주 지역보다 중요한지 아닌지도 밝혀낼 수 있다.

데이터마이닝은 구매 결정에서 계절적인 요인이 부모의 지위나 지역보다 더 중요한 요인일 수 있음을, 혹은 계절적인 요인이 뉴욕에서는 중요하지만 캘리포니아에서는 그렇지 않음을 입증할 수도 있다. 이같은 지식은 기업이 가장 가능성이 높은 고객을 타겟으로 고도로 집중화된 마케팅을 수행할 수 있게 만든다.

데이터마이닝을 통해 전혀 예상하지 못했던 연계성을 파악하게 되면 새로운 제품이나 서비스 혹은 시장을 발견하고 개발하는 데 많은 도움을 받을 수 있다. 그것들 중 몇몇은 데이터마이닝을 하지 않았더라면 간과되었을 사항들이다.

- 한 법률 서비스 회사가 인포시크(Infoseek)의 클릭시크(Click-seek) 서비스에 광고를 게재하여 새로운 시장영역을 개척하기로 결정했다. 클릭시크 서비스는 데이터마이닝 기법을 사용해서 게재된 광고에 반응을 보낸 사람들의 프로필을 파악하여 목표 고객을 실시간으로 조정했다. 독신 어머니 등 특정 고객층에 포커스를 맞추어, 설정된 주제어를 클릭한 사람에게만 광고를 전송한 결과, 광고에 클릭하는 반응률이 7%에서 10%로 향상되었다.
- 유에스 웨스트 커뮤니케이션(US West Communications)은 데이터마이닝을 통해, 고객들이 기존의 통신회사와 계속 거래하는 이유가 저렴한 가격만은 아니라는 사실을 발견했다. 이 회사는 가격과는 무관한 인센티브를 제공해서, 고객 이탈율을 45% 정도 줄일 수 있었다.

2. 데이터마이닝은 인터넷 미래의 네티즌 근로자들이 이용하기 더

<u>웹 사이트</u> ┄┄┄

US West <www.uswest.com>

욱 적합하도록 발전되어, 기업 내부에서 점점 더 많은 지식 근로
자들에 의해 활용되고 있다. 데이터베이스에 포괄적으로 접근하
는 이 방법은 분석·통계 기술이 크게 요구되지 않기 때문에, 최
일선에서 고객의 구매 결정을 유도하는 직원과 어떤 정보가 필
요한지를 가장 잘 이해하는 직원들이 비교적 쉽게 검색할 수 있
다. 기업 인트라넷과 패스워드를 통해 접속한 임원들은 "중서부
지역 주민들이 자동차를 구입할 때 영향받는 요인들을 제시하
라"는 등의 직설적인 질문을 던질 수만 있으면 인터넷 미래에서
제 역할을 할 수 있다. 인터넷 그 자체처럼, 이 기술은 많은 정보
를 필요로 하는 사람들에게 정보수집 능력을 제공할 수 있다.

　뱅크 오브 아메리카는 정보를 널리 유통시키는 능력을 가지고
있다. 그래서 이 회사는 각 부서에서 구체적으로 활용할 수 있는
고객 지향의 소프트웨어를 설치함으로써, 많은 직원들이 쉽게

데이터 검색

전통적인 자료 분석 방법	데이터마이닝
5명~50명 정도의 핵심 분석가들이 실시한다	50명~1,000명 정도의 최종 사용자들이 실시한다
정보 신청에 포커스를 맞춘다	정보 내용에 포커스를 맞춘다
정보가 있는 곳을 아는 사람들이 실시한다	정보가 있는 곳을 모르는 사람들이 실시한다
특별한 질문을 사용한다	표준 질문과 예외적인 질문을 사용한다
하루에 1~4시간이 소요된다	일주일에 1시간 이하가 소요된다
정보 공급자가 실시한다	정보 소비자가 실시한다
분석 방법을 이해한 사람들이 실시한다	비즈니스를 이해한 사람들이 실시한다
분석가들이 수집한 정보에 의존한다	사용자들에게 정보를 제공할 수 있다
시기에 맞지 않는 오래된 정보를 근거로 예측한다	현재의 정보를 근거로 예측한다
특정 기간에 한정된 고객의 행위를 제시한다	현재 진행중인 고객의 행위를 제시한다

데이터마이닝 작업을 처리할 수 있게 했다. 현장에서 근무하는 대출 담당자들은 대출을 하기 전에 정보를 입력하여 대출 신청자에 대한 최신 자료(신용거래 사례, 위험 요인, 채무와 수입의 비율, 이자율 등)를 열람함으로써 대출 신청을 훨씬 신속하게 처리할 수 있게 될 것이다.

머크-메드코는 위장병 치료제를 대체하게 만든 검색 방식을 현재는 약 400여 명의 분석가들만 사용하고 있을 뿐이지만, 결국에는 모든 판매자들이 사용하게 되어 그와 유사한 비용 절감 효과를 거두리라고 기대한다.

3. 최첨단의 데이터마이닝 기법은 방대한 신경 네트워크에 의존하는데, 이것은 본질적으로 인간의 심리구조를 모방한 기술이다. 기업은, 실시간으로 고객 정보를 분석할 수 있다. 일련의 처리 과정을 자동화함으로써, 신경 네트워크는 소비자 구매 정보를 계속적으로 갱신할 수 있다. 기업은 스냅사진처럼 정지된 한 시점의 행위가 아니라 영화처럼 진행중인 행위를 통해 고객을 파악하게 된다.

실시간 피드백은 이처럼 인터넷 미래의 마케팅에서 중요한 의미를 내포하고 있다. 기술자들이 컴퓨터 네트워크를 항상 감독할 수 있듯이, 인터넷 미래의 마케팅 담당자들 역시 자신의 전략을 실시간으로 조정할 수 있게 될 것이다.

예전에 기업이 DM을 보낼 때, 전체 발송에는 상당한 비용이 들었다. 그래서 기업은 그 비용을 절감하기 위해 그 일부만 먼저 시범적으로 보내는 방법을 사용했다. 하지만 그 결과를 보고 나머지에게 우편물을 보낼 것인지 여부를 결정하는 데는 시간이 그만큼 더 필요했다. 인터넷이 널리 사용되는 지금, 기업은 효과가 있는 광고와 그렇지 않은 광고를 신속히 판단함으로써, 광고 내용을 즉시 조정할 수 있다. 예를 들어, 뉴럴 어플리케이션(Neural Applications Corp.)이 소유하고 있는 스톡포인트(Stockpoint)는 신경 네트워크 기술을 사용해서 실시간 주식시장 자료는 물론 고객행위를 근거로 작성된 광고 메시지까지 전달하려고 한다.

한 광고업체가 자사의 소프트웨어가 전달하는 두 개의 서로 다른 광고를 스톡포인트 전역에 돌리고 있다고 가정해 보자. 이 시스템은 각각의 광고가 하루의 특정 시간에 그리고 특정 위치에서 어떤 반응을 불러일으키는지 추적한다. 만일 A광고가 월요일부터 금요일까지, 오전 10시에서 오후 2시 사이에 효과적인 반면 주말에는 효과가 떨어진다면, 이 시스템은 평일에 A광고를 더 자주 게재하고 주말에는 B광고를 더 많이 게재해야 한다는 사실을 알려 줄 것이다. 그리고 만일 A광고가 스톡포인트의 가격차트 페이지보다 홈페이지에서 더 많은 사용자를 흡인한다면, 시스템은 홈페이지에 더 많은 광고를 보내게 될 것이다. 그리고 만일 B광고가 주가차트와 연례 보고서를 보려는 사용자의 관심을 끈다면, 이 소프트웨어는 그같은 행위 패턴과 일치하는 새로운 방문객에게, 쉽게 말해서 광고에 반응할 가능성이 가장 많은 고객에게 자동으로 B광고를 보내기 시작할 것이다.

이와 같은 실시간 추천 시스템의 활용은 고객을 데이터로 간주하는 사고와 관련해서 많은 시사점을 갖는다. 신경 네트워크는 데이터베이스를 늘 갱신 하면서 고객 행위 예측 모델을 자동으로 만들어내는 한편, 수시로 업데이트되는 각 정보를 근거로 즉각적인 피드백을 보내줄 수 있다. 이 때문에 기업은 고객에게 적절하고 신속하며 쌍방향적인 반응을 보낼 수 있게 된다. 더욱이 기업은 출시 이전의 행동에도 이를 적용할 수 있다. 고객에게 포커스를 맞춘 기업이 이러한 능력을 유연한 가격책정 능력과 접목시킬 때, 비즈니스 모델은 180도 바뀌게 된다(180도 효과). 조직이 실시간으로 제품을 창조하고 변화시킬 태세를 갖출 때 고객 행위가 비즈니스 전반을 주도하기 시작한다.

고객 행위를 데이터로 활용하는 마케팅

고객 행위에 대한 신속한 반응은 인터넷 미래에서 판매와 고객 서비스가 통합된다는 것을 의미한다. 이것은 또한 디지털 기업이 '분배 마케팅(Distributed Marketing)', '선점 마케팅(Preemptive Marketing)', '대화 마케팅(Dialogue Marketing)'이라고 정의될 수 있는 새롭고 역동적인 마케팅 기법들의 장점을 활용할 수 있다는 것을 의미한다. 이 3가지 마케팅 기법은 즉각적인 반응과 서비스를 원하는 쌍방향적인 개인의 욕구에 의해서 그리고 고도로 개별화된 정보와 제품·서비스에 대한 니즈에 의해서 추진될 것이다.

분배 마케팅(Distributed Marketing)
초콜릿은 충동구매의 가장 전형적인 제품이다. 소비자가 자제력을 발휘할 때 그 충동은 거부될 수 있다. 거다이버 초콜릿 회사는 이 사실을 어버이날의 웹 광고 제작에 반영하기로 결정했다. 그들

〔웹 사이트〕 ....

- Stockpoint <www.stockpoint.com>

은 '분배 마케팅' 기법을 도입하여, 웹 페이지에 부착한 배너 광고를 판매 정보를 기록하는 터미널과 데이터 수집 에이전시로 만들었다.

거다이버사는 어머니에 대한 미안한 마음을 유발시켜 관심을 끌면서, 고객이 거다이버 선물세트 2종류 중 하나를 선택하여 선물로 보낼 수 있는 쌍방향 광고를 개발했다. 일단 초콜릿 세트 하나가 선택되면, 광고는 고객이 신용카드 번호와 배달 주소를 입력하도록 요청한다. 이 시스템은 구매 패턴에 대한 정보를 축적함과 동시에 그 정보를 거다이버의 기존 시스템에 곧바로 입력시킨다. 이 모든 기능이 광고 그 자체 내에서 수행된다. 그러나 만일 고객이 거다이버 사이트로 가서 구매하는 편을 선호한다면, 고객을 거다이버 사이트로 연결시켜 준다. AT&T와 시티뱅크 역시 월탐(Waltham)의 나레이티브(Narrative) 통신회사가 개발한 동일한 기술을 사용하여 판매를 확대하고 있으며, L.L. 빈과 에디 바우어(Eddie Bauer)는 이 기술을 카탈로그 판촉에 활용하고 있다.

분배 마케팅은 구매 사이클을 극적으로 단축시킬 수 있다. 이 기법은 고객의 관심을 구매 결정 및 구체적인 거래로 신속하게 이끌 수 있다. 배너 광고는 잡화점 계산대 선반과 비슷한 역할을 한다. 이왕 지갑을 꺼낸 소비자가 자신의 시선을 사로잡은 잡지를 순간적으로 계산대 위에 올려놓게 되는 식이다.

게다가 이런 광고는 당신의 어머니를 행복하게 만들어 줄 수 있지 않은가!

선점 마케팅(Preemptive marketing)
만일 분배 마케팅이 기업과 소비자의 즉각적 상호작용을 만든다면, 선점 마케팅은 그 과정을 눈에 보이지 않도록 만들어 준다. 기업들이 예측 모델을 활용해서 고객 개인의 거래나 행위 패턴(당신의 그림자)을 다른 모든 경우와 비교할 수 있기 때문에, 고객이 어떤 행위를 시작하기도 전에 상호작용이 발생할 수 있다. 예측 모델과 고객 프로필을 근거로 통계 도구가 작동하기 때문에 고객이 미처 인식하기도 전에 개별 고객의 관심사를 파악할 수 있는 것이다.

가령 전자상거래 회사가 기존 고객에게 전자우편 광고로 마케팅을 실시하려한다고 가정해 보자. 데이터마이닝 서버는 고객 개인의 자료와 컴퓨터 모델을 비교해서 그 고객의 미래 행위를 예측하고, 이를 근거로 적절한 내용을 자동으로 제안하게 된다. 컴퓨터가 어떤 정보를 검색하는가는 고객을 예상 통계 모델과 어떻게 비교하느냐에 따라 달라진다.

이 모델에는 인구통계학적인 자료와 은행 계좌의 내용은 물론 비즈니스 관심사도 포함될 수 있다. 예를 들어, 고객의 평생 가치를 신속하게 예측하여 기업에게 제공할 수도 있다. '높은 평생 가치'와 일치된 성향을 보인 고객은 장기 서비스 계약 등과 같은 제안을 받을 수 있다. 그렇지 않은 고객은 좀더 고급스러운 서비스를 제안받을 수 있다.

추천 시스템은 봄에 정원용 가구를 구입한 고객이 나음에 원예 장비 세트보다는 잔디깎기 기계를 구입할 가능성이 많다는 사실을 제시할 수 있다. 그러면 소매업자는 잔디깎기 기계 판매를 위한 마케팅 캠페인을 계획하여 정원용 가구 구매자에게 전자우편을 보낼 수 있을 것이다. 그리고 추천 시스템은 각각의 거래를 통해서 정보

웹 사이트

- Narrative Communications <www.narrative.com>

를 축적하기 때문에, 컴퓨터는 전자우편을 통해서 창출된 고객의 구매행위를 파악하고 '당신의 그림자'에 추가된 내용을 근거로 미래 예측을 보다 정교하게 수행할 것이다.

예를 들어, 잔디깎기 기계 광고에 반응을 보인 고객이 씨앗에도 관심을 갖는다는 사실을 컴퓨터가 발견한다면, 이 정보는 중요하게 다루어질 것이다. 모든 과정은 전자적 방식으로 수행되기 때문에, 광고 내용이 신속하게 수정되어 씨앗 판매를 촉진시킬 수도 있다.

선점 마케팅은 휴대폰 시장처럼 고객 기반이 극히 유동적이거나 혹은 기업들이 시장 점유율 전쟁을 벌이고 있는 산업 분야에서 특히 중요해지고 있다. 만일 경쟁사가 당신의 고객을 가로채려고 할 경우, 당신은 고객이 거래처를 바꿀만한 빌미를 제공해서는 안된다. 만일 당신이 고객과 다각도로 접촉한 정보를 활용하여 고객의 미래 니즈를 예측할 수 있다면, 당신은 현재의 판매에 성공할 뿐 아니라 미래의 판매에서도 유리한 입지를 갖게 될 것이다.

대화 마케팅(Dialogue maketing)

실시간 상호작용은 고객과 기업 사이에 그 어느 때보다 신속한 교감이 오간다는 것을 의미한다. 특정 개인이 어떤 행동을, 가령 웹에 있는 배너 광고를 클릭한다고 가정해 보자. 그러면 기업은 그 고객의 클릭에 즉각적인 반응을 보냄으로써 고객이 다음 단계의 행동을 하도록 유도할 것이다. 뒤따른 고객의 행위는 또다시 기업의 반응을 이끌어 낼 것이다. 신경 네트워크의 활용으로 구매자와 판매자 사이의 대화는 실시간으로 진행될 수 있다. 게다가, 이 대화는 두 당사자 사이의 실시간 상호작용은 물론 과거와 현재의 수많은 다른 고객들과의 상호작용에 기초를 두고 진행될 수도 있다.

다른 많은 신설 인터넷 기업들과는 달리, 싱킹미디어(Thinking Media)는 1990년대 후반 회사를 시작하면서부터 흑자를 보았다. 지금 현재 이 회사의 엑티브애드(ActiveAds) 서비스를 사용하는 기업들은 IBM, 반스앤노블(BarnesandNoble.com), 홈네트워크 (@Home Network), 탠쿼어레이(Tanqueray), 시디나우, CMP 출판사 등이다. 관리 담당 이사 오웹 데이비스가 설명한 바에 의하면, 성공의 비밀은 회사와 고객 사이의 상호작용에, 그리고 모든 '고객의 그림자'를 통합한 결과가 축적된 데이터베이스에 숨어있다. 그는 이렇게 말한다.

쌍방향 광고를 개발하면서, 우리는 판매 선두가 되는 데 필요한 비용을 측정할 수 있기를 희망했습니다. 동시에, 우리는 상호작용의 결과로 얻은 고객 행위에 관한 정보를 축적해서 앞으로 모든 상호작용을 좀더 개별 고객에게 적합하도록 만드는데 활용하기를 원했습니다. 우리는 광고를 전달하면서 사용자의 컴퓨터에 매우 작은 자바 응용 프로그램을 보내는 기술을 개발했습니다. 이 응용 프로그램은 중앙 데이터베이스에 정보를 돌려보내 다음 번에 고객의 컴퓨터에 어떤 정보를 보내야 할지, 오디오 프로그램이나 제품 설명, 혹은 주문 정보나 신용카드 정보에 관한 서류 가운데에서 어떤 것을 보내야 할지 알려줍니다. 고객과 기업 사이의 대화에서 발생하는 모든 정보는 실시간으로 포착되고 분석되기 때문에, 기업은 광고 캠페인의 효과를 정확히 측정할 수 있습니다.
게다가, 바로 그 정보가 데이터베이스에 입력되기 때문에 그 고객이

웹 사이트 ∙∙
- Thinking Media <www.thethinkingmedia.com>

다시 방문하면 전에 열람하고 실행했던 기록이 등장하게 됩니다. 그래서 앞으로는 이들이 과거에 행동했던 방식을 근거로 그 인물에 대해 좀더 정확하게 파악한 내용의 광고를 전달하게 됩니다. 예를 들어, 컴퓨터 회사는 검색엔진에서 키워드단위의 광고를 구입하여, 그 단어를 검색하는 사람에게 광고 내용을 전달하게 됩니다. 가령, 키워드가 '랩탑'이라고 합시다. 검색결과와 함께 등장한 광고에는 이미 '랩탑'이라는 단어가 들어있을 것이기 때문에, 고객은 그 단어를 클릭하기만 하면 그 제조업체의 카탈로그에 들어있는 랩탑 컴퓨터의 목록을 살펴볼 수 있습니다.

혹은 포도주 소매업자의 고객이 음식 기호를 묻는 일련의 질문에 응답했다고 가정해 봅시다. 이때 고객의 취향에 맞는 제품이 추천됩니다. 고객이 생선 대신 스테이크를 선택했다면, 소매업자는 품질 좋은 브로고뉴산 포도주를 제안하고, 만일 생선을 선택했다면 소비뇽 백 포도주를 제안하는 식이지요. 만일 고객이 다음에 다시 광고를 보게 되면, 소매업체는 그 고객에게 브로고뉴산 포도주나 카베르네가 필요하냐고 물어볼 수도 있습니다.

그리고 이런 행위 정보가 우리 데이터베이스 안에 집적되기 때문에, 광고주는 매우 효과가 높은 광고를 할 수 있습니다. 예를 들어, 반스 앤노블은 자사의 배너광고를 통한 인터넷 서적 주문 내역을 근거로 여행 사이트를 방문하는 사람들에게는 레오나르도 디카프리오에 관한 책보다 시드니 셸던의 소설이 잘 팔린다는 사실을 발견할 수 있습니다. 광고주가 이런 데이터를 많이 활용할수록 행위 정보가 더 많이 생겨날 것이며, 그만큼 더 고객의 기호에 맞는 광고를 할 수 있게 됩니다. 이 말은 만일 여행 사이트에 광고를 싣게 될 경우에는 디카프리오의 팬보다는 시드니 셸던의 팬에게 초점을 맞추어야 한다는 걸 의미합니다.

고객 데이터를 포착하고 사용하는 방법은 매우 다양합니다. 어떤 회사는 실시간 인터넷 조사를 실시해서, 고객들로 하여금 배너 광고 내부에서 일련의 질문에 응답하도록 만들고, 또 다른 회사는 실시간 헤드라인을 띄우거나 광고를 활용해서 고객이 현재 접속한 사이트를 떠나지 않은 상태로 거래할 수 있게 합니다. 소비자는 필요한 제품을 필요할 때 구할 수 있게 된 거지요.

기업은 반드시 고객 행위를 예측해야 한다. 또한, 예측을 잘못한 기업은 많은 손해를 보게 된다. 영국의 무선전화 회사인 오렌지(Orange plc)가 바로 그러한 경우이다. 이 회사는 서비스의 일환으로 핸드폰을 제공했다. 그러나 시간이 경과하자 문제가 발생했다. 많은 고객들이 신형으로 교체해 주길 원했던 것이다. 이 회사는 고객의 핸드폰 비용 대부분을 지원하기 때문에, 그 비용을 회수하려면 12개월에서 20개월 정도의 기간이 필요했다.

그러나 고객들은 일년 정도 지나면 동일 가격에 신형 핸드폰으로 바꿔달라는 요구를 하기 시작했다. 오렌지는 회사의 막대한 비용 압박을 줄이면서 다른 서비스 회사에 고객을 빼앗기지 않는 방법을 찾아야 했다. 고객 지원 담당자 스테판 볼튼-윌리스는 수동 추천 시스템을 실험하기로 결정했다.

우리는 신형 핸드폰 교체를 요구할 고객의 예상 모델을 선정했습니다. 그래서 그 고객들에게 전화를 걸어 계약 기간 6개월 연장에 서

웹 사이트

- Orange plc <www.orange.co.uk>

명하면 무료 배터리와 무료 통화시간을 제공하겠다고 제안했습니다. 우리 데이터에 의하면 신형 핸드폰을 구하는 고객 가운데 80%는 구형 핸드폰을 그냥 버립니다. 만일 고객이 전화를 걸어 신형 핸드폰을 요구할 경우, 고객 서비스 상담 직원들이 그 고객들에게 "어린 조카나 배우자에게 구형 핸드폰을 양도해서 계속 사용하도록 하면 신형 핸드폰을 할인가격에 제공하겠다"고 답하도록 지시했습니다. 이런 방침은 추가 수익을 발생시켜 신형 핸드폰 제공 비용을 상쇄하는데 도움을 줄 것입니다.

우리는 고객이 떠날 가능성이 있는지 그리고 떠난다면 그것이 언제인지를 시사하는 여러 가지 특징을 파악하고 싶습니다. 우리는 지금 데이터마이닝 과정 자체를 자동화시키는 방법만이 아니라, 이 시스템이 기준에 적합한 고객 목록을 자동으로 생성하고, 전화 시스템이나 우편 발송에 적절한 형식으로 출력시켜 우리로 하여금 적절한 계획을 잡을 수 있도록 만드는 방법을 모색하고 있습니다. 이 방법은 제안 사항을 자동으로 만들어주지는 않겠지만, 우리가 무엇을 제안해야 할지에 대한 실마리는 제공할 겁니다.

이 모든 환경이 갖추어지면, 우리는 고객 접촉을 정확히 통제할 수 있습니다. 여기에서 한발 더 나아가, 우리가 통제할 수 없는 상황이나, 고객이 우리에게 접촉해오는 상황에서도 적절히 대응할 수 있게 되기를 바랍니다. 가령, 우리가 고객이 동요하거나 신형 핸드폰을 요청할 가능성이 많은 시점을 파악했다고 가정해 봅시다. 그러면 우리는 고객 서비스 상담 직원에게 그 사실을 통보하여, 그런 상황이 발생하기 전에 미리 그 문제에 대한 적절한 조치를 취할 수 있을 겁니다.

최신 기술의 장점 가운데 하나는 실행하면서 '학습한다'는 점이다. 예를 들어, 인터넷 중매 서비스 업체는 넷 퍼셉션즈(Net Perceptions)나 엡텍스(Aptex)와 같은 회사가 제공하는 추천 시스템을 사용할 수 있다. 이 시스템은 신청자가 처음에 입력한 개별적 취향을 근거로 사람들을 연결시킬 수 있다. 이 과정에서 신청자는 다양한 사람을 선택하거나 거절하고 또 인터넷 토론에 참여하고 전자우편을 사용하게 된다. 이 시스템은 이에 맞추어 '고객의 그림자'를 실시간으로 수정할 수 있다.

다른 모든 사람의 그림자 및 '우주'의 다른 모든 부분과 마찬가지로, '당신의 그림자'는 인간 행위의 핵심을 반영하며 항상 업데이트된다. 기업이 저장하고 있는 내용은 한 개인에 대한 구체적 자료가 아니라 개인이 웹 사이트에 있는 동안 보인 행위에 대한 수학적 분석 자료이다.

HNC의 계열기업으로서 샌디에이고에 본사를 둔 소프트웨어 개발 업체 엡텍스의 최고경영자 마이클 티만은 이렇게 말한다.

"앞으로 3년에서 5년 정도 지나면, 맞춤서비스는 고객과 상호작용하는 모든 공간에서 모든 기업이 추구하는 필수적인 목표가 될 것입니다."

고객 데이터가 기업의 원동력이 된다

고객의 모든 행위를 데이터로 활용하는 비즈니스 모델은 마케팅

웹 사이트 ···

- Net Perceptions <www.netperceptions.com>
- Aptex <www.aptex.com>

이외의 영역에서도 변화를 촉진할 것이다. 공상과학소설의 이야기처럼 들리는 기술이 단순한 전자우편에서도 실제로 적용된다.

엡텍스는 대기업들이 전자우편을 광범위한 영역에서 활용하게될 것이라고 생각했다. 그들은 고객이 회사로 전자우편을 보낼 수있도록 웹 사이트를 확장하여 더 많은 온라인 폼과 옵션을 포함시킬 것이다. 전자우편 지원이 고비용의 고객 서비스 상담직원을 대신하게 될 것이란 사실을 감지한 엡텍스는 범람하는 전자우편을선별하는 자동 시스템을 만들었다. 티만은 이렇게 말한다.

"인류는 지금까지 온갖 거래 형태를 경험했습니다. 이제 인간의힘으로 이것을 완전 통제할 방법은 없습니다. 회사로 들어온 전자우편에는 데이터 소스로 곧바로 연결되는 하이퍼링크(hyperlink)기능이 있습니다. 만일 프로그램이 직접 처리할 수 있다면, 프로그램이 발신자에게 직접 응답할 겁니다. 만일 자신이 없다면 질문에답해줄 가능성이 가장 높은 사람에게 전자우편을 전달할 겁니다.이 프로그램은 또한 발신자에게 메일을 보내서 발신자의 전자우편이 지금 누구에게 전달되어 답신을 준비하고 있는지 알려줍니다."

이 시스템은 초당 20통의 전자우편을 분석하고 처리할 수 있다.

- 하루에 수천 통의 전자우편을 수신하는 퀄컴(Qualcomm)은 엡텍스의 데이터마이닝 기술을 활용하여 각 전자우편에 자동으로답장을 보낸다. 이 시스템은 각각의 전자우편을 '읽고' 전문을분석하여 질문 내용을 파악하고, 데이터베이스에서 적절한 대답을 고른 다음, 자신이 질문을 제대로 이해했다고 판단하면 그 대답을 자동으로 발신자에게 보낸다. 이 시스템은 전자우편 가운데 약 1/3 정도를 처리함으로써, 사람이 할 일을 줄여주고 있다.

- 인터넷 거래가 폭증하면서 찰스스왑 앤 컴퍼니(Charles Schwab & Company)에는 전자우편이 일주일에 3,000통에서 5,000통 정도 밀려들기 시작했다. 스왑의 부사장 매리 캘리는 이렇게 말한다.

"한번은 하루에 15,000통의 전자우편을 받아야 했습니다. 우리들이 직접 처리할 방법이 없었어요. 그래서 우리는 자동 전자우편 '읽기' 소프트웨어를 설치했지요. 이 시스템은 몰려드는 전자우편 가운데 2/3를 주제별로 분류하고 적절한 대답을 선택해서 발신자에게 회신합니다. 이 시스템은 심지어 '대표적인 질의응답(FAQ)' 데이터베이스에서 적절한 대답을 선택하기도 한답니다. 정말 놀랍습니다. 앞으로 우리는 좀더 개별 고객의 요구에 적합한 내용을 공급하려 합니다. 그날 간행된 내용 중에서 필요한 일부만을 다운받는 뉴스레터처럼 말입니다. 그러면 전체 내용을 이용하여 광고를 가공하고 개별 신청자에게 가장 적절한 내용을 보낼 수 있을 겁니다."

이러한 자동화는 웹 사이트에 상당한 도움이 될 것이다. 2,000년에는 스왑의 고객 서비스 문의 중 약 31% 정도를 전자우편이 처리힐 징도로 성장할 것이다.

- 다양한 산업 분야에서 활동하고 있는 미국의 공공 기업은 규제 철폐와 새로운 경쟁 압력에 직면하고 있다. 따라서 기존 고객을 토대로 한 통계 분석 자료는 부적절한 자료로 전락할 가능성이 많다. 이런 상황에 대처하기 위해, 몇몇 공공 기업은 실시간 데이터마이

웹 사이트 ....

- Qualcomm <www.qualcomm.com>
- Charles Schwab <www.schwab.com>

닝을 사용해서 계속 업데이트되는 정보를 근거로 향후 거래를 예측하고 있다. 현재의 상황과 변화 패턴 그리고 예상 상황에 대한 자료를 웹 서버로 보내면, 웹 서버는 그 정보를 분석해서 예측 내용을 돌려보낸다. 고객 베이스의 정보는 더 이상 정적일 필요가 없을 것이다. 그래서 늘 정보의 갱신작업이 뒤따르게 된다.

데이터를 수집해서 활용할 준비가 되었는가

아래의 표현 가운데에서 당신에게 해당되는 것은 얼마나 되는가?

- "우리 회사의 자료는 평가되고 잘 정리되어 데이터 웨어하우스에 입력되기 때문에 동시에 발생하는 다양한 질문에 신속하게 대응할 수 있습니다."

당신은 데이터마이닝을 할 준비가 되어있지 않을 가능성이 많습니다. 시스템에 깔려있는 데이터베이스가 불완전하거나 매우 부적절하기 때문입니다. 데이터 웨어하우스를 개발하기 전에 소규모의 데이터마이닝을 실시해서, 문제가 어디에 있고 어떤 정보가 필요하게 될지 검토하기 바랍니다. 잘 만들어진 데이터 웨어하우스는 데이터마이닝의 관건입니다. 만일 인터넷 거래에 이제막 뛰어들고 있다면, 전자상거래 시스템을 설계할 때 데이터마이닝을 하기 위해 어떤 유형의 정보가 필요하게 될지 생각해 보십시오. 사실, 당신은 지금 전자상거래 시스템을 한창 개발하는 도중일 가능성이 많기 때문에 자신의 데이터마이닝 전략 전체를 조사하기에 가장 좋은 시점에 있다고 볼 수 있습니다.

- "우리 회사는 시스템 접속을 충분히 고려한 정책을 가지고 있습니

다."

  당신은 직원들에게 충분한 정보 운용 권한을 제공했을 때의 결과에 대해 생각할 필요가 있을 겁니다. 좀더 광범위한 정보의 접근을 계획하면서 그것이 어떻게 사용될지 그리고 어떤 정보가 가장 필요하게 될지 고려하십시오.

- "나는 데이터마이닝이 IT 부서의 업무량을 전반적으로 줄여줄 것으로 믿고 있습니다."

  데이터마이닝은 업무량이 많은 IT 직원들을 구제하는 만병통치약이 아닙니다. 만일 데이터마이닝 채택을 고려하는 이유가 단지 그것 때문이라면 재검토하십시오.

- "나는 담당자들에게 시스템 사용법을 훈련시킬 준비를 갖추었습니다."

  자료분석에 대한 전문적인 지식이 없어도 데이터마이닝을 통해 정보를 습득할 수 있지만, 그렇다고 해서 스위치를 켤 줄만 안다고 데이터마이닝을 실시할 수 있는 건 아닙니다. 시스템 운용과 활용 가능한 정보 유형에 대한 최소한의 훈련이 필요합니다. 그리고 염두에 둔 시스템이 있으면 먼저 꼭 사용자 실험을 거쳐야 합니다. 데이터마이닝은 사람들이 사용할 때만 가치가 있습니다.

  인터넷 상거래와 마찬가지로, 데이터마이닝 역시 아직은 초보적인 단계이다. 기업들은 웹 기반 시스템을 비롯한 다양한 데이터베이스를 데이터마이닝 시스템이 접속할 수 있는 커다란 데이터 웨어하우스로 통합하는 작업을 시작하고 있다. 하지만 데이터마이닝 기업이 거대한 데이터 웨어하우스로부터 신속한 정보 송출 기법과 편리한 사용자 인터페이스를 개발하면 마케팅 담당자들은 예전에는 전혀 예상하지 못했던 고객 정보들을 획득할 수 있을 것이다.

고객이 제품을 만든다

인터넷 미래에는 고객이 제품을 구입할 뿐 아니라 직접 가치를 창조하고 증가시킬 것이다. 1980년대 'Lotus 1-2-3'가 처음 소개되었을 때, 구매자들은 수백 달러의 비용을 들여가며 사용설명서와 프로그램 디스크 몇장이 담긴 커다란 상자를 구입했다. 구매자들이 프로그램을 설치하면 검은 화면이나 텅빈 스프레드시트가 나타났다. 사용자들은 이 스프레드시트를 자신에게 적합한 형식으로 구성하여 가치를 높였다. 로터스는 그 가치를 한눈에 발견한 수백만 사용자들이 이 새로운 도구를 통해 창조적 능력을 발휘할 수 있게 함으로써 큰 성공을 거두었다.

추천 시스템의 경우, 고객은 간단한 행위를 통해 끊임없이 가치를 증대시킨다. 모든 행위가 '고객의 그림자'를 계속 발전시켜 나간다. 데이터마이닝과 공동 필터링 같은 인터넷 기반 기술은 고객을 보다 유익한 존재로 만든다. 고객 행위는 당장의 판매를 촉진할 뿐 아니라 미래의 판매를 위한 효과적인 정보를 제공한다.

고객의 진정한 가치

인터넷 미래에서, 다른 고객에 비해 기업에게 더 많은 것을 요구하는 고객은 더 많은 돈을 소비하는 신규 고객만큼이나 가치있는 존재로 간주될 것이다. 그 이유는 이들의 요구와 변덕스러운 태도를 통해 고객 행위에 관한 방대한 분량의 데이터가 확보되기 때문이다. 이것은 소비 수준에 따라 고객의 가치를 구분하던 기존 모델과 정반대라고 할 수 있다.

인터넷 미래에서 고객의 가치는 아래와 같은 새로운 방법으로 측정된다.

인터넷 고객 가치 = 현재 판매 + 평생 가치 + 예측 가치

고객 행위를 데이터로 활용하는 것은 센던트(Cendant)가 가지고 있는 큰 장점이다. 센던트는 '현실 세계'에서 재고를 최대한 적게 보유하는 정책으로 정평이 난 두 회사 즉, CUC 인터내셔널과 HFS가 1997년 합병한 회사이다.

CUC 인터내셔널은 연회비를 받는 대신 회원들에게 매우 높은 할인가에 제품을 공급하는 쇼핑클럽으로 시작했다. 회원들은 전화와 우편을 이용하여 25만 종류의 품목이 들어있는 데이터베이스에서 제품을 구입했으며, 주문된 제품은 제조업체가 구매자에게 직접 발송했다. 이 회사는 판매 수입 대신 회비를 받아서 수익을 올렸기 때문에 매우 높은 할인율을 제공했다. 기본적으로 구매자와 판매자를 직접 연결시킴으로써 수익을 올린 것이다.

반면에 HFS는 데이즈 호텔, 라마다, 하워드 존슨, 골드웰 뱅커, 센츄리 21, ERA 등과 같은 대형 프랜차이즈를 소유하고 있었다. 그

웹 사이트 ....

- Cendant <www.cendant.com>

리고 이 회사는 아비스(Avis)를 인수하여 기업 공개를 하기도 했다.

이 두 회사가 통합해서 만들어진 센던트는 CUC의 클럽 회원 정보와 HFS의 데이터베이스에 들어있는 1억 명 이상의 소비자 정보, 컴퓨터 네트워크, 유명 브랜드 등(인터넷 환경을 최대한 활용할 수 있는 자산)을 소유했다.

센던트의 넷마켓(NetMarket) 서비스는 궁극적으로 제품 중개 역할을 한다. 이 회사는 고객을 데이터라는 관점에서 바라봄으로써 가치를 창조하는 대표적인 사례이다. 이 회사는 인터넷이 제공하는 유통의 효율성을 이용하여 제품을 최저 가격으로 공급하는 전략을 구사함으로써 큰 성공을 거두었다. 회원들은 정규 할인판매에서 제품을 구매할 수도 있고 경매에 참여하여 더 저렴한 가격으로 구매할 수도 있다.

여러 가지 측면에서 센던트는 고객 행위를 데이터로 활용하는 전형적 사례라고 할 수 있다. 이 회사의 모든 비즈니스는 고객을 하나의 우산 밑으로 통합하는 것을 목표로 한다. 이 회사는 인터넷 미래에서의 효과적인 마케팅 방식을 선보이면서, 모든 제품을 일상용품으로 만들어가고 있다.

공동 필터링

한편, 고객들은 기업의 판로를 확장해줌으로써 가치를 창조하기도 한다. 예를 들어, 기업은 공동 필터링을 활용하여 구매 가능성이 많은 고객에게 제품 구매를 권유할 수 있다. 여러 가지 측면에서 공동 필터링은 데이터마이닝과 대조를 이룬다. 공동 필터링은 거대한 고객 데이터베이스를 작은 덩어리로 나누어 서로의 관계를

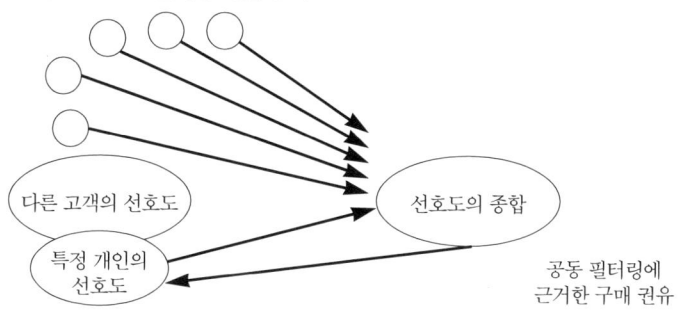

그림 5-1 공동 필터링 작업 방식

다른 고객의 선호도

특정 개인의 선호도

선호도의 종합

공동 필터링에
근거한 구매 권유

물색하기보다는 한 사용자의 선호도에서 시작하여 이와 유사한 사용자들의 선호도를 종합하고, 그것을 기초로 완전히 새로운 체계를 만드는 방법이다.

공동 필터링 환경에서 고객은 스스로 제품 가치를 높이는 역할을 한다. 설문지에 응답하거나 좋아하는 품목에 클릭하는 방식으로 자신의 선호를 밝힌 사람들은, 정보를 제공함으로써 다른 모든 사람의 선호도를 예측하는 시스템을 만드는 데 기여했다고 볼 수 있다.

다이렉트 마케팅의 거인 컬럼비아 하우스(Columbia House)가 설립한 인터넷 업체 토탈이!(TotalE!)는 고객의 음악적 유전정보를 파악하는 추천 에이전트에게 EDNA(Entertainment DNA의 약자)라는 브랜드를 부여했다. EDNA는 고객이 좋아할만한 CD를 추천하고 어떤 CD에 관해서는 고객이 전혀 좋아할 가능성이 없다고 경고할 수도 있다.

웹 사이트 ⋯⋯⋯⋯⋯⋯⋯⋯⋯⋯⋯⋯⋯⋯⋯⋯⋯⋯⋯⋯⋯⋯⋯⋯⋯⋯⋯

- NetMarket <www.netmarket.com>
- Net Perceptions <www.netperceptions.com>

EDNA는 공동 필터링의 진보된 단계를 보여준다. 기업이 과거 고객의 상호작용 및 비슷한 고객의 행위를 통해 이미 파악한 고객 정보를 현재의 행위와 실시간으로 통합한 것이다. 만약 어떤 고객이 컬럼비아 하우스(Columbia House)에 우편으로 특정 물건을 주문한 적이 있다면, EDNA는 그 고객이 처음 접속할 때부터 적절한 CD를 추천할 수 있다. 이 기술은 고객에게 설문지를 배포하여 선호도를 조사하거나 수십 장의 CD에 등급을 매겨서 고객의 선호도를 파악하는 등의 방법을 사용하지 않는다. 이 기술은 기존 데이터베이스에서 정보를 추출하여 해당 고객이 웹 사이트에서 보고 싶어하는 것을 예측할 수 있다.

기존의 구매 행위와 웹 사이트에서의 행위 그리고 유사한 관심사를 가진 다른 고객의 구매 행위를 합쳐서(공동 필터링) 데이터마이닝한 정보는 해당 고객이 선호하는 제품을 발견하고 구입할 가능성을 크게 높여 준다.

혹자는 이런 시스템이 고객의 취향을 동질화할 가능성이 있다고 우려한다. 하지만 정반대도 가능하다. 넷 퍼셉션즈(Net Perceptions) 추천 시스템(무비파인더, 아마존, 스타웨이브 같은 선도적인 고객 서비스 업체가 사용하는 기술)은 종종 대중적인 관심을 끌지는 못하지만 소수의 마니아를 가지고 있는 오래된 이색 제품을 추천한다. 그래서 전문가가 영화나 서적에 대해 검색했을 때 다른 방법으로는 결코 알아낼 수 없는 타이틀을 발견하기도 한다.

또한 공동 필터링은 기업으로 하여금 한시적인 커뮤니티에서 축적한 경험을 제공하게 만들 수 있다. 예를 들어, 검색엔진 라이코스의 웹 가이드는 정보를 여행이나 정치 등의 영역별로 분류해서, 해당 영역을 방문한 사람들이 점수를 매긴 순서대로 관련 웹 사이트에 등급을 매겨 제공한다.

　공동 필터링 기술은 사용자의 경험을 개별화함으로써 처음 방문한 사용자를 충성스런 고객으로 전환시키는 능력을 발휘한다. 아마존의 고객 가운데 약 2/3 정도는 단골고객이다. 공동 필터링을 사용하는 다른 기업들과 마찬가지로, 아마존에서도 역시 고객 행위 데이터가 제품의 일부처럼 되고 있다. 아마존은 단순히 서적만 판매하지 않는다. 이곳에서는 독자서평과 같은 다른 사람의 인터넷 도서 구매 경험도 함께 판매하고 있다. 이 경험(혹은 이 제품)이 중요한 이유는 데이터로 전환된 다른 고객 전체의 경험을 활용할 수 있도록 도와주기 때문이다.

고객보다 먼저 반응한다

　공동 필터링은 인터넷에서 발생하고 성장하여 광범위한 영역에 영향을 미친 최초의 기술 가운데 하나이다. 인터넷은 1/1000초 안에 반응할 것을 요구한다. 공동 필터링은 이러한 속도를 고려하여 개발되었다 실시간 운영의 강조는 기업의 사업 방식에 지대한 영향을 미칠 것이다. 인터넷 미래의 가능성과 필요소건이 문화 선반에 침투하게 되면, 밤새워 고객 정보에 대한 일괄 처리 작업을 하는 것은 너무 성가시고 느리게 여겨질 것이다. 그리고 기업들은 현재의 고객을 예전의 고객과 실시간으로 비교하여, 다양한 영역의 서비스를 개별 고객에 가장 적합한 형태로 다듬어 제공할 것이다.

　대규모 백화점 체인점이 공동 필터링을 사용하여 고객으로 하여금 근처에 있는 체인점을 좀더 자주 방문하도록 유도하는 시나리오가 아래와 같이 성립될 수 있다.

백화점 체인의 다른 많은 고객과 마찬가지로 린다 맥그리거는 3주일에 한 번씩 백화점 체인에 간다. 오늘 그녀는 갓난아기가 사용할 기저귀를 구입했다. 하지만 결국에는 할인가격으로 판매하는 개목걸이와 자신이 신을 운동화 한 켤레도 구입하게 되었다. 그녀가 장바구니에 담긴 제품을 꺼내놓자, 직원은 각각의 제품을 스캔해서 컴퓨터에 입력하고, 그 정보는 린다의 구매 패턴을 취합하는 '린다의 그림자'를 만들어 나간다.

직원이 린다가 구입한 품목을 봉투에 담는 동안, 시스템은 기저귀와 개목걸이 그리고 운동화를 구입한 다른 고객의 구매 패턴과 린다의 구매 패턴을 비교한다. 그래서 그런 품목을 구입한 고객이 다음에 아기 옷을 구입하는 경향이 있음을 발견한다. 등록기는 곧바로 린다에게 줄 영수증과 함께 아기옷 20% 할인 쿠폰 한 장을 자동 출력한다. 이 쿠폰은 2주일이 지나면 사용할 수 없기 때문에, 린다는 다음에 평상시보다 일찍 스토어 체인에 들러 아기 옷을 구입해야겠다고 생각한다.

이 시스템은 린다와 비슷한 고객의 구매 패턴을 근거로 린다가 미래에 구입할 가능성이 높은 제품을 파악하여 추천함으로써, 린다가 더 많은 품목을 구입할 가능성을 높였다. 게다가 쿠폰 사용 기한을 정해서 린다가 다음에는 좀더 자주 방문하도록 만든다. 만약 고객 중 1%가 백화점에 좀더 자주 방문하게 되면 연간 판매액은 상당히 증가한다.

미래에 이같은 추천은 실시간으로 진행될 것이다. 인터넷 고객은 며칠이 아니라 분 단위로 구입기한이 정해진 다양한 쿠폰을 제공받을 수도 있다. 구매 충동은 매우 강렬할 것이며, 기업이 고객의 구매 패턴을 파악한 상태에서 제시한 품목일 경우에는 특히 더할 것이다.

유사한 고객의 행위를 근거로 특정 고객의 개별적 구매 행위를 예측하는 새로운 기법은, 초기에는 소매업에서 사용됐으나 지금은 광범위한 영역으로 확산되고 있다. 몇 가지 사례를 보자.

- 기업은 공동 필터링 기술을 사용함으로써, 고객 클레임이 발생했을 때 환불이나 무료 추가 서비스 등의 해결책 중 어떤 방식이 고객의 불만을 해결할 가능성이 가장 높은지 판단할 수 있다. 데이터마이닝을 통해서 고객의 불만을 예측하는 오렌지(Orange plc)의 경우에는 공동 필터링을 사용하여, 고객의 불만을 해결할 가능성이 가장 높은 방안을 미리 파악해서 추진한다.

- 미국의 주요 항공사는 우량 고객에 대한 서비스를 향상시키기 위해 공동 필터링 사용 시스템을 일원화하고 있다. 어떤 고객이 항공사의 수신자 부담 번호로 전화를 걸면, 항공사 시스템은 공동 필터링을 사용해서 발신자가 예전에 항공사에서 직접 티켓을 구입한 적이 있는지 혹은 지금 그렇게 할 가능성이 있는지를 파악한다. 만일 그렇다는 판단이 서면 자동으로 그 전화를 통화 연결 순서의 제일 앞자리에 올려놓아 좀더 빨리 직원과 통화하도록 만들어 준다. 항공사에서 티켓을 직접 구매하는 고객은 항공사에게 가장 많은 이익을 안겨주기 때문에, 항공사는 이 고객이 제공한 부가적 이익에 대해 그만큼 좋은 서비스로 보상하는 것이다.

지식경영에 활용되는 공동 필터링

공동 필터링은 밀물처럼 기업 전체의 정보를 적절히 분류해내는 탁월한 기능을 가지고 있다. 이 때문에 공동 필터링은 고객 관계는 물론 기업 내부의 지식 경영에서도 유용하다. 인트라넷과 적절한 조화를 이룬 공동 필터링은 동료들이 중요하다고 느끼는 정보가 다른 직원들에게 전달되는 과정을 더욱 자동화시킴으로써, 직원들 스스로 정보를 공유하게 만들 것이다.

- 베이 네트워크(Bay Networks)는 자사의 공급 체인망에 가입한 회원들의 온라인 포럼에 공동 필터링을 사용하고 있다. 회원들은 포럼에서 제공되는 정보에 등급을 매길 수 있다. 예를 들어, 향후 6개월 동안 자사 제품의 강력한 수요를 시사하는 뉴스 기사는 기업으로 하여금 생산에 박차를 가하도록 만들 수 있다. 이 시스템으로 인해 경영진들은 비즈니스 사이클에 대처할 수 있으며 소매업체에 대한 의존도를 낮출 수 있다.

- 월터 톰슨은 포드 자동차 광고 캠페인을 시험해보기 위해서, 공동 필터링 기법을 이용해서 온라인 포커스 그룹(테스트할 상품에 관하여 토의하는 소비자 그룹; 역주)을 구성했다. 신형 트럭의 목표 고객을 설정하기 위해, 이 광고업체는 광고 카피 초안을 인터넷에 띄워서 그 광고에 반응한 사람들을 추적했다. 공동 필터링 메커니즘은 마케팅 담당자들로 하여금 어떤 유형의 사람들이 어떤 유형의 광고에 관심을 보이는지 파악할 수 있게 했고, 신형 트럭을 어디에서 어떻게 판촉하는게 좋을지에 대한 판단을 제공했다.

인터넷은 새로운 고객을 창출한다

제2장에서도 이야기했듯이, 일부 기업들은 인터넷 상거래가 자사의 기존 사업을 잠식하지 않을까 우려하고 있다. 그러나 고객 정보를 파악하는 인터넷의 능력 때문에 이같은 두려움은 상당 부분 완화되었다. 전통 언론매체의 웹 마케터들은 자사의 웹 사업이 기존의 사업을 잠식하기보다는 오히려 새로운 독자층을 끌어들이고 있음을 발견했다.

■ 월 스트리트 저널의 인터넷판(웹진)은 인터넷 구독자 가운데 약 2/3 정도가 새로운 독자이며, 종이잡지를 구독하던 층은 1/3밖에 안된다는 사실을 발견했다. 그리고 종이잡지 구독을 취소하고 웹진만을 열람하게 된 사례는 많지 않았다. 이같은 현상은 뉴욕 타임즈 인터넷판과 플레이보이 온라인 역시 마찬가지인데, 전자는 새로운 독자가 인터넷 독자의 50%를 차지하고, 후자는 새로운 독자가 75%에 달한다.

■ 법률 정보 관련 서적을 출판하는 웨스트 그룹(West Group)은 정보를 작은 단위로 조직내에 제공하는 기법을 이용해서 새로운 독자층을 확보할 수 있었다. 웹 판매 가운데 절반 이상이 새로운 독자층에 의해 발생했으며, 여기에는 매우 구체적인 법률 문제에 대해 총체적인 정보를 원하는 소비자들도 포함돼 있다.

> **웹 사이트** ....
>
> - Bay Networks <www.baynetworks.com>
> - Wall Street Journal <www.wsj.com>
> - West Group <www.westgroup.com>

3차원 디지털 고객

디지털 기업은 자사의 데이터 웨어하우스에 이미 축적된 정보와 인터넷을 통해 새로 획득한 정보를 통합할 수 있을 것이다.

기업들은 진정으로 고객 중심을 지향하게 되며, 각각의 개별 고객과 독특한 관계를 개척하고 유지시켜 나갈 수 있을 것이다. 고객과의 개별적 관계는 은행이나 보험회사, 통신회사, 카탈로그 총판회사 등 고객과 직접 접촉할 기회가 많은 분야에서 특히 중요할 것이다. 고객을 직접 상대하는 상담원은 전체 고객에 대한 분명한 '상'을 말하게 될 것이며, 회사가 인적으로나 전화, 인터넷, 우편 등을 통해 고객과 접촉할 때, 이 '상'을 활용할 수 있을 것이다. 그리고 고객의 니즈와 관심사가 변하는 동시에 고객의 '상' 역시 실시간으로 바뀔 것이다.

아마 월 스트리트만큼 실시간 고객 데이터가 필요한 분야는 없을 것이다. 이곳에서는 15분만 늦어도 매매자와 기관 투자자 고객이 수백만 달러를 잃을 수 있기 때문이다. 전통적으로, 투자 은행은 고객(뮤추얼펀드 매니저와 같은 대형 기관 투자자)을 중심으로 하기보다는 상품(주식 투자나 채권 혹은 새롭게 떠오르는 시장 등)을 중심으로 조직되었다. 그러나 책상 위에 로이터나 블룸버그 터미널을 설치할 수 있는 사람이면 누구나 방대한 분량의 정보를 접할 수 있는 시대에, 금융 상품을 판매하는 사람들이 그들의 고객에게 가치있는 존재가 되기 위해서는 과잉 정보를 처리하는 방법을 구상해야 한다.

뱅커스 트러스트(Bankers Trusts)와 모건 스탠리(Morgan Stanleys)가 고안해 낸 방법은 고객을 중심으로 정보를 조직하는 것이었다. 두 명의 공동 설립자와 함께 월드스트리트(WorldStreet)를 창립한 알렉시스 코피키스는 배링 증권사(ING Baring)의 영업사원으로 근무하다가 직접 회사를 차려 자신들과 같은 기관 증권 판매원에게 필요한 정보를 제공하기로 결정했다. 이들은 브라우저 기반 시스템을 개발하여 기업이 고객에 대해 가지고 있는 모든 정보를 조직하고 추적한다. 그리고 그러한 고객 프로필을 특정 투자 상품, 지역, 분야, 대형 투자붐을 형성하거나 해체할 수 있는 시장 사건에 대한 정보와 실시간 결합한다. 공동 설립자 코피키스는 이렇게 말한다.

10년이나 15년 전이라면 나는 기관 판매원으로서 고객에게 전화를 걸어 판매를 위해 증권 투자에 관해 이야기했을 겁니다. 그러나 오늘날에는 모든 사람이 동일한 자료에 접속하고 있습니다. 이 분야는 계속 서비스 중심으로 변하고 있습니다. 자신을 돋보이게 만드는 방법은 투자 매니저에게 유용한 아이디어를 제공하는 것입니다. 우리는 자료의 세계에 접속하고 있습니다. 하지만 어떤 자료가 어떤 고객에게 언제 유용한지 모릅니다. 나는 한때 남미에 있는 200여 개의 증권을 담당했습니다. 대형 기관 두사사는 전세계에 퍼져있는 증권을 하루종일 거래하고 있습니다. 어떤 정보가 누구에게 가장 중요한가를 파악할 방법은 없었습니다. 고려해야 할 변수가 너무 많기 때문입니다.

나는 예전에 어떤 사람에게 전화를 걸어서 "이 주식은 어떻습니까?" 하고 권유하곤 했습니다. 그러면 그 사람들 가운데 절반 정도는 "내가 그 분야에 대해 더 이상 관심 없다는 사실을 도대체 당신네들에게 몇 번이나 말해야 알아듣겠소?" 혹은 "나한테 전화한 이유가 뭐요? 나는 방금 그 주식을 5천만 주나 팔았단 말이요. 브라질에 있는 당신네 지사에 알아보시오" 하고 대답하곤 했습니다. 월 스트리트에서 근무하는 사람들은 모두 고객에게 전화를 걸어 이것 저것을 사라고 하지만, 팔라고 전화하는 사람은 하나도 없습니다. 고객에게 무엇을 팔았는지 기억하는 사람이 전혀 없기 때문입니다. 일반적인 유통관리 도구는 이곳에서 통하지 않습니다. 증권 객장에서는 유통 자체가 분 단위 심지어 초 단위로 측정되기 때문입니다.

예전에는 자동 처리 과정이 고객 중심으로 진행되지 않았습니다. 매매자가 거래를 좀더 신속하게 하고, 대형 거래를 취급하고, 리스크를 좀더 정교하게 평가하는 데 초점을 맞추었습니다. 그러나 판매사원은 고객의 현재 관심사와 보유 주식, 거래 내역, 현재 활동 등으로 구성된 고객 프로필을 실시간으로 파악할 필요가 있습니다.

기관 판매원이라면 자신에게 거래를 위탁할 고객에 대해 최대한 관심을 쏟아야 합니다. 대형 고객이 아니더라도 말입니다. 만일 추천상품이 바뀌거나, 예상 수익률이 바뀌거나, 수익이 생기는 등 시장에서 발생한 특정 사건에 영향을 받아 거래하는 고객이 있으면, 나는 그런 일이 발생할 때마다 당장 누구에게 전화를 걸어야 하는지 알 수 있어야 합니다. 지금 판매사원이 그것을 모른다면 누구에게 전화를 걸겠습니까? 그는 모든 사항에 대해 '페덜리티'에 전화를 걸고, 페덜리티의 불쌍한 증권 매니저는 동일 조직의 모든 직원이 걸어대는 전화에 일일이 응대할 수밖에 없겠지요.

그리고 만일 구매자 측에 누군가가 전화를 걸어 에콰도르에서 어떤 일이 벌어지고 있는지 묻거나 혹은 세 개의 다른 산업 분야의 동향에 대해 질문한다면, 판매사원은 "확인해서 전화 드리겠다"는 말밖에 할 수 없습니다. 나는 특정 주제에 대한 모든 정보원을 신속하게 조직해서 전후관계를 파악할 수 있어야 합니다. 로이터와 블룸버그, 톰슨 파이낸셜 등은 더 많은 정보를 제공하도록 설계된 서비스를 만들었습니다. 지금은 자료가 너무 많기 때문에 판매사원의 생활이 훨씬 더 복잡해졌습니다. 고객에게 가치를 제공하기 위해서 극복해야 할 난제이지요.

우리 클라이언트 가운데 일부는 이미 그들의 엑스트라넷을 사용해서 고객 정보를 실시간으로 포착하고 있습니다. 만일 그들의 고객이 엑스트라넷에 클릭한다면, 가령 미국 철강 회사에 대한 기사를 클릭한다면, 웹 사이트 상의 그 활동은 자동으로 고객의 프로필을 즉시 업데이트합니다. 사무실에 가만히 앉아서 마케팅을 언제 할지 궁리하는 것보다는 실시간으로 고객을 관리하는 것이 바람직하겠지요. 이런 유형의 실시간 고객 상호작용은 큰 변화로써, 다른 산업분야에서도 일어나고 있습니다.

고객을 자료로 최대한 활용하는 방법을 강구하고 있는 또다른 기업으로 크라이슬러가 있다. 영업 및 마케팅 관리자로서 크라이슬러의 인터넷 사업을 이끌고 있는 전략기술 담당 이사 리처드 에버레트는 이렇게 말한다.

큰 규모의 투자는 자료로 저장될 겁니다. 고객의 선호를 어디에 저장합니까? 기업은 그 정보를 비밀리에 저장할 수 있어야 합니다. 언제라도 특정 고객에 관한 모든 정보를 알 수 있어야 합니다. 고객 서비스는 가장 중요한 부분이며 고객이 서비스를 원할 때 자료는 중요한 역할을 합니다. 아무도 언급하지 않고 중요하게 다루지 않지만 실제로 가치있는 일이 고객 관계 관리입니다. 특정 고객의 속성 220

가지를 이해하게 되면, 물량 광고가 아니라 타겟에 집중된 광고를 할 수 있습니다. 고객이 누구인지 정확히 파악하면 명확히 타겟을 설정할 수 있습니다.

우리 데이터베이스에는 4천 7백만 건의 자료가 들어있습니다. 우리는 신형차를 구입한 고객, 중고차를 구입한 고객, 신형을 구입해서 현재까지 사용하는 고객, 중고차를 구입해서 현재까지 사용하는 고객 등 특징별로 고객을 분류하는데, 신형 자동차를 구입할 가능성이 가장 높은 유형의 고객은 신형을 구입했지만 지금 현재 그 차를 처분한 고객입니다.

10월이 되면 우리는 11월과 12월에 사용할 원자재를 준비합니다. 고객이 어떤 자동차를 선호할지, 투 도어를 선호할지 아니면 포 도어를 선호할지, 그리고 천으로 된 시트를 원할지 가죽 시트를 원할지 등을 정확히 파악해야 합니다. 고객의 선호를 잘못 예측할 경우에는 그것을 만회하는데만 6개월이라는 시간이 걸리기 때문에 그해의 연식을 6개월밖에 판매할 수 없게 됩니다. 우리가 고객의 선호를 미리 파악하게 되면 엄청난 비용을 절감할 수 있다는 사실을 여기서 확인할 수 있습니다.

"우리가 지금 막 임원 회의를 열었는데 특정 자동차에 대해 500달러를 할인하기로 결정했다"는 종류의 소식도 신속히 전달할 수 있어야 합니다. 정보가 있을 때 즉시 데이터베이스에서 1만 7천 명을 자동으로 찾아 전자우편을 보냄으로써, 그 차종에 대해 관심을 가지고 있는 모든 사람이 '귀하가 저렴한 가격에 자동차를 구입할 수 있는 좋은 기회'라는 내용의 전자우편을 볼 수 있어야 합니다. 우리는 주소를 자동으로 확인하고 가장 가까운 대리점을 파악한 다음, 그 대리점에서 구입할 수 있는 물량은 물론 색상까지 확인해서, 그 정보를 전자우편에 덧붙여서 고객에게 보냅니다. 고객이 받을 전자우편에는 "귀하에게 가장 가까운 대리점은 이곳이며 이 대리점에는 귀하가 원하는 차종이 이만큼 확보되어 있습니다"라는 내용이 들어 있습니다. 해당 대리점 또한 자동으로 전자우편 복사본을 받게 됩니다. 고객이 자동차 할부 구입을 원할 경우, 우리는 할부금 대출 여부를 3분 안에 결정할 수 있습니다. 이 모든 서비스가 하나로 묶이면 어떤 일이 일어날지 생각해 보십시오.

에버레트는 고객 데이터를 입수하고 그 자료를 정리함으로써 제조 공정 자체를 합리화시키는 큰 기회를 얻게 된다면서 이렇게 말한다.

"사람들은 인터넷에서 자동차를 취향에 맞게 주문할 수 있게 되며, 우리는 지역에 따라 어떤 시장에서 어떤 색상과 차종을 원하는지 확인할 수 있을 겁니다. 그러면 우리는 특정 시장을 대상으로 그 유형의 자동차를 만들 수 있습니다. 그러면 주차장에 쌓아둔 재고품을 줄일 수 있을 터이니, 대리점에서 무리하게 차고 공간을 확보할 필요가 없습니다. 만일 어떤 사람이 어떤 자동차를 구입할지 미리 파악하게 된다면, 재고를 상당히 많이 처분할 수 있을 겁니다. 우리는 정보를 수집해서 사람들이 어떻게 행동하는지 파악하고 있습니다. 실시간 조사라고 할 수 있지요."

인터넷 미래의 180도 효과에서 전형적으로 나타나듯이, 크라이슬러의 인터넷 투자는 단순히 자동차 판매촉진을 목표로 한 것처럼 보일 수 있지만, 진정한 결실은 실시간 고객 데이터를 근거로 제조 공정 전체와 유통과정 전체를 일원화하는 것이다. 이것은 진정한 인터넷 비즈니스(e-business)가 처음부터 끝까지 전과정을 일관하며, 고객이 주도하는 네트워크에 접목되어야 한다는 것을 확인하는 또 다른 사례이다.

자료로서의 고객은 기업의 내부 프로세스를 주도할 뿐 아니라 고객 자신의 거래 과정도 주도한다. 메이태그(Maytag)는 미국 세 번째 규모의 가전제품 제조업체로서 메이태그라는 브랜드는 물론, 젠-에어와 매직쉐퍼, 후버, 애드머럴, 노지 등과 같은 유명한 브랜드를 소유하고 있다. 메이태그의 이미지는 메이태그 A/S직원이 아무 일 없이 가만히 앉아있는 모습을 통해 메이태그 가전제품은 절대 고장나지 않는다는 사실을 암시한 유명한 광고 캠페인에 의해 형성되었다. 하지만 메이태그는 단순한 세탁기 제조업체 그 이상으로 발전하고 있다. 이 회사는 캔이나 병에 담긴 청량음료를 판매하는 자동판매기 제조업체 가운데 선두로 나서고 있다.

이 회사에서 인터넷 미래의 준비를 책임지고 있는 사람은 인포메이션 테크놀로지(Information Technology)의 부사장 에드워드 오치쵸우스키이다. 그는 이렇게 말한다.

"이 세상에 완벽한 건 없습니다. 하지만 IT는 완벽해야 한다는 함정에 빠져들었습니다. 그래서 우리는 80/20 법칙을 적용했는데, 이것은 IT 기능이 100% 완벽한 상태가 아니라 80%에 도달하면 된다는 걸 의미합니다. 이 규칙으로 인해 우리의 배달 속도는 훨씬 빨라졌고 미래에 대해 선명한 전망을 가지게 되었습니다. 우리는 제품의 품질이나 핵심 특성을 저하시키지 않습니다. 이것은 사업을 훨씬 빠르게 발전시킬 수 있는 방법입니다."

자동판매기 회사는 실시간으로 가격을 조절할 수 있는 네트워크 기계의 개발에 착수했다. 예를 들어 달라스에 설치한 콜라 자판기는 외부 기온이 섭씨 28도에 도달해 고객의 수요가 많아지면 음료 수 가격을 25센트 더 올리는 반면, 겨울철에는 25센트 낮추는 기능을 갖는다. 네트워크 기술을 이처럼 세련되게 사용하면 일반 대중의 눈길을 끌 수 있다. 하지만 인터넷 미래에서 전형적으로 벌어지는 일처럼, 이런 현상의 이면에서는 전혀 다른 유형의 혁명이 진행되고 있다. 에드워드 오치쵸우스키는 이렇게 말한다.

"자동판매기는 품질이 매우 좋은 식품을 자동으로 공급할 수 있는 큰 잠재력을 가지고 있습니다. 아침 식사나 신선한 과일은 어떻습니까? 돈은 무겁습니다. 만일 더 조그만 기계를 만들어서 고객들이 스마트 카드를 사용하게 한다면, 인터넷을 통해 역동적인 재고 파악을 할 수 있습니다. 그러면 소비자는 필요한 제품을 그냥 가져가면 되고, 우리는 장비를 체크해서 제품 품질을 향상시킬 수 있습니다."

이런 자동판매기는 신속한 가격 책정을 가능케 할 것이다. 예를 들어, 계란이나 과일의 유통기한이 2일밖에 안남았다면, 판매가격을 50% 더 떨어뜨릴 수 있는 것이다.

이것이 어떤 결과를 가져올지 생각해 보라. 만일 기계를 더 조그맣게 만든다면 더 많은 지역에 설치할 수 있다. 그리고 운반용 트럭의 수를 줄이거나 트럭 크기를 줄일 수도 있으며, 재고를 최소한으로 유지할 수 있다. 그리고 앞 장에서 언급했듯이, 고객은 자신이 공급받을 제품을 직접 결정할 수 있는 권한을 실시간에 요구한다.

고객 정보를 한 차원 높이기

경매에 기반을 둔 판매 환경에서, 진정으로 고객 중심적인 마케팅과 고객의 즉각적인 피드백이 이루어지면, 기업은 그 어느 때보다 신속히 업무를 수행하도록 압력을 받게 될 것이다. 기업이 이 새로운 고객 정보를 어떻게 조직하고 활용하는가는 상당히 중요한 문제이다.

- 판매 담당자는 고객 서비스에 좀더 익숙해져야 할 것이다. 고객의 통제력이 확대되고 모든 제품이 일용품화하면, 서비스가 제품에 차별성을 부여하는 가장 중요한 요인으로 작용할 것이다. 그리고 고객 서비스 담당 직원은 고객에 대한 지식으로 무장하여 적절한 제품을 권하고 추가적인 판매를 이끌어낼 수 있어야 한다.

- 생산 시스템은 더욱 유연하게 설계돼야 할 것이다. 마케팅 전략의 급속한 변화는 생산 일정을 보다 신속하게 조절하는 능력을 필요로 할 것이다.

- 제품을 모듈로 설계함으로써 고객의 다양한 욕구를 수용하여 제품 구조에 신속히 반영할 수 있어야 할 것이다. 소비자가 스스로 CD에 녹음할 수 있도록 하는 컴퓨터 주변기기가 보급되어 이용자들은 다양한 곳에서 방대한 음악 파일 데이터베이스를 탐색하여 CD에 담을 것이다. 이같은 유형의 음악 선곡에는 구매자와 그 선물을 받을 사람에 대한 정보가 동원된다. 이렇게 상호 결합된 정보는 공동 필터링에 의해서 미래의 고객이 직접 자신의 '앨범'을 제작하도록 도와주는데 사용될 수 있다.

- 기업들은 '좁은 울타리에서 나와' 고객이 진실로 원하는 것이 무엇인가를 생각해야 할 것이다. 웰스 파고(Wells Fargo)는 자사 웹 사이트에서 외부 금융 서비스에 접속할 수 있게 함으로써, 고

고객 행위를 데이터로 활용하는 마케팅

제품 중심적	고객 중심적
많은 고객을 끌어모으는데 중점을 둔다	구입할 가능성이 많은 고객을 찾는다
고객이 더 많은 제품을 구입하도록 만드는데 중점을 둔다	가장 많은 이익을 제공하는 고객에게 중점을 둔다
가격 경쟁력에 중점을 둔다	고객의 요구에 초점을 맞춘다
정책 혹은 미리 결정된 방침에 따라 행동한다	실시간 피드백에 따라 행동한다
판매는 영업사원이 담당하고 고객의 불만은 고객 서비스 직원이 접수한다	판매와 서비스를 하나로 묶는다
각각의 판매에서 총수입과 영업 자료를 구한다	각각의 판매에서 총수입과 함께 고객 자료를 얻는다
기업이 팔고 싶은 제품을 제공한다	고객이 원하는 제품을 제공한다

객이 이 은행을 원스톱 금융센터로 생각하도록 만들고 있다.

■ 계속해서 제품을 중심으로 조직을 꾸리는 기업들은 조직 내부의 지식 전달에 중점을 두게 될 것이다. 고객 중심적인 성격이 약한 조직의 기업일수록 모든 부서에 적절한 정보를 편리하게 전달시키기 위해 그만큼 많은 노력을 쏟아부어야 할 것이다. 예를 들어, 제품 중심 조직의 내부 네트워크는 서로 다른 기능 영역의 직원들이 일상적으로 팀웍을 이루는 고객 중심 조직의 내부 네트워크에 비해 특히 강력할 필요가 있을 것이다.

'고객의 그림자'를 제대로 활용하기

고객 행위를 데이터로 활용하는 이처럼 정교한 방법이 발전하게 되면 인터넷의 프라이버시 문제가 지금 고객이 우려하는 이상으로 중요한 이슈가 되지 않겠는가? 하지만 이 분야에 종사하는 전문가들은 그럴 가능성이 없다고 대답한다. 그들은 고객 정보의 사용 방법에 관해 공식 정책을 만들어내고 기업이 그것을 지키는 한, 고객이 정보 제공 여부를 자유롭게 결정할 수 있다고 주장한다. 기업들은 제3의 감시원을 고용해서 자사가 고객 자료를 공식 정책에 합당하게 이용하고 있는지 여부를 확인시키고 있다.

가장 정교한 형식의 데이터마이닝을 통하여 '고객의 그림자'를 창조할 수 있다 하더라도, 이것은 행위 패턴에 근거한 그림자이지, 확실한 자료는 아니다. '고객의 그림자'를 '행위 브랜드' 정도로 생각하라. 제품 브랜드 이미지가 제품 그 자체는 아니듯이, 소비자의 행위 브랜드 즉, '고객의 그림자' 역시 그 인간 자체는 아니다. 그림자의 내용이 아무리 풍부하다 하더라도, 그것은 특정 개인의 개성과 변덕스러움이 만들어 내는 풍부한 뉘앙스를 포착하거나 담아낼 수 없다.

마케터들이 고객에게 정보와 제품과 필요한 서비스를 제공하길 원한다면, 이들은 일정 지점에서 시작할 수밖에 없다. 과거에 이 지점은 소비자를 설득해서 자사 제품을 구입하도록 만드는 방법을 찾는 단계를 의미했다. 하지만 인터넷 미래의 마케터들은 소비자들의 목소리에 귀를 기울여서 사람들이 지금 현재 무엇을 원하는지, 한발 더 나아가서 앞으로 무엇을 원하게 될지 파악하고 그 욕구에 포커스를 맞춘 메시지를 전달해야 한다.

제6장
경험 공동체가 부상한다

인터넷 미래에는 글로벌 커뮤니케이션의 비용이 저렴해지기 때문에, 사적인 영역과 직업적인 영역에서 사람들간의 상호작용이 가속화될 것이다. 인터넷을 통해 전세계와 연결하는 비용이 낮아지고 사람들이 신속하게 세계와 의사소통하는 방법에 익숙해지면, 정보가 실시간으로 통합되고 토론과 의사결정 과정이 훨씬 빨라질 것이다.

집단적 사고가 가능해짐으로써, 필요에 따라 구성과 해체가 결정되는 즉각적인 인간 네트워크가 형성될 수 있다. 인터넷 미래의 사고방식은 협소하거나 단선적이기보다는 범세계적이며 동시적인 성격을 갖게 될 것이다. 인간의 정보 처리 과정은 컴퓨터 세계의 정보 처리 과정과 점점 더 유사해질 것이며, 컴퓨터의 복합적인 프로세서는 한 문제의 다양한 부분들에 동시에 접근함으로써, 기존의 컴퓨터 작업에 비해 아주 빠른 속도로 복잡한 문제를 풀어낼 것이다. 하지만 인터넷 미래에도 인간의 문제는 인간 자신만이 풀 수 있다.

통합된 경험은 전문 지식이 된다

전통적으로 지식은, 습득해서 이를 종이에 기록한 것으로 간주되어 왔다. 그래서 오랜 세월에 걸쳐 축적된 전문 지식은 일정 기간 동안 새로운 정보가 누적된 후 주기적으로 갱신되었다. 예를 들어, 서적의 개정판이라든가 정기적으로 업데이트되는 데이터베이스가 여기에 해당된다.

인터넷을 통해 사람들은 온갖 정보에 훨씬 빠르게 접근할 수 있을 뿐 아니라 수많은 사람들의 거의 모든 경험이 통합된 지식을 접할 수 있다. 이런 경험은 통합될 수 있으며, 전통적인 전문 지식을 보완하거나 대체하여 실시간으로 활용될 수 있다. 나는 이같이 사람들이 모여들거나 혹은 사람들을 모을 수 있는 지식의 통합 공간을 '경험 공동체'라고 부른다.

정부, 과학계, 언론매체, 직업별 조직 등 전통적인 기관들에 대한 신뢰가 지난 몇 년 사이 급격히 떨어짐에 따라 사람들은 다른 사람의 말에 더욱 의존하게 되었다. 토크쇼와 현실감 있는 TV쇼, 회고록 등의 인기는 다른 사람의 성공이나 실패를 통해 그와 동일한 문제의 해결 방법을 배우고 싶어하는 많은 사람의 욕망을 대변한다.

옳고 그름을 떠나서, 자신이 알고 있는 사람의 충고를(심지어 잘 모르지만 자신이 처한 상황을 잘 알고 있다고 생각되는 사람의 충고를) 가치있는 것으로 받아들이는 경향이, 심지어 소위 권위있는 전문가의 충고보다 더 중요하게 받아들이는 경향이 증가하고 있다. 유아를 양육하는 어머니들을 대상으로 개최한 인터넷 포럼에서 타인의 의견을 비판한 한 남자의 의견을 반박한 아래 글을 보라.

귀하께서는 의사들만큼이나 갓난아기에게 모유 먹이는 걸 '지지' 한다고 말합니다. 하지만 만일 귀하께서 모유 먹이기를 진정으로 지지하는 사람이 되길 원한다면 우리 여성들이 하는 말에 좀더 귀를 기울이고, 우리 여성들이 집단적으로 겪는 경험(소아과 의사들이 엉터리 충고를 하는 경우가 많으며 모유 먹이기를 반대하는 조언을 한다)을 존중해야 합니다. 아기를 기르는 엄마가 어렵게 터득한 경험을 다른 엄마에게 전달하는 방식에 대해 그런 식으로 비판하면 안될 것입니다.

인터넷 미래에는 온라인 경험 공동체가 집단적인 경험을 실시간으로 통합하는 새로운 차원으로 발전할 것이다. 변화가 계속 가속화되기 때문에, 경험을 통합하는 시간이 길어질수록 초기의 정보가 시대에 뒤떨어질 가능성은 그만큼 높아질 것이다. 수십 명의 사용자들에게 전자우편을 보내서 조언을 구한다 해도 더 현명한 결정을 내리지 못할 수도 있다. 하지만 이런 노력은 좀더 광범위한 지식과 현실적인 정보에 근거를 둔 결정을 내리는데 도움을 줄 수 있다.

인터넷 미래에서, 기업이 소비자로부터 신뢰를 획득하고 이를 유지하길 원한다면 우선 경험 공동체를 활성화시켜야 할 것이다. 인터넷 미래가 제기한 도전에 대처하기 위해 분투하는 기업들은 경험 공동체의 좋은 사례이다. 어떤 중역은 자사의 자동 조달 시스템을 사용하는 소비자들이 경험 공동체를 구성하길 바라면서 그 이유를 이렇게 설명했다.

"이 시스템의 사용법과 규칙을 알고 있는 사람은 아무도 없습니다. 이 시스템을 실제로 사용하는 사람들끼리 대화를 나눌 수 있다면 많은 도움이 될 겁니다."

이미 많은 회사들은 자사 조직이나 제품에 대한 평가를 얻기 위해 토론 그룹을 찾거나 조직하고 있다. 워드 오브 넷(Word Of Net)이라는 회사는 토론 그룹과 게시판에 풍부하게 실린 다양한 의견을 키워드 중심으로 정리함으로써, 경험 공동체가 특정 기업 및 제품에 대해 평가한 내용을 기업에게 제공한다.

소문을 퍼트려라!

소문은 기업 이미지에 항상 중요한 역할을 해왔다. 하지만 소문이 지금처럼 빠르고 광범위하게 퍼져나가는 시대는 아직 없었다. 폭스바겐을 주제로 한 뉴스그룹에서 발췌한 아래 글은 인터넷 미래에서 경험 공동체가 사업에 미칠 수 있는 영향력을 시사해주는 사례이다.

모든 논쟁에 최소한 두 가지 측면이 존재하긴 하지만 나는 다른 사람이 거래선을 잘못 선택했던 경험을 많이 참조하는 편입니다. 그러면 돈과 시간을 많이 절약할 수 있기 때문입니다. 이 세상에는 너무 많은 장사꾼이 존재하기 때문에 나 혼자서 판단하기 어렵습니다. 시장의 자유로운 기능은 차치하고 이 뉴스그룹의 집단적인 경험을 통해 어느 업체의 서비스가 최고이며 그렇지 못한 기업은 어디인지 밝혀냅시다. 나쁜 평판은 좋은 평판보다 빨리 퍼져나가는 법입니다. 지금처럼.

경험 공동체는 비즈니스나 개인의 관심사를 근거로 형성될 수 있다. 이 커뮤니티는 오랫동안 지속될 수도 있으며 금방 사라질 수도 있다. 그리고 일대일 대화처럼 친밀할 수도 있으며 인터넷 그 자체처럼 글로벌할 수도 있다. 하지만 그 형식과 주제가 어떻든, 이러한 커뮤니티가 인터넷 미래에서 사람들이 정보를 처리하는 방식을 규정할 것이다.

신속하고 즉각적인 메시지 커뮤니티

인터넷은 사실상 하나의 의사소통 매체이기 때문에, 새로운 실시간 의사소통 커뮤니티의 구성을 촉진할 것이다. 다양한 형식의 커뮤니티 가운데에서 내가 '인스턴트 메신저 커뮤니티'라고 명명한 커뮤니티는 협소하지만 시의적절한 주제를 다룰 수 있다. 이 커뮤니티는 두 사람으로 구성될 수도 있고, 메릴린치(Merrill Lynch) 같은 증권회사의 중개인 전체로 구성될 수도 있다. 1997년 10월 주가가 급락하자, 메릴린치의 대표는 500여 명 이상이 참여한 채팅 회의를 개최하여 불안에 휩싸인 투자자들의 다양한 질문에 응하고 문제를 정리했다. 이런 유형의 공개되고 즉각적인 쌍방향 의사소통은 인터넷 시대 이전에는 뉴스 매체와 같은 매개물을 통하지 않는 한 거의 불가능했다.

즉각적인 메시지의 전달이 가능하게 됨으로써 사람들은 현재 인터넷을 사용하고 있는 다른 사람들에게 실시간 메시지를 보내고

....

-Word of Net <www.wordofnet.com>

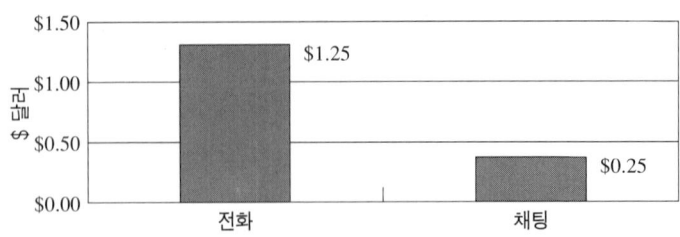

그림 6-1 통신 비용 비교

출처 : 쥬니퍼 통신회사

그들과 접촉할 수 있게 되었다. 전자우편이 발신자가 메시지를 타이핑해서 보내고 수신자가 나중에 그것을 받아보는 방식이라면, 즉각적인 메시지는 말 그대로 즉각적이다. AOL의 회원들은 지난 몇 년 동안 이런 서비스를 누려왔다. AOL은 회원들이 '회원 접속 목록(buddy list)'을 만들어 목록에 기재된 친구나 친지들이 지금 현재 접속 중인지의 여부를 즉시 확인하는 서비스를 제공한다. 이것은 어떤 사람에게 전화를 걸기 전에 그 사람이 집에 있는지 확인하는 것과 마찬가지라고 할 수 있다. 전화를 걸었을 때 그 사람이 집에 있긴 하지만 전화를 받지 않는 것과 같은 경우가 인터넷에서도 생길 수 있다. 연결선 건너편에 있는 상대방은 인터넷 접속은 되어 있지만 부엌에서 커피를 끓이고 있을 수도 있다.

ICQ는 'I Seek You, 나는 당신을 찾습니다'의 줄임말이다. 이것은 텔아비브에 있는 미라빌리스(Mirabilis)라는 회사가 개발한 무료 프로그램으로써 웹에 있는 사람을 찾을 때 주로 사용된다. 이 프로그램을 사용하면 즉각적인 메시지를 전달할 수 있으며 실시간 채팅에 참여할 수 있다.

ICQ를 처음 배포한지 18개월만에, 미라빌리스 사용자는 1천 1백만 명에 달했으며, 이 가운데에서 6백만 명은 적극적인 이용자였다. 이 회사는 미라빌리스를 통해 5,000여 개의 동호회와 1만 3천여 개의 활발한 채팅룸이 개설된 것으로 추측한다. 그리고 ICQ 메타 커뮤니티는 자생력을 가지고 있다. 회원들은 한 번의 클릭으로, 친구에게 스스로 프로그램을 다운받을 수 있는 곳의 인터넷 주소(URL)를 전자우편으로 보낼 수 있다. 이 커뮤니티는 '소문'으로 성장했다. 그렇다면 이 회사는 얼마나 수익을 올리고 있는가? 그것은 AOL이 시장에 뛰어들어 이 회사를 인수함으로써 세상에 알려졌다. 인수 가는? 선불 2억 8천 7백만 달러, 미래 발전 정도에 따라서 1억 달러 추가 지불! 정말 엄청난 금액이 아닌가!

채팅은 기업으로 파고든다

즉각적인 메시지 전달은 소비자를 위한 신선한 서비스의 일환으로 시작됐지만, 앞으로는 고객 및 동료와 긴밀한 상태를 유지하는 방법의 하나로 비즈니스 세계에서 더욱 폭넓게 채택될 것이다.

웹에서 소비자가 기업과 직접 그리고 즉시 접촉하게 만드는 능력은 사이버 경제가 주류를 형성하면서 특히 중요하게 될 것이다. 뉴저지 프린스턴에 있는 비즈니스 에블루션(Business Evolution)은 @원스 서비스 센터(@Once Service Center)라는 명칭의 소프트웨어를 개발했다. 시맨텍의 채트나우는 이 프로그램을 기초로 개발되었다. 이 회사의 최고 경영자 칸난은 이렇게 말한다.

웹 사이트 ....

- AOL <www.aol.com>
- Mirabilis <www.mirabilis.com>
- Business Evolution <www.businessevolution.com>

"나는 앞으로 일년만 지나면 여러 가지 질문에 대해 인터넷으로 즉각 대답할 능력을 갖추지 못한 웹 사이트에서는 소비자들이 더 이상 쇼핑하지 않을 것이라 생각합니다. 여러 연구에 의하면 쇼핑 카트에 품목을 집어넣은 사람들 가운데 98%가 주문 완료 직전에 거래를 취소한다고 합니다. 우리 고객 가운데 한 분은 제품 판매율이 예상 판매율보다 40% 떨어지는 이유가 사람들이 궁금해 하는 질문에 신속한 대답을 주지 않기 때문이라는 사실을 발견했습니다."

많은 기업은 고객의 다양한 질문에 대처하는 방식으로 채팅의 가능성에 주목한다. 이 부분에 대해서 칸난은 이렇게 말한다.

"고객들이 '전자우편이 너무 많이 온다. 깨끗하게 청소하고 싶다'는 등의 문제를 제기할 때가 많습니다. 그러면 우리는 고객에게 전자우편이 너무 많이 오는 것 자체가 문제인가 아니면 효과적인 고객 서비스 내용이 전자우편에 담겨있지 않은 것이 문제인지 되묻습니다."

고객에 대한 즉각적인 상호작용의 진정한 힘은 구매주기를 단축시키는 능력에 있다. 고객에게 필요한 정보를 제공하면, 그 정보가 안전한 인터넷 거래를 보장하는 간단한 내용이든 혹은 구체적인 자료이든, 고객이 실제로 거래할 수 있는 힘이 된다. 4장에서 이미 설명한 것처럼 신속한 가격 책정이 광범위하게 실시되고, "앞으로 15분 동안 제품을 구입하는 고객에게는 할인 혜택을 준다"는 식의 고객을 유혹하는 광고가 나가는 시대에, 전자우편으로 답신을 보내 고객으로 하여금 24시간을 기다리게 만드는 건 고객을 놓치는 지름길이다. 더구나 충동 구매를 부추기는 광고 내용은 시간 낭비에 불과하다.

그러나 고객 서비스의 일환으로 즉각적인 메시지를 보내는 것은 상당한 고민을 필요로 한다. 인터넷 고객 서비스가 본질적으로 전화 서비스와 동일하다고 생각하는 사람이 대부분이기 때문이다. 하지만 칸난은 그렇게 생각하지 않는다.

"현실적으로 볼 때 목소리를 사용한 의사소통과 문자를 사용하는 의사소통은 전혀 다른 유형의 기술을 필요로 합니다. 후자는 기술력과 언어 작성 능력만 갖추면 매우 쉽지요."

인터넷 미래에는 이 능력이 다양한 프로그램 속에 통합되어 모든 사람이 언제든지 필요한 사람과 의사소통하게 될 것이다.

채팅을 하자

경험 공동체는 인터넷의 핵심이다. 사실, 인터넷 그 자체도 연구 성과를 서로 교류하려는 미국 국방성 연구원의 경험 공동체로 시작되었다. 곧바로 대학 연구원들이 이 초창기 커뮤니티에 참여하게 되었다. 비록 이 당시에는 정교한 채팅을 할 수 있는 능력이 없었음에도 불구하고 이들은 유사한 관심사를 지닌 사람들을 예전에는 전혀 상상노 못하던 방식으로 끌어모으는 인터넷의 힘을 유감 없이 보여주었다.

채팅의 전신은 게시판(bulletin board)으로써, 사람들은 이 게시판을 통해서 캘리포니아에 본부가 있는 The WELL(Whole Earth Lectronic Link)과 같은 특정 그룹에게 문자 메시지를 보낼 수 있었다. 이 방법은 1980년대 중반에 등장했는데, 연결 방식은 인터넷이 아니라 전화 네트워크를 사용했다.

채팅은 게시판 개념을 한 단계 발전시켜, 참가자들이 실시간으로 타이프를 쳐 문자 메시지를 서로 주고 받을 수 있도록 만들어 주었다. 그 위력은 ISP로 가장 유명한 아메리카 온라인(AOL)의 등장을 통해 유감없이 입증되었다. 풍부한 컨텐츠를 제공하는데 중점을 둔 또다른 초창기 온라인 서비스 업체 프로디지(Prodigy)와 달리, AOL은 채팅을 인터넷 체험의 기본으로 프로모션하여 사용자들을 끌어모았다. AOL은 사용 시간을 근거로 이용료를 부과했기 때문에, 사용자들을 최대한 오랫동안 인터넷에 붙잡는 게 이익이었으며, 채팅은 이 목적을 달성시켜주는 매우 유용한 도구였다. 젊은 시절 햄 무선으로 뉴질랜드나 브라질과 교신하면서 스릴을 맛보았던 부모 세대는 전혀 다른 매체를 통해서 세계 전역과 의사소통하며 스릴을 만끽하는 자녀 세대를 지켜보았다.

인터넷에 몰려드는 사람들이 늘어나고, 시간과 장소에 구애없이 누구하고나 의사소통할 수 있다는 생각이 보편화되면서, 사람들은 시간을 보낼만한 인터넷 공간을 좀더 신중하게 고르기 시작했다. 분화된 욕구를 수용하기 위해 다양한 커뮤니티가 개발될 필요가 있었다. 예를 들어, 트라이포드(Tripod) 역시 20여개의 커뮤니티로 시작했는데, 각각의 커뮤니티들은 제각기 괴상한 이름을 가지고 있었다. 검색엔진 라이코스는 이 업체를 5천 8백만 달러에 인수한 다음, 커뮤니티의 영역을 재분류해서 좀더 광범위한 관심사를 포용할 수 있도록 만든 다음, 기존의 핵심 사용자들의 기분을 해치지 않는 범위에서 품위있는 이름으로 바꾸었다.

트라이포드는 또한 채팅과 온라인 커뮤니티를 일상적인 삶 속에 통합시키는 방법도 제시하고 있으며, 라이코스는 공동 필터링(이 자체가 즉각적으로 커뮤니티를 창조한다)을 사용해서 트라이포드 커뮤니티 구성원의 컨텐츠를 자사의 검색 결과에 집어넣는다. 사용자가 키워드로 검색하면, 라이코스는 웹 페이지의 목록을 검색 결과로 출력할 뿐 아니라 그 주제를 다루고 있는 트라이포드 회원의 개인 홈페이지 목록도 보여준다.

인터넷 미래에서 채팅이 나아갈 다음 단계는 기업에서 지식을 공유하는 방법의 하나로 자리잡는 것인데, 이것에 대해서는 다음에 논의하겠다.

세 도시 이야기

의사소통 능력의 혁명적인 발전으로 사람들은 다양한 커뮤니티로 '이사하여' 자신과 비슷한 사람을 찾아 서로의 경험을 나눌 기회를 많이 갖게 될 것이다. 인터넷 미래에서 사람들은 실제 세상에서처럼 인터넷에서도 적절한 이웃을 선택해야 한다는 부담을 갖게 될 것이다. 그 이유는 다른 커뮤니티로 이사하는게 쉽지 않기 때문이다.

물론 인터넷에서는 마우스 클릭 한 번으로 다른 커뮤니티로 이사하는 일이 가능하다. 하지만 자신을 특정 커뮤니티에 속하게 한 온라인상의 소속감을 함께 가져갈 순 없다.

지금부터 세 개의 커뮤니티의 각기 다른 접근 방식을 살펴보도록 하자. 첫 번째 커뮤니티는 일반적인 커뮤니티였다가 다양한 경

웹 사이트 ....
- Tripod <www.tripod.com>
- ivillage <www.ivillage.com>

험을 조직하여 회원들이 문제를 풀 수 있도록 도와주는 여성 커뮤니티로 발전해 왔다. 두 번째 커뮤니티는 심각한 주제의 토론에 포커스를 맞추고 있다. 세 번째 커뮤니티는 기본적으로 회원들 스스로의 자기 관리를 북돋운다.

여성들의 네트워크

인터넷에서 조직된 그룹 가운데 가장 연륜이 깊고 유명한 곳 하나가 아이빌리지(iVillage)이다. 실리콘밸리에 있는 이 업체는 Q2의 전임 사장 캔디스 카펜터와 그의 오랜 친구이자 패밀리 라이프(Family Life)의 전임 편집자 낸시 이반스, 그리고 로버트 레비탄이 이끌고 있다.

처음 설립되었을 때, 이 회사는 사용자들이 커뮤니티에 대한 소속감을 갖게 하는데 포커스를 맞추었는데 지금은 이용자 대부분이 여성으로 채워지고 있다. 대형 유선 방송사 TCI, 실리콘밸리의 중요한 벤처 캐피털 클라이너-퍼킨스(Kleiner-Perkins)들을 망라하는 다양한 회사로부터 많은 투자를 유치한 이후, 이 회사는 여성의 인터넷 네트워크에 본격적으로 뛰어들었다. 카펜터는 이렇게 말한다.

"우리는 우리 자신을 눈동자의 집합으로 간주합니다. 커뮤니티는 우리가 이용자에게 봉사할 수 있는 핵심적인 내용 가운데 하나입니다. 우리는 실질적인 문제 해결 방식을 전달할 수 있습니다. 우리는 문제 해결을 목표로 하는 커뮤니티입니다. 예를 들어, 외국아동 입양은 어려운 문제입니다. 하지만 외국 아동 입양을 희망하는 사람이 요청하면 커뮤니티에서 문제를 해결할 수 있도록 도와줍니다.

우리는 사람들의 다양한 경험을 색인화하는 방법을 모색하고 있습니다. 우리는 문제 해결의 다양한 측면에 대한 색인 작업의 일환으로 홈페이지를 활용하고 있으며, 이제 막 그 지식의 전수를 시작하고 있습니다. 이용자들은 처음에는 심심풀이로 시작했으나 지금은 자신의 삶을 완성시키는 형태로 발전하고 있습니다. 가령 어떤 사람이 들어와서 '저는 조금 전에 유방암 진단을 받았는데, 저에게는 꼬마 아이 두 명이 있습니다'라고 토로했다고 합시다. 그러면 사람들이 즉시 도움의 손길을 내밉니다.

그래서 아이빌리지에서 어떤 형태로든 도움을 받은 사람들은 나중에 다른 사람들을 돕게 된다.

"만일 당신이 커뮤니티에서 생명을 구하는 도움을 받게 된다면, 당신은 그 답례로 다른 사람을 돕고 싶은 열망을 갖게 되겠지요. 인터넷은 보조 수단일 뿐입니다. 우리는 인터넷을 매개로 이웃을 돕고 있습니다. 우리는 여성이 겪을 수 있는 모든 문제를 생각합니다. 내 목표는 아침에 일어나서 그날 내가 어떤 문제에 마주치더라도 아이빌리지 회원들이 도움을 제공할 거라는 확신을 갖는 것입니다. 누구든 이곳에 와서 고매한 것부터 세속적인 것에 이르기까지 필요한 경험을 이미 겪은 사람을 찾을 수 있습니다. 이곳은 여성의 네트워크이며, 그래서 여성들에게 안정감을 줍니다. 우리가 조사한 결과에 의하면, 인터넷에서 우리만큼 안정감을 주는 곳이 없습니다."

이 회사의 성공은 온라인 커뮤니티의 역할이 얼마나 중요한지를 잘 나타낸다. 아이빌리지는 1998년 백만 명 이상의 회원을 갖게 되었으며, 향후 몇 년 동안 매년 그 숫자가 두 배로 늘어나고, 매달 이백 만명 이상이 방문할 것으로 예측하고 있다. 이 여성들은 한달에 얼마나 많은 컨텐츠를 접하게 될까? 1998년 중반 회원들이 만든 컨텐츠의 페이지가 7천만 장 이상에 달했다. 아이빌리지는 인터넷에서 일곱 번째로 많은 컨텐츠를 지닌 사이트로 자리잡았다. 카펜터는 이렇게 말한다.

"우리는 아이빌리지가 여성의 다양한 고통과 문제 해결을 도와주는 일차적인 자원으로 이용되기를 희망합니다."

인터넷 환경에서 많은 회사들이 탄생하고, 인터넷 커뮤니티나 사업이 성장하는 이면에는, 개혁의 과제들도 많을 것이다. 아이빌리지는 조직 내부에서 생산 및 기술 부서의 역할을 재평가하기로 결정한 다음, 인터넷 전략 컨설팅 회사를 초빙하여 작업 진행 방식과 시스템 인프라스트럭처를 평가했다. 평가 결과에 따르면, 아이빌리지는 계속 성장하고 발전하는 사업의 다양한 요구를 수용하기 위해 보다 전면적으로 접근할 필요가 있었다.

쌍방향 컨텐츠를 신속하게 생산하기 위해, 아이빌리지와 컨설턴트는 복합적인 생산 단위를 개발했다. 독자적으로 존재하던 IT 조직은 이제 네트워크 인프라스트럭처를 형성하고 시스템 도구를 제공함으로써, 생산 및 기술 부서가 창조적인 비전을 실천에 옮길 수 있도록 만든다. 기술 관련 관리자들은 시스템 도구가 편집, 생산을 비롯한 다른 사업 단위의 다양한 요구에 부응하도록 만든다. 그리고 각 부서에 전면적인 지원을 제공하는 데스크는 적절한 자원을 동원하여 기술적인 문제의 활로를 찾는다.

인터넷 미래의 전형적인 기업이 그렇듯이, 아이빌리지 역시 조직과 시스템 인프라스트럭처를 변화시키기 위해 적극적으로 노력하며 인터넷 시장의 성장에 대비하고 있다.

모두가 가족이다

아이빌리지가 여성의 네트워크를 목표로 한다면, 4천 5백 킬로미터 떨어진 곳에 있는 또 다른 기업은 가족 커뮤니티 건설에 포커스를 맞추고 있다. 캘리포니아에 본사가 있는 라이브 월드 프로덕션(Live World Production) 주식회사는 애플 컴퓨터 산하의 실패한 온라인 벤처기업 이월드(eWorld)가 극적인 변신을 함으로써 탄생했는데, 회사가 구성한 커뮤니티를 토크 시티(Talk city)라고 명명했다.

활동적인 참여 회원이 백만 명을 넘는 이 기업은 인터넷에서 가장 큰 커뮤니티 건설자 중 하나로 신속하게 자리잡았다. 매월 3백만 시간 이상의 채팅, 첫 3개월 동안 50만 개의 홈페이지 개설 등의 대기록을 세웠던 것이다. 라이브 월드는 이 커뮤니티를 위해서 천만 달러의 자금을 끌어들였으며, 발족한지 2년만에 한달 평균 4백만 시간의 채팅을 기록했는데, 여기에는 의장이 사회를 보는 그룹 3만 6천여 개가 포함되어 있다. 5백만 명 이상의 사용자들이 토크 시티를 경험했으며, 한달 평균 1백만 명 이상이 정기적으로 참여하고 있다. 일부 참가자는 월 평균 20분 정도, 정기적인 방문자들은 월 평균 3시간씩 접속한다. 라이브 월드의 최고 경영자 피터 프리드만은 이렇게 말한다.

"이들은 자신을 토크 시티의 가족으로 간주합니다. 자신을 이곳의 구성원으로 생각하는 거지요."

토크 시티가 발족된 이래, 회원들은 8억 차례나 구성되었던 채팅 화면을 비롯해 다양한 커뮤니티 상호작용을 경험했다. 프리드만은 계속해서 이렇게 말한다.

"앞으로 이곳은 단순히 웹 페이지를 구경하는 것을 넘어 유익한 시간을 보내는 공간이 될 것입니다. 우리는 채팅을 통해서 충실한 회원을 많이 확보했습니다. 그런 다음에 다양한 채널을 개발했는데, 가장 큰 채널은 가족과 십대 청소년 그리고 대학입니다. 지금 현재 약 3천여 명에 달하는 대학생들이 정기적으로 이곳에 참여하고 있으며, 그 가운데 절반은 여학생들입니다.

우리는 소문으로 성장했습니다. 사람들은 단순한 스포츠 모임에 참여하기보다는 토크 시티의 다양한 커뮤니티에 참여하는 것을 더 좋아합니다. 그들은 자신이 직접 참여하고 자신과 동일시할 커뮤니티를 찾습니다. 그런 사람들에게는 이러한 커뮤니티가 인터넷에 참여하는 가장 중요한 이유일 겁니다. 커뮤니티를 바꾸기는 매우 어렵습니다. 따라서 커뮤니티는 무엇보다 우선 자생력 있는 문화를 가지고 있어야 합니다."

토크 시티에서 일어나는 모든 토론 가운데 1/3은 의장이 사회를 보는 형식으로 진행된다(그래서 토크 시티의 '의장'은 7백여 명에 달한다). 의장들은 누구나 참여할 수 있는 온라인 토론의 질서를 유지하며 회의를 이끌어 나간다. 반면에 의장이 없는 그룹은 스스로 규율을 만들어 가고 있는데, 이들은 무례한 회원이 있을 경우에 마우스 클릭 한 번으로 '시티 규율 감찰단'에게 알리고 그에 대한 처리를 요청할 수 있다.

토크 시티는 오후 3시에서 오후 10시 사이에 가장 바쁘며, 회원 가운데 60%가 25세에서 50세 사이의 연령에 속한다. 이 회사는 많은 기업들이 주로 여론 조사 목적으로 회원들과 접촉하고 싶어한다는 사실을 알고 있다. 토크 시티는 NBC, 스프린트, 마이크로소프트, 시스코, 유에스 웨스트 등과 같은 기업을 위해 온라인 소비자 토론 그룹을 조직하기도 한다. 프리드만은 "사람들은 온라인 소비자 토론 그룹에서 더 많은 의견을 내놓는다"고 말한다.

이 회사는 사람들이 토크 시티 내부에서 홈페이지를 만들도록 장려하는데, 프라이드만은 이것을 '대중을 위한 홈페이지'라고 부른다. 그리고 모든 페이지는 토크 시티의 내부 구조 속에 통합된다. 프리드만은 이렇게 말한다.

"우리는 아주 깨끗하고 밝은 분위기의 가족 지향적 구조를 지닌 환경을 창출했습니다. 우리는 커뮤니티가 다른 어떤 매체와도 구별되는 인터넷의 가장 뚜렷한 특징이라고 생각합니다. 사람들은 서로 상호작용하며 관계를 만들어갑니다. 커뮤니티는 웹 페이지의 내용을 살펴보거나 정보를 검색하는 활동과 확연히 구분됩니다. 사람들로 하여금 다른 사람들과 상호작용하도록 만들어 주기 때문입니다. 커뮤니티는 인간의 가장 기본적인 필요와 상황을 표출하며 서로 의사소통하게 합니다. 커뮤니티는 고립된 개인의 인터넷 체험이 아닙니다. 우리는 굉장히 많은 사람이 인터넷 서비스를 통해 가족으로 구성되고 있음을 발견합니다."

토크 시티의 운영 방식은 인터넷에 접속한 사람들이 토크 시티 사이트에서 채팅룸을 개설한 다음, 그 사이트를 사용자 자신의 홈페이지 속에 집어넣는 형식이다. 예를 들어, 서로 다른 곳에 거주하는 로즈와 아그네스 자매기 가족 채팅실을 만들길 원한다면, 두 사람은 토크 시티의 몇 가지 양식에 내용을 기입한 다음, 다른 가족 구성원에게 그 웹 주소를 알려주면 된다. 그러면 테리올트 가족은 각자 컴퓨터에서 하던 작업을 멈추지 않은 채 서로 '채팅'을 나눌 수 있다. 발족한지 얼마 되지 않아 토크 시티의 채팅 공간에는 3만 5천여 개 그룹이 합류했다.

"사람들은 이곳에서 오랫동안 만나지 못하던 가족 구성원을 상

봉하곤 합니다. 커뮤니티는 인터넷 특유의 체험 공간입니다"라고
프리드만은 말한다.

사람들에게 자율권을 준다

더글로브(Theglobe.com)는 1994년 토드 크리즐만과 스테판 패
터노트가 코넬 대학 재학 시절에 창업한 회사이다.

24세의 크리즐만은 "우리는 온라인 청중을 만들어 내는 기회를
발견했다"고 말한다. 그리고 패터노트는 "우리는 함께 소규모 사업
계획을 제시해서 친구와 가족들로부터 1만 5천 달러의 자금을 투
자받았다"고 말한다. 1995년 두 사람은 커뮤니티 웹 사이트를 발
족시켰으며, 향후 2년 동안 2백만 달러를 유치했다. 그 즈음, 두 사
람은 알라모 렌트카의 소유주 마이클 에간과 만나게 되는데, 두 사
람을 만난 에간은 사업 계획을 살펴본 다음 2천만 달러라는 거금
을 투자했다.

1998년 더글로브의 회원은 1백 50만 명에 달했으며, 매달 15만
명 정도의 증가세를 유지했다. 그리고 두 사람은 이 커뮤니티를 발
전시키기 위해 뉴스, 애완동물 키우는 법, 그리고 자동차 매매 등에
관한 사이트를 추가했다.

이 커뮤니티가 가지고 있는 매력은 사람들이 토론할 내용과 구
성할 커뮤니티를 미리 지정하지 않고 구성원들 스스로 커뮤니티를
구성하도록 지원하는 전략을 구사한다는 것이다. 패터노트는 여기
에 대해서 이렇게 말한다.

"사람들은 스스로 커뮤니티를 만듭니다. 우리는 시스템을 만들
어 사람들이 스스로 작은 커뮤니티와 가상 마을과 도시를 만들도
록 도와줄 뿐입니다. 우리는 그 모든 것을 규정하고 결정하는 대신,

사람들 스스로 그렇게 할 수 있도록 기반을 제공합니다. 우리 사이트에서는 결혼식도 열리고 종교 집회도 개최됩니다. 우리가 전혀 상상조차 못하던 커뮤니티들이 만들어지고 있는 것입니다.

우리는 현실 세계를 최대한 모방하려고 노력합니다. 우리는 먼저 사람들이 함께 모인 다음 관심사가 비슷한 사람들끼리 어울리기를 원했습니다. 뉴욕에서 보통 술집과 유명한 술집이 다른 이유가 무엇입니까? 어느 술집에서나 똑같은 술을 팔고 있습니다. 차이점은 누가 어떤 술집에 가는가 하는 것입니다. 그래서 어디에 가면 친밀한 사람들을 많이 만날 수 있는가 하는 것입니다."

크리즐만은 이렇게 말한다.

"이미지를 만드는 건 아주 중요합니다. 우리는 사람들의 호감을 끄는 이미지와 브랜드를 가지고 있는 기업만이 장래성이 있다고 생각합니다. 아직까지는 어떤 기업도 사람들에게 인정받는 브랜드를 가지고 있지 않습니다."

이 회사는 이러한 판단에 근거를 두고 더글로브를 사람들에게 세련되고 멋진 공간으로 인식시키기 위해 8백만 달러 규모의 텔레비전 광고를 실시했다.

두 사람은 이 커뮤니티를 주민과 헌법이 존재하는 일종의 정부로 간주한다. 이 기뮤니티의 50%는 18세에서 34세로 구성되어 있으며, 이들 가운데 절반 이상은 남성이다. 그렇다면 이 커뮤니티는 민주주의를 어떻게 실현하는가? 더글로브에서는 모든 사람이 그룹 구성을 제안할 수 있다. 그 후 15인 이상이 투표를 통해 관심을 표명하고 참여 의사를 밝히면 그룹이 만들어진다. 이 그룹은 많은 회

웹 사이트 ···

- Theglobe.com <www.theglobe.com>

원이 가입하는 커뮤니티로 성장할 수도 있지만 점차 관심을 잃고 '퇴출' 당하는 운명을 맞이할 수도 있다. 커뮤니티 전체의 관심사가 하부 커뮤니티를 규정하는 것이다.

크리즐만은 이렇게 말한다.

"우리에게는 다양한 테마와 많은 도시가 있습니다. 로맨스라는 주제 하에 '사랑의 도시'라는 이름의 커뮤니티를 구성한 다음 그 안에서 관심사가 비슷한 좀더 구체적인 그룹을 찾거나 만들어서 활동하게 됩니다. 이 커뮤니티는 완벽한 유기체처럼 움직이기 때문에 사람들은 항상 자신이 원하는 공간을 만들거나 찾아갈 수 있습니다."

실리콘 밸리에 있는 이 회사는 사람들이 관심있는 모든 주제에 대해 토론할 수 있도록 만들어 주며, 사람들이 스스로 자신의 홈페이지를 만들 수 있도록 소프트웨어를 제공한다. 크리즐만은 "사람들은 자기 자신 혹은 자신의 관심사에 대해 토론하기를 정말 좋아한다"고 말한다.

패터노트는 이렇게 말한다.

"커뮤니티에 관심이 있는 사람이라면 이곳에서 친구를 발견할 가능성이 아주 높습니다. 그래서 한 그룹의 일원이 된 다음에는 이곳을 떠나기 어렵습니다. 앞으로 3년에서 5년 동안은 고객이 계속 늘어갈 것입니다. 그렇게 되면 이곳을 떠나기가 더욱 어려워질 것입니다. 사람들은 친구들이 모여있는 곳을 외면할 수 없을 겁니다."

더글로브의 회원들 다수는 한달 평균 약 30분을 이곳에서 '대화'하는 데 보낸다. 이 회사의 이름에 걸맞게, 커뮤니티 회원 가운데 약 40%는 미국 이외의 국가 즉 일본과 호주, 영국, 그리고 독일에서 참여하고 있다. 이처럼 미국 이외의 나라에 거주하는 사람들이 많이 참여하는 가장 커다란 이유는 자국어로 의견을 개진하고 의사소통할 수 있기 때문이다. 그리고 이 전자 커뮤니티를 통해 수백 쌍이 부부로 맺어지자, 더글로브는 새로 맺어질 커플이 혼인서약을 할 수 있도록 '사이버채플(cyberchaple)'을 만들었다. 온라인 커뮤니티의 성장을 촉진하기 위해, 더글로브는 IPO에 5천만 달러의 추가 투자 유치를 신청한 상태이다.

당신의 네트워크가 전체 네트워크이다

광범위한 네트워크에 동시에 접속할 수 있다는 건 낚시줄 대신 그물(Net)을 던지는 것과 같다. 더 많은 정보를 더 신속하게 획득할 수 있기 때문이다. 개인의 입장에서 이것은 훨씬 짧은 시간에 광범위한 전문 영역에 접근할 수 있음을 의미한다. 그리고 기업 입장에서는 엑스트라넷을 통해 고객 커뮤니티(구매자와 판매자 커뮤니티)를 만들어 내고 직원의 집단적인 지식을 좀더 효율적으로 사용할 수 있다는 걸 의미한다. 이런 접근 방식은 네티즌 직원들에게 자신이 회사 '커뮤니티'의 일원이라는 느낌을 심어주어 그들을 좀더 행복하게 만드는데 활용될 수 있다.

비즈니스 커뮤니티

직장 동료—직장 동료
오늘은 월요일이다. 밥 클레인래스는 질레트 주식회사가 차세대화장품을 개발하는데 사용할 새로운 중합체(polymer)의 실험 방식에 대한 계획을 수립하기 위해 자신의 컴퓨터 앞에 앉는다. 그는 지난 주에 회사 복도에서 동료 한 명을 만나 잠시 애기를 나누었는데, 그 때 그 동료가 말한 재미있는 아이디어가 뇌리에 떠오른다. 클레인래스는 자신의 기억도 새롭게 하고 노트에 정리한 내용도 평가하기 위해 직장 동료 몇 명과 함께 토론하고 싶은 마음이 생긴다.

몇 분 후, 클레인래스는 기업 인트라넷에 공간을 만든다. 중합체 개발을 위해 작업하는 모든 동료들이 서로 힘을 합쳐서 실험 계획을 입안할 공간이다. 그는 자신이 만든 이 공간의 어떤 섹션에 누구를 접속하게 할지 결정한다(이 공간은 몇주일 후에 프로젝트 개발 전체를 포용하는 새로운 프로젝트 공간으로 전환될 예정이다). 또한 그는 자신의 노트 내용이 담긴 폴더를 데스크탑에서 끌어내어 브라우저의 한 영역에 입력시킨다. 그 다음 그는 실험 과정 토론에 참여시키고 싶은 동료 다섯 명에게 전자우편을 보내서 자신이 공간을 만들었다는 사실을 통보함과 동시에 내일 인터넷에 접속하여 실험 과정에 대해서 간략한 토론을 나눌 수 있는지 질문한다.

다음 날 아침, 클레인래스의 컴퓨터는 누군가가 프로젝터 폴더에 새로운 정보를 입력시켰다는 사실을 클레인래스에게 통보한다. 사람들이 인터넷에 모여들어 실험 과정에 대해 토의를 시작한다. 한 사람이 시카고에 있는 제조 설비를 포함시키자고 제안한다. 클레인래스는 재빨리 제조 설비 담당 직원을 토론공간에 접속시킨 다음, 전자우편을 보내서 현재 진행중인 내용을 알려준다. 몇 가지 실험 과정에 대해 토론한 다음, 이 그룹은 오프라인으로 각자 여러 가지 방안을 검토한 다음 가장 타당하다고 생각되는 내용을 온라인 투표로 결정한다. 공동의 노력을 가능케 하는 이 시스템은 투표

결과를 자동으로 처리하여 그 결과를 모든 사람이 볼 수 있도록 발표한다. 실험 방식은 이런 과정을 통해 결정되며, 토론 과정에서 나온 모든 내용은 나중에 참고할 수 있도록 자동으로 저장된다.

질레트 내부에서 클레인래스의 그룹을 비롯한 다른 4개 그룹이 사용하는 시스템은 인스팅티브 테크놀로지(Instinctive Technology)가 개발했다. 이 회사의 최고 경영자이자 회장인 제프리 베이어는 "우리 고객 대부분은 작은 노력부터 시작했다"고 말한다. 베이어는 그룹웨어와 문서 관리 시스템에 큰 문제가 있다는 사실을 발견하고 이 회사를 설립했다. 직원들이 종종 그 시스템을 사용하지 않았다. 시스템을 설치하는 데 너무 오래 걸리고 정보기술부서로부터 상당히 많은 지원을 받아야 했기 때문이다. 그리고 직원들은 정교한 응용 프로그램을 익혀야 시스템을 사용할 수 있었다. 게다가 기업 특유의 관료주의와 저항이 상존한 상태에서 회사 전체에 시스템을 배치하는 문제도 있었다.

공동의 노력을 촉진시키는 시스템 특유의 장점에도 불구하고, 이처럼 고도로 구조화된 복잡한 응용 프로그램은 인터넷에 접목된 비즈니스에 적합하지 않다. 인터넷 비즈니스의 세계는 조직적·지리적 경계, 그리고 그 경계선 안팎을 신속히 오가며 여러 팀을 하나로 묶어 다양한 프로젝트를 관리하는 능력을 필요로 한다. 필요할 때 네티즌 직원들이 즉시 커뮤니티를 구성하고 필요한 만큼 모임을 유지시킬 수 있어야 한다.

베이어는 e-룸(e-Room)이라는 솔루션을 개발했는데, e-룸은 일반 직원들이 웹 브라우저를 사용해서 회사 안팎에서 스스로 커뮤니티를 구성할 수 있도록 만들어 주는 제품이다. 이 제품은 개발된 지 6개월 만에, 200여 개에 달하는 기업의 거의 모든 작업에 효과적으로 사용되었다. 복잡한 프로젝트 관리부터 특별팀을 구성하여 15개 기업이 2주일만에 합동 사업 제안서를 작성하는 등의 일이 가능했다. 베이어는 이렇게 말한다.

"그룹웨어는 대부분 응용 프로그램 개발자를 타겟으로 하고 있었습니다. 반면에 우리는 아주 쉽게 공간을 개설하고 운영할 수 있도록 필요할 때마다 주체적으로 토론 그룹을 구성하고 진행할 수 있도록 도와주는 시스템을 원했습니다. IT부서에는 진보적인 그룹과 그렇지 않은 그룹의 두 가지 유형이 있습니다. 하지만 이들 대부분은 진보적입니다. 자료 관리와 지원 사업이 공포의 대상이 아닌 한, 그들은 '우리는 괜찮다'고 말하는 경향이 있습니다. 그들은 자료에 대해서 걱정할 필요가 없고, 의사소통을 자유롭게 할 수 있는 기업 인프라스트럭처를 개발하기를 원합니다."

클레인래스와 그의 그룹은 온라인 협력을 통해 예상밖의 성과를 얻은 다음 이렇게 말한다.

"그룹 내부에 뛰어난 조사원이 있다 하더라도 필요한 정보를 구한다는 건 그리 쉬운 일이 아니다. 하지만 온라인 네트워크를 통해 우리는 상상하지도 못하던 많은 아이디어를 얻을 수 있었다."

동종 직업 종사자─동종 직업 종사자

제 2장에서 논의했듯이, 앞으로는 직업을 근거로 구성된 작업 커뮤니티도 기업 기반의 커뮤니티만큼이나 중요하게 될 것이다.

■ 온라인 컨퍼런스 '지식 생태학 전람회'는 공동 학습 환경 개발에 관심을 가진 사람들을 불러들였다. 한달 동안의 컨퍼런스 기간 중에 17개 국 375명의 참가자들은 다양한 일정의 회의와 토

론에 등록했다. 한 참석자는 이렇게 말했다.

"가상 커뮤니티에 참여하여 나의 내면을 구체적으로 볼 수 있었습니다. 대면 상황에서는 자신의 내면을 무시하는 경향이 있는 반면, 인터넷에서 내면 사고를 무시하는 일은 익숙하지 않기 때문인 것 같습니다. 나는 여러분들이 인간이 만든 이 훌륭한 세계에 참여하여, 여러분 스스로 진행하는 이 놀라운 대화를 통해서 진정한 자아를 찾을 수 있기를 바랍니다."

■ 모든 대화의 비용이 싼 것은 아니다. 프리스틴 리얼 타임 트레이딩(Pristine Real Time Trading)의 창업 의도는 다양한 상인을 연결하여 구매와 판매를 실시간으로 이어주는 것이었다. 이 공간은 회원들이 주가 변동에 따라 현금을 바꿀 수 있도록 만들어 준다. 이 커뮤니티의 회비는 한 달에 525달러이며, 전세계에서 400명 이상이 가입했다.

■ AOL의 비즈니스 채널은 다양한 산업계를 대상으로 한 포럼을 개최하고 있다.

■ 일부 커뮤니티는 점점 더 규모를 확장한다. 플래닛올(PlanetAll)은 사적인 정보를 모아놓은 데이터베이스로서, 커뮤니티 내부의 다양한 관계를 인지하고 추적하는 역할을 한다. 커뮤니티 기반의 이 서비스는 개설 2년도 안되는 짧은 기간 동안 백만 명의 회원을 확보했으며 일 평균 5천에서 1만 명에 달하는 신규 회원을 받고 있다.

(웹 사이트) ....

- Pristin Real Time Trading <www.pristine.com>
- Planet All <www.planetall.com>

감독관—협의회

인터넷 작업 환경에서, 커뮤니티의 등장은 지위 고하를 막론하고 훨씬 많은 직원이 기업 내부의 다양한 주제에 대해 광범위한 토론을 가능하게 했다. 전사적인 대규모 모임을 소집하거나 모임의 실질적 성과를 위해서 참석 인원을 최소화하여 토론을 진행하는 방법보다는 즉시 구성되는 다양한 커뮤니티가 훨씬 뛰어난 역할을 할 수 있다.

'포춘' 지 선정 100대 기업에 속하는 에너지 회사 트랜스-캐나다 파이프라인(Trans-Canada Pipelines)의 중역들은 미래 시나리오를 수립하기 위해 이를 주제로 토론을 개최하기로 결정했다. 또, 참가자의 범위는 예전처럼 최고위층 15명으로 한정하지 않고 회사 전체의 고급 관리자 200명으로 넓히기로 했다. 그러나 회사 전체의 200여 명에 달하는 고급 관리자를 소집하는 일은 기술적으로 불가능했다. 그래서 메타 네트워크(Meta Network)에 웹을 통해 접속할 수 있는 인터넷 회의 공간 30개의 개설을 위임했다. 전략 토론 그룹은 고급 관리자들이 실시간 토론을 나눌 수 있도록 만들어졌다. 회의는 참가자 전원이 참석한 상태에서 개최되고 종결되었다. 그리고 그 결과가 계속 남아있기 때문에 한번의 클릭으로 접속할 수 있었다. 한 관리자는 "마침내 나는 동료들이 일상적으로 무슨 생각을 가슴에 품고 있는지 알 수 있게 되었다"고 말했다. 참석자들은 사무실에서 동료들과 마주치면 날씨 얘기를 하는 대신 공개 회의 석상에서 등장한 다양한 주제에 대해 대화하게 된다고 말했다.

이 인터넷 회의의 진정한 가치는 개설한지 이틀만에 극적으로 나타났다. 회사의 파이프라인 가운데 하나가 농촌 지역에서 폭발하여 생태계에 엄청난 손상을 입혔다. 예전에는 그런 사건이 발생할 때마다 최고위층 몇 명이 언론을 비롯한 모든 문제에 대응했을 뿐, 조직 내부에서 공식적으로 토론할 기회는 없었다. 하지만 이번에는 고급 관리자 200여 명이 폭발 사고의 원인과 기술적인 해결 방법에 대해 논의할 수 있었다.

사건 발생 36시간 후, 회사 내부의 분위기는 방어적인 자세에서 사고가 발생한 지역 주민의 손실과 좌절에 깊은 우려를 표명하고 사회적 관심사에 깊이 공감하는 적극적인 자세로 바뀌었다. 이 사건은 회사의 책임과 사명에 대해 심각한 문제를 제기하는 계기로 작용했다.

커뮤니티 속의 기회

인터넷 미래에 기업들은 직원·공급업자·유통업자·고객과 커뮤니티를 창출하고 이를 회사 네트워크와 연결하는 문제에 직면할 것이다. 기업들이 사고를 비약적으로 발전시킨다면, 그 관계는 제품을 판매하고 구매하는 단순한 관계 이상으로 발전할 것이다. 회사가 다양한 커뮤니티를 조직하는 조직가가 되는 반면, 구매자들은 그 커뮤니티 안에 무여들어 제품을 구입할 뿐 아니라 생생한 지식을 제공함으로써, 기업이 미래의 제품을 개발하며 사업을 발전시켜 나가도록 도움을 줄 수 있다.

마이닝 컴퍼니(Mining Company)는 기업이 온라인 커뮤니티를 구성한다는 개념을 적극적으로 받아들여 이익을 본 회사 가운데

웹 사이트 ···

- TransCanada Pipelines <www.transcanada.com>

하나이다. 인터넷을 활동 무대로 하는 이 회사에서는 디지털 주민 수백 명이 특정 관심사별로 다양한 사이트를 운영하고 있다. 마이닝 컴퍼니는 이 그룹들을 이끌어 나갈 가이드를 발굴하고, 이들에게 특정 주제에 관심 가진 사람들을 끌어모을만한 컨텐츠와 토론을 창출하는 대가로 수당을 지불한다. 씨티뱅크는 이 회사에 자사 금융 서비스와 관련된 사람들의 커뮤니티 개발을 의뢰했다. 마이닝 컴퍼니의 최고경영자이며 인터넷 베테랑인 스코트 커니트는 이렇게 말한다.

대기업은 크고 복잡하고 화려한 웹 사이트를 개발하느라 정신이 없습니다. 하지만 대형 사이트는 운영하기 어렵고 많은 비용이 들 뿐 아니라 평가하기도 쉽지 않습니다. 물론 사용자들이 항해하기 불편한 건 말할 필요도 없지요. 이런 사이트를 만드는 것보다는 다양한 방법을 사용해서 구체적인 이용자 그룹에게 매력적인 경험을 제공하는 것이 사업 운영에 훨씬 바람직할 겁니다. 기업은 이용자들과 훨씬 가깝게 다가서는 동시에 이용자들끼리 서로 좀더 가까워지도록 함으로써 고객의 관심을 최대한 높이고 이를 통해 판매와 서비스에 관련된 인터넷의 생산성을 향상시키는 것이 바람직합니다.
복잡한 대형 사이트는 인터넷 시대 최초의 공룡이 될 것입니다. 단일한 대형 사이트는 아무리 정교하게 설계되었다 하더라도, 비인간적이고 냉혹하게 보일 가능성이 많기 때문입니다. 인터넷에서는 작은 것이 좋습니다. 한 사이트가 모두를 충족시킬 수는 없으니까요. 그리고 커뮤니티는 효율을 위해 작아질 필요가 있습니다. 거대한 커뮤니티는 커뮤니티가 아니라 도시입니다. 다양한 의문을 품은 많은 사람들이 밤낮을 가리지 않고 접속하지만, 그곳에서는 가정적인 분위기를 느낄 수 없습니다. 기업은 결국 복잡한 하향식 사이트를 포기하고 좀더 전문화된 소규모 사이트로 구성된 상향식 기업 네트워크를 선택하게 될 겁니다. 그리고 각각의 하위 사이트는 회사 사업의 다양한 부분 중 한 부분에만 포커스를 두게 될 겁니다.

인간적인 느낌은 사람의 구체적인 활동을 통해서 생겨날 것입니다. 담당 직원은 방문자를 대접하고 유용한 대답을 제공하여 이용자들이 계속 참여하게 만듦으로써, 자사의 다양한 제품과 서비스에 대한 신뢰와 충성심을 발전시켜 나갈 겁니다. 이 직원들은 사람들이 무엇을 원하는지 귀를 기울여 회사가 각각의 사용자에게 훨씬 바람직한 서비스를 제공할 수 있도록 만들 겁니다. 정확한 포커스를 맞춘 피드백을 자주 하면, 관리 작업이 보다 쉬워지며, 취합한 정보도 훨씬 쉽게 활용할 수 있을 겁니다.

고객들은 인터넷에서 사업을 하고자 하는 기업과 거래할 때 자신들의 다양한 요구를 보다 빨리 충족시켜달라고 요구할 겁니다. 이때, 기업은 자신이 제공할 수 있는 모든 것을 한 눈에 보여주어야 할 것입니다. 기업은 자사의 특정 제품과 서비스에 대한 다른 고객의 반응을 모든 고객에게 보여주어야 할 것입니다. 이것은 소비자 두세 명이 동네 상점 복도에서 만나 어떤 신제품 아이스크림을 구입할 것인지 의논하는 '일시적 커뮤니티'를 구성하는 것과 비슷합니다. 이런 커뮤니디 경험을 그대로 모방한 인터넷 상점이 승자가 될 겁니다.

내실있는 커뮤니티와 쌍방향 토론을 관리할 자원이 전혀 없을 거라고 생각하던 기업은 필요한 자원이 회사 내부에 충분히 존재하고 있음을 깨달을 겁니다. 필요한 건 적합한 직원에게 적절한 도구와 기

웹 사이트

- Mining Company <www.miningco.com>

본적인 훈련을 시킴으로써, 사용자들이 회사 사이트를 더 효율적으로 활용하도록 돕게 만드는 것입니다. 성공하는 기업들은 웹 사이트를 자사의 일상 업무와 큰 관련이 없는 값비싼 인터넷 전진 기지로 바라보지 않습니다. 그들은 웹 사이트를 자사 사업의 일부로 바라볼 것이며, 많은 경우에는 웹 활동 자체가 사업으로 발전하는 모습을 보게 될 겁니다.

여러분은 어떤 사이트가 가치있는 기회를 제공하는지 클릭 한번으로 알 수 있을 겁니다. 전문성과 함께 실제 인간이 숨쉬는 사이트야말로 가장 가치있는 사이트가 될 겁니다.

경험 공동체를 발전시키는 방법

커뮤니티로 들어가서 조사한다

경험 공동체를 속속들이 알고 있는 기업은 커뮤니티의 힘을 이용할 수 있다. 기업들은 내가 '일시적인 커뮤니티'라고 명명한 커뮤니티 즉, 특정 목적을 달성하기 위해 짧은 기간 동안 존재하는 커뮤니티를 만들 수 있다. 이런 커뮤니티는 단기간 존재하면서 극히 높은 가치를 실현하다가 필요성이 없어지면 사라진다.

■ 인터넷 소비자 토론 그룹은 고객의 선호와 태도에 관한 통찰력을 제공하는 독특한 장점을 가지고 있다. 워터타운에 있는 마케팅 및 홍보 회사 앨런 앤드 거릿슨(Allen & Gerritsen)은 스테이트 스트리트(State Street)와 사이베이스(Sybase) 등의 기업 고객을 위해 인터넷 소비자 토론그룹을 운영하고 있다. 앨런 앤드 거릿

슨의 폴 앨런 사장은 일회성 경험 공동체는 전세계적인 피드백을 동시에 제공하는 유용한 도구라고 정의하면서 이렇게 말한다.

"우리는 이런 커뮤니티를 통하여 전세계의 다양한 견해를 매우 신속하게 비교합니다. 런던 주민 7명과 동경 주민 7명의 사고 방식이 어떤지 비교하는 식이지요. 한 곳에 모여앉아 서로 마주 보며 토론하는 소비자 그룹과 달리, 이런 형태의 토론에서는 한두 사람이 토론을 주도하는 경우가 거의 없습니다."

스테이트 스트리트에 대한 고객의 태도와 인식 정도를 조사하기 위해, 앨런 앤드 거릿슨은 전통적인 방식에 따라 오프라인으로 참가자들을 모집한 후, 참가자 각각에게 필요한 소프트웨어를 보내고 사회자가 있는 전용 채팅룸에 들어와서 토론을 벌이도록 만들었다. 참가자들은 모두 익명을 사용했다. 앨런에 의하면, 익명성을 보장받은 참가자들은 직접 만나서 토론할 때보다 훨씬 솔직하게 자신의 의견을 개진했다.

이런 경험 공동체의 동시성이 지닌 장점때문에 앨런 앤드 거릿슨 중역진은 새로운 사업을 계획하거나 기업 고객의 반응을 미리 확인하고 싶을 때 인터넷 소비자 토론 그룹을 적극적으로 활용했다. 폴 앨런은 이렇게 말한다.

"우리는 기업의 고객이 어떻게 생각하는지를 매우 신속하게 파악할 수 있습니다. '2주일이라는 짧은 시간밖에 주어지지 않았지만 우리는 이런 내용을 파악했습니다'라고 말하면 기업 고객은 감탄합니다."

■ 또 다른 광고 회사는 공동 필터링(5장 참조)을 사용해서 광고 문

〔웹 사이트〕 ·····································

- Allen & Gerritsen <www.a-g.com>

안을 비공식적으로 테스트한다. 이 회사는 몇 가지 온라인 광고 캠페인에 대한 고객의 반응을 비교함으로써, 어떤 집단에게 어떤 내용의 광고를 해야 할지 결정한다.

■ 모스코비츠 야콥스(Moskowitz Jacobs) 주식회사의 조사원들은 고객 스스로 새로운 가상 제품 컨셉을 만들게 한 후 이를 인터넷에서 신속하게 테스트하는 방법론을 웹에다 도입했다. 이 시스템은 제품컨셉이나 광고 초안을 소비자의 경험에 기초해서 몇 가지 영역으로 세밀하게 분리한다. 예를 들어, 무선전화 서비스 회사의 경우, 그 영역은 이동성과 접속성 그리고 신뢰성으로 나눌 수 있다. 각각의 영역은 또 다시 좀더 구체적인 요소로 분리된다. 신뢰성은 작동의 지속성과 내구성 혹은 신속한 수리 등으로 나눌 수 있다. 다음으로 이 시스템은 이 요소들을 여러 가지 형태로 혼합하여 가상 제품을 만들어 낸다. 무선전화 서비스를 다시 예로 들면, 신뢰성이 극히 높으나 접속률이 떨어지는 가상 제품이 나올 수도 있고, 이동성은 극히 높으나 신뢰성은 떨어지는 가상 제품을 제시할 수도 있다.

다양한 인터넷 소비자 토론 그룹은 이번에는 다양한 가상 제품에 대한 인터넷 설문 조사에 응답한다. 모든 가정에 등급을 매기는 대신 한 두가지만 선택해야 하는 경우도 있다. 조사원들은 각각의 요소를 서로 다른 방식으로 혼합한 가상의 제품 컨셉에 대한 소비자 토론 그룹의 여러 가지 반응을 비교함으로써 어떤 제품 혹은 어떤 광고 문안이 가장 바람직하거나 중요한지 보다 구체적으로 파악하게 된다. 이런 유형의 신속한 아이디어 생산과 피드백은 경험 공동체의 한 사례일 뿐 아니라 5장에서 언급한 고객 중심의 신속한 제품 개발 과정의 한 사례이기도 하다.

기존 커뮤니티를 후원한다

사업상의 필요에 의해 경험 공동체를 발전시키는 또 다른 방법은 관심사가 비슷한 커뮤니티와 제휴하는 것이다. 예를 들어, 프록터 앤드 갬블(Procter & Gamble)의 광고 담당 부사장 데니스 뷰세쥬르는 웹에 배너 광고를 내걸어 사용자의 클릭을 기다리는 것보다는 기존의 경험 공동체를 후원하는 편이 훨씬 성공적인 마케팅 전략이라고 주장한다. 커뮤니티 구성원은 자신을 후원하는 기업을 좋게 인식한다. 비록 새로운 시장 전략은 아니지만, 이같은 후원은 인터넷 미래에서 훨씬 중요하게 될 것이다. 커뮤니티 조직가들이 구성원들로 하여금 자신들을 후원하는 기업을 지원하도록 촉구하기 때문이다.

직원들 사이에 경험 공동체를 형성한다

버크만 연구소의 싱가포르 사무실 총지배인은 인도네시아 제지회사와 수백만 달러의 계약을 체결하기 위한 제안서를 준비하던 도중에, 종이 펄프에서 나오는 방대한 분량의 찌꺼기를 처리하는 방법에 관한 정보가 필요했다. 그는 멤피스에 있는 화학 제조 공장의 내부 네트워크 케이네틱스(K' Netix)에 그 사실을 알렸다. 그후 48시간이 지나자, 서로 다른 6개국에서 근무하는 버크만의 동료들이 12개의 답신을 보내 자신의 경험에 근거한 해결 방안을 제공했다. 이 정보를 기초로 작성된 제안서는 계약 체결로 이어졌으며, 회사 측은 이를 포상했다. 이것은 짧은 시간에 그렇게 많은 정보를 모을 수 있는 버크만의 능력이 사업에 대단히 중요하다는 사실을

웹 사이트 ....
- Procter & Gamble <www.pg.com>

잘 보여준다. 최고경영자이자 회장인 로버트 버크만은 케이네틱스 시스템을 직원들이 고객과 좀더 밀접한 관계를 항상 유지할 수 있게 하는 하나의 방법으로 간주하면서 이렇게 말한다.

"우리 직원 가운데 86%가 본사를 떠나 전세계 90개국에 근무하고 있습니다. 이처럼 방대한 조직 내부의 지식 가운데 90%는 암묵적 지식이며, 암묵적 지식은 직원들의 머리 속을 돌아다니고 있습니다. 많은 기업이 문서에 기록된 지식을 활용하는데 중점을 두고 있습니다. 하지만 바로 그 부분이 지금 변하고 있습니다. 정보가 문서로 기록될 즈음에는 이미 늦습니다. 만일 6개월 지난 내용을 기록한 문서라면 그것은 이미 역사라는 창고에 처박혀야 할 것입니다. 지금 세상에서는 정보를 문서로 기록할 때까지 기다릴 시간이 없습니다. 문제는 어떻게 하면 암묵적 지식을 필요에 따라 공유할 수 있느냐 하는 것입니다. 필요하지 않을 때 지식을 나누는 건 지적으로 흥미있는 훈련일 수 있으나, 경제적인 가치는 없습니다. 우리는 경제적으로 가치있는 활동을 원합니다."

버크만은 이렇게 말한다.

지식 공유는 문화입니다. 우리는 학교에서 지식을 공유하지 말고 독점하라고 배웠습니다. 하지만 집단 속에서 서로 협력하며 일하려면 발전을 위해 지식을 전달하는 법을 배워야 합니다. 이러한 유형의 환경에 매우 훌륭하게 적응하는 직원이 있는 반면, 죽기보다 싫어하는 직원도 있습니다. 우리가 목표를 달성하기 위해서는 문화를 바람직하게 변화시키고 시스템을 최대한 활용할 수 있어야 합니다. 기술적인 발전이 10의 비중을 가지고 있다면 문화적인 변화는 90의 비중을 가지고 있습니다.

우리는 다양한 유형의 사람을 채용합니다. 지식 전달이 특히 뛰어난 사람으로 교사가 있습니다. 우리는 천부적으로 교사 자질을 타고난 사람에게 많은 관심이 있습니다. 사람들이 지식 전달을 잘할 수 있을지 여부를 밝히는데 유용한 몇 가지 질문이 있습니다. 예를 들어, 가족에게 별다른 관심을 기울이지 않는 사람은 우리와 잘 어울릴 수 없습니다. 우리는 포부가 큰 사람을 원하지 않습니다. 그런 사람은 우리 문화에 적응하지 못합니다.

명령하고 통제하는 과거의 조직 구조는 무너졌습니다. 이런 조직에서는 작업 진행이 너무 늦기 때문입니다. 우리가 고객에게 반응하는 속도는 며칠 혹은 몇 주에서 몇 시간으로 단축되었습니다. 사람을 도와주는 사람이 성공합니다. 우리 직원에게 지식 공유를 어떻게 생각하느냐고 물으면, 그 직원은 "의사 전달이 인간의 본성이듯이, 지식 공유 역시 인간의 본성"이라고 대답할 것입니다.

이 회사는 인터넷 학습 센터에서의 경험 공동체를 통한 학습을 강조한다. 직원들은 이곳에서 회사가 학점을 인정한 교육 과정을 밟을 뿐 아니라 나아가 학위 취득 과정까지 등록할 수 있는데, 모든 비용은 회사에서 부담한다. 학습 센터는 브라질과 남미, 영국, 네덜란드 등에 있는 다양한 대학과 공동으로 작업하며 다문화 학습 프로그램을 개발하고 있다. 학습 센터가 발족한 이래, 전직원 가운데 1/4 정도가 최소한 한 과정 이상에 등록했다. 버크만은 이 프로그램을 확대하여 직원 자녀와 가능하다면 배우자까지 이 센터의 교육 과정에 참여하게 되기를 바란다. 버크만은 그 이유를 이렇게 말한다.

"나중에 다른 사람의 도움을 받고 싶은 사람은 지금 당장 다른 사람을 도와주어야 합니다."

개인적인 커뮤니티

친구—친구

경험 공동체는 이미 서로 알고 있는 사람들 사이에 좀더 강력한 유대감을 불러일으킬 수 있다. 그리고 커뮤니티 구성원들이 실생활에서는 한 번도 접촉한 적이 없는 사람들로부터 도움을 받도록 만들 수도 있다. 인터넷 경험 공동체는 '익명의 신뢰성(credibility of anonymity)'이라고 불리는 것을 제공하기도 하는데, 이것은 단점으로 작용할 수도 있고 장점으로 작용할 수도 있다. 앞에서 언급했듯이, 사람들은 경험 공동체에서 자신의 속마음을 그대로 드러내는 경우가 많다. 익명성이 보장되기 때문이다.

경험 공동체의 정보는 인생 그 자체처럼 사소할 수도 있고 매우 진지할 수도 있다. 아이빌리지 포럼에 나온 아래의 글을 살펴보자.

낮은 임금과 높은 생활비 부담에 시달리고 있는 여성 가장 :
저는 아이가 둘인데 하나는 7살이고 하나는 생후 6개월입니다. 최근에, 지난 9년 동안 함께 살던 남편과 헤어졌습니다. 그래서 지금 현재 혼자 힘으로 아이들을 부양하고 있습니다. 지금 사는 곳은 월세가 750달러인 방 두 개짜리 아파트인데, 여기에 관리비까지 더해야 하기 때문에 경제적으로 많은 고통을 받고 있습니다. 저는 연봉 1만 9천 달러를 받습니다. 남편은 가족 부양비를 전혀 보내지 않고 있으며, 저는 큰아이에게 입힐 옷은 물론 제가 직장에서 입어야 할 옷까지 구입해야 합니다. 앞으로 어떻게 해야 할지 모르겠습니다. 저는 자동차가 없는데 제가 일하는 도시 지역은 아파트 월세가 너무 높습니다. 제가 어떻게 하면 이 경제적인 공포에서 조금이라도 벗어날 수 있을지 알려주세요.

낮은 임금과 높은 생활비 부담에 시달리고 있는 여성 가장에게 :
하느님의 은총이 함께 하기를 바래요, 아기 엄마. 나도 예전에는 아기 엄마가 사는 곳에서 살았습니다. 20년 전이었는데, 지금은 딸을 다 키웠으며, 훌륭한 남편과 함께 살고 있는 걸 매일 하느님에게 감사드리고 있습니다. 아기 엄마가 제일 먼저 해야 할 건, 지역 행정사무소에 전화를 걸어서 '가정복지부서'가 있는지 알아보는 일입니다. 이 부서는 매우 몹쓸 아버지들을 찾아서 자신이 이 세상에 낳은 아이들을 부양하도록 만들어 준답니다. 설사 그런 부서가 없다 하더라도, 지역 행정사무소에서 도움줄만한 곳을 알려줄 수 있을 거에요. 아기 아빠가 아기 엄마에게 부양비를 지불할 능력이 없다며 통사정을 해도 넘어가면 안돼요. 아기 아빠는 두 아이를 돌보지 않기 때문에 필요하다면 부업이라도 해서 부양비를 낼 수 있지 않겠어요? 그리고 가족에게 지원을 받을 수 있다면 그것도 많은 도움이 될 거에요. 하지만 그렇지 않다면 상호부조 모임을 찾아서 서로 돌아가며 아이를 봐준다던가 옷을 바꿔 입힌다든가 하는 등의 방법을 모색해 보세요. 행운을 빌어요!

낮은 임금과 높은 생활비 부담에 시달리고 있는 여성 가장에게 :
나도 한 때 그곳에서 산 적이 있어요. 하지만 10년 전에 그곳에서 나와 지금 현재는 풍족하고 행복하게 살고 있답니다. 앞에서 제안한 사람들의 의견에 나 역시 전적으로 동의합니다. 하지만 지역 직업훈련 프로그램을 확인해 보는 것도 좋을 것 같아요. 현재와 같은 상황이라면 아주 훌륭한 직업훈련 프로그램을 제공받을 자격 조건이 되거든요. 만일 담당 공무원이 대답을 못하거나 고개를 저으면서 모른다고 대답하면 어떤 사람을 찾아가면 되는지 물어보세요. 필요하다면 상급자와 만나게 해달라고 요청하는 것도 좋아요. 아기 엄마라면 충분히 할 수 있을 거에요. 아이 아버지를 찾아서 아이들 부양비를 받아내는 방법은 나 역시 찬성합니다. 하지만 아이 아버지가 앞으로 제대로 하겠다고 약속한 내용을 그대로 지킬 거라고 가정하면 안돼요. 약속 내용을 문서로 작성하세요. 이혼 재판을 받을 때에는 아기 엄마 자신이 현재 처한 상황을 가볍게 받아들여서 아이 아버지가 짊어져야 할 짐을 쉽게 풀어주면 안돼요. 나중에 후회할 거에요. 매우 슬픈 일이지만, 부부가 헤어진 직후 거의 모든 부모가 아이들 양육비를 지불하며 부모로서 책임을 다하겠다고 약속하지만 시간이 흐를수록 점점 책임감이 줄어든답니다. 내 말을 믿으세요. 나 역시 나에게 그런 일이 일어날 거라고 생각해 본 적이 한 번도 없었어요. 하지만 결국 그렇게 되었어요. 지금 당장 법적으로 필요한 조치를 충분히 밟아서 아이 아버지가 양육비를 지불하도록 만드세요. 행운을 빌어요. 할 수 있을 거에요. 계속 노력하다 보면 좋은 시절이 올 거에요. 인생은 우리 편이니까요! 저도 열살이 넘은 아이들 두 명을 혼자 기르고 있는데, 급여가 많은 직장은 물론 내 집도 가지고 있답니다. 하지만 나 역시 10년 전에는 돈이 한 푼도 없었어요. 현재의 경제적 고통을 헤쳐나갈 자신의 능력과 스스로를 믿으세요!

인간의 본성은 서로 접촉하는 것도 즐기지만 무언가를 무료로 받는 것도 좋아한다. 트라이블 보이스(Tribal Voice)의 사업 전략이 좋은 사례이다. 이 회사는 자사가 개발한 파우와우(PowWow) 소프트웨어를 인터넷에서 무료로 제공하여 2백만 이상의 사용자가 4천여 개의 커뮤니티를 개발하도록 만들었다. 지금 이 회사는 훨씬 많은 사용자를 끌어들여 개인과 기업 사용자 모두가 파우와우의 기술을 커뮤니티 구축과 채팅의 표준으로 채택하게 되는 걸 목표로 하고 있다.

성공적인 커뮤니티는 또한 사람들에게 자주 접속해서 좀더 긴밀하게 교류하고 싶은 생각이 들 정도로 강렬한 경험을 창출한다.

디지털 주민들의 진지한 삶

인터넷을 통해 사람들이 서로 쉽게 접촉할 수 있게 됨으로써 커뮤니티가 성장했고, 이것은 '커뮤니티 건설'이라는 새로운 사업 분야를 만들어 낼 것이다. 실제 세상에 주택 건설업자가 있듯이, 인터넷 미래 세상에도 커뮤니티 건설자가 생겨날 것이다.

사람들이 스스로 자신의 디지털 커뮤니티를 만들 수 있도록 한 선구자 가운데 하나가 바로 지오시티(Geocities)이다. 이 회사는 몇 개의 가상 마을 가운데 한 곳에 정착해서 웹 사이트를 일정 수준 이상으로 정성스럽게 다듬은 '주민들'을 위해 경계선을 만들었다. 지오시티는 주민들에게 매력적인 컨텐츠를 생산하여 의미있는 커뮤니티를 구성하도록 격려하고, 자발적으로 컨텐츠를 개발한 주민들에게 광고 수입을 분배해 주는 인센티브제를 실시함으로써 광범

웹 사이트 ....

- Tribal Voice <www.tribalvoice.com>
- Geocities <www.geocities.com>

디지털 사교장

· 채   팅 : 많은 사용자들이 동시에 의사소통할 수 있는 방법. 의사
소통 내용을 문자로 전달하는게 일반적이나 화상 회의
도 포함할 수 있다. 그리고 토론 내용은 대개 보존되지
않기 때문에 나중에 참조할 수 없다. 채팅은 감시를 받
을 수 있으며, 진행자는 토론 내용을 감출 수 있다.
· 게시판 : 많은 사용자들이 자신의 의견을 문자로 게재하는 공동
공간. 이곳에 게재된 의견은 보존되며 모든 사용자들이
살펴볼 수 있다. 내용은 주제별로 나뉘는게 일반적이다.
· 포   럼 : 채팅과 비슷하다.
· 연속토론(Threaded Discussion) : 게시판처럼, 어떤 의견에 반
응하는 순서에 따라 의사소통이 조직되는데, 이것을
'post'라고 한다. 커뮤니티는 사용자들이 순차적으로 연
이은 응답을 할 수 있도록 허용하는데, 이것을 'thread'
라고 한다.
· 접속회원 목록(Buddy List) : 사용자가 온라인에 접속한 순간,
사전에 지정한 친지 가운데에서 지금 온라인에 접속한
사람이 있는지, 만일 있다면 그가 누구인지를 알려준다.

위한 서비스를 개발하고 있다.

지오시티는 또한 흥미로운 채널을 삽입하여, 다양한 커뮤니티와
광고 서비스에 연결할 수 있게 한다. 그 목적은 방문객들이 다양한
커뮤니티의 내부 공간을 추가로 검색할 수 있게 함으로써 방문자
를 흡인하는 커뮤니티의 능력을 더욱 강화시키는 것이다. 어차피
각각의 커뮤니티에는 광고 공간이 있기 마련이다.

아마 커뮤니티를 본래의 의미로 가장 가깝게 해석한 것은 버추얼 버클리(Virtual Berkeley) 커뮤니티 프로젝트일 것이다. 지역의 첨단 기술 기업들과 버클리 소재 캘리포니아 대학이 후원하는 이 프로젝트는 도시의 기능을 그대로 담아낸 웹 서비스 제공을 목표로 한다. 이곳에는 아래와 같은 특징이 있다.

- 쌍방향 교실 : 이스트 베이 내부의 학교에 다니는 아이들이 최고의 교사에게 교육받고, 다양한 배경과 수준을 가진 다른 아이들과 함께 공부할 수 있는 교실이다.
- 사람들이 지방 정부에 불만 및 요구 사항을 직접 전달하는 공간과 커뮤니티 정보에 직접 접속하는 공간.
- 지역 온라인 상점
- 정기적인 화상 회의: 도시 전역에 설치된 공공 터미널에서 무료로 접속할 수 있다.

인터넷 미래에서 커뮤니티를 창조하는 열 가지 규칙

1. 가치를 생산하는 핵심 그룹을 양성한다

온라인 커뮤니티는 상당히 민주적인 경향을 갖지만, 그룹 구성원의 행위와 온라인 정보 교류에 영향을 미치며 커뮤니티의 가치를 생산하는 핵심 인물도 필요하다. 가장 성공적인 그룹에는 구성원의 모범이 되어 커뮤니티의 행위 규범을 신사적으로 강제하는 구성원이 있는 법이다. 그들은 분위기를 살리는 회원일 수도 있고 감시자나 적극적인 참여자일 수도 있다. 이런 핵심 그룹은 다른 사람의 모델이 되어 커뮤니티에 지속성을 부여한다.

2. 커뮤니티의 개성을 개발한다

트라이포드(Tripod)는 편집물과 기업 정보에 뚜렷한 반골 기질을 풍김으로써 20여 사용자 그룹을 끌어들였다. 다른 곳에서 볼 수 없는 이곳 특유의 기질은 트라이포드가 애초에 목표로 한 커뮤니티와 맞아 떨어졌다.

3. 그룹의 존재 이유를 선명하게 밝힌다

구성원들 사이에 막연한 유대감만 존재하는 커뮤니티는 오랫동안 지속될 수 없다.

4. 구성원의 질문에 대답한다

쌍방향은 커뮤니티의 핵심 조건이다. 만일 기술적인 문제를 비롯한 여타 질문에 오랫동안 아무도 대답하지 않는다면, 그 커뮤니티는 일방적인 대화 공간으로 보일 위험이 있다.

5. 새로운 회원을 계속 모집한다

핵심 그룹이 커뮤니티에 안정감을 부여한다면, 신규 회원은 자발성과 신선함을 불어넣는다. 참신함과 익숙함이 조화를 이룰 때 커뮤니티는 같은 소재에 비슷한 주장만 나오는 고리타분한 분위기에서 벗어날 수 있다.

6. 구성원들 간에 신뢰하는 환경을 만든다

버크만 연구소는 10가지 윤리 강령을 기초로 온라인 커뮤니티 구성원들의 상호작용 방식을 규정한다. 정보를 교류하기 위해서는 참여자들이 동료 회원을 신뢰하고 그룹에서 공유하는 모든 가치를 신봉할 필요가 있다.

7. 개인의 개성과 커뮤니티를 조화시킨다

커뮤니티는 개인이 모여서 만든 그룹이다. 홈페이지나 개인적인 자료를 커뮤니티의 일부로 만드는 건 회원들이 여러 가지 의견은 물론 자기 자신을 서로에게 알릴 수 있는 기회로 작용한다.

8. 유연성을 유지한다

실제 세상의 커뮤니티는 오랜 시간에 걸쳐 사람들이 이사 오고 나가면서 발전한다. 이것은 온라인 커뮤니티에서도 마찬가지이다.

9. 그룹의 교류 방식을 선명하게 밝힌다

커뮤니티는 위대하다. 하지만 바벨탑은 그렇지 않다. 신규 회원은 그룹 회원들이 이미 알고 기대하는 가이드 라인에 접근할 수 있어야 한다. 가이드 라인은 좀더 많은 사람이 커뮤니티에 쉽게 가입하고 활동할 수 있도록 만들어 주는 지침이다. 질문하는 방식이나 메시지를 보내는 방식에 대한 약간의 규약은 커뮤니티에서 도로 표지판과 같은 역할을 하며 회원들 간의 충돌 가능성을 줄인다.

10. 쉽게 주제를 찾을 수 있도록 만든다

이용자들은 자신이 보고 싶은 내용을 손쉽게 찾기를 원한다. 커뮤니티는 모든 회원이 편리하게 참여할 수 있어야 한다.

지금 새로운 커뮤니티가 부상하고 있다

인터넷에는 실질적인 경험 공동체가 아닌 공식적 커뮤니티가 계속 존재할 것이다. 인터넷 사용자 수가 100일 간격으로 두 배로 뛰는 상황에서, 커뮤니티 구성은 몇몇 기업의 기술적인 특징처럼 되었다. 웹 사용자 대부분이 출발점으로 이용하는 검색엔진은 새로운 기능을 부가해서, 광범위하게 접속하는 이용자들이 썰물처럼 몰려들었다가 밀물처럼 다른 사이트로 몰려나가는 중간 관문의 역할에서 벗어나서 이용자들이 좀더 오래 머무르는 공간으로 변모해가고 있다. 이용자들을 다양한 커뮤니티에 가입하게 만드는 것은 이러한 변모의 한 가지 방법이다. 트라이포드에 대한 라이코스의 투자가 좋은 사례이다.

정반대 현상도 가능하다. 컨텐츠가 풍부한 서비스 업체는 많은 이용자들을 확보했을 때 비로소 광고를 유치할 수 있다. 이것은 검색엔진과 언론매체가 통합하는 근거로 작용한다. 아메리카 온라인(America Online)이 미라빌리스(Mirabilis)를 인수한 이유는 그 기술 때문이 아니라 수백만에 달하는 구독자 때문이었다.

이미 인터넷에서 가장 많은 이용자가 방문하는 사이트 가운데 하나로 자리잡은 인터넷 검색엔진 야후는 '커뮤니티' 영역에 참여할 필요성을 느끼고 커뮤니티 조직 회사 지오시티(GeoCities)의 주식 일부를 5백만 달러에 구입했다. 그리고 1만 1천 개의 케이블 TV 프로그램 리스트를 우편번호 3만 5천 개를 기준으로 지역 분류하고 고객화하여 제공하는 실리콘 밸리의 기업 지스트 커뮤니케이션(Gist Communications)과 제휴를 맺었다. 그 결과 Yahoo! TV라는 새로운 서비스가 탄생했다.

지스트는 수천 개에 달하는 커뮤니티에 속한 수많은 사람의 이름과 전자우편 주소 및 우편 주소를 모아서 TV 시청자의 디지털 커뮤니티를 재구성해 낸 것이다. 그러나 출판물을 만들고 이를 개인의 주소로 발송하여 구독료를 받는 TV 가이드와는 달리, 지스트는 우편 주소와 전자우편 주소를 함께 활용한다. 그리고 개별 고객의 요구에 적합하게 만든 무료 TV 가이드를 제공하여 구체적인 프로그램 선호도까지 포착한다. 이런 정보는 나중에 비슷한 선호를 가진 사람끼리 서로 연결할 수 있는 가능성을 제공한다.

신문사와 잡지사는 일반적으로 정보제공자와 커뮤니티 대변인 역할을 수행해 왔다. 사설란이 있는 지역 신문은 특히 그렇다. 그러나, 인터넷 경제에서 소비자들은 개별 고객화된 정보를 원하며, 그 정보들은 전문적이고 광범위해야 한다. 신문사와 잡지사는 구독자 개개인 욕구를 충족시켜야 한다는 큰 부담을 갖게 된 것이다. 게다가 각 커뮤니티는 인터넷을 이용하여 전자우편과 채팅, 나아가 실시간 화상토론을 통한 정보·교환·평가·의사소통 능력을 갖추고 직접 그들 고유의 목소리를 내고 있다. 신문사나 잡지사는 단순히 정보나 뉴스를 전달하던 역할에서 벗어나, 인터넷을 통한 각 커뮤니티의 정보 교환에 어떻게 참가하고 기여함으로써 커뮤니티 내부에 좀더 깊숙히 침투할지 고민해야 할 것이다.

■ 일간 신문을 발행하며 건강 및 교육, 그리고 법률 관련 서적과 학습 참고서 등을 출판하는 자산 70억 달러의 톰슨 출판 그룹은 2,000년에 자사 수익의 80%가 전문화되거나 개별 고객의 요구에 맞춘 출판에서 나올 것으로 예상한다. 자사의 컨텐츠를 디지털 미래에 적합하게 보존하기 위한 노력의 일환으로, 이 그룹은

디지털 자산 관리 소프트웨어를 개발하여 여러 자회사들이 본사 문서 보관소에 접속하고 그룹 자료를 교류할 수 있도록 만들었다.

디지털 미래를 준비하는 과정에서 이 그룹은 다른 지적 자산 소유자들이 자사가 제작한 플랫폼 도구를 사용할 수 있음을 깨달았다. 톰슨은 '톰슨 편집 자산 관리 솔루션'이라는 명칭의 소프트웨어를 제작했다. 이 그룹은 디지털 미래에는 고도로 고객화된 컨텐츠가 고부가가치를 창출할 것이라는 이론을 근거로 이 소프트웨어의 판매용 버전을 개발하여 인터넷 사용자들이 컨텐츠를 관리할 수 있도록 했다. 톰슨은 단순한 컨텐츠 제공자를 넘어 소프트웨어 개발자로 발전할 기회를 발견한 것이다. 톰슨은 다른 출판사들은 물론 항공사, 정부, 의료 단체, 영화사, 텔레비전 방송국 등을 그 타겟으로 설정했다.

■ 오스트레일리아 시드니에 있는 프로빈셜 뉴스페이퍼 홀딩(Provincial Newspapers Holdings) 주식회사는 인터넷 환경으로의 변모를 회사가 고객의 인터넷 관문으로까지 발전할 수 있는 큰 기회로 보고 있다. 최고경영자 카메론 오레일리는 이렇게 말한다.

"이것은 방어 전략이 아닙니다. 이것은 회사를 발전시킬 지름길입니다. 성인 가운데 60~70%는 매일 우리 신문을 읽습니다. 우리는 우리 사회에서 이루어지는 모든 전자상거래의 관문이 될 수 있습니다. 인터넷의 발전 과정을 누가 규정할 수 있단 말입니까? 우리가 발전할 수 있는 가능성은 무한합니다."

인터넷 이용자와 이용 시간이 점점 늘어나고 전통적인 매체가 외면당하는 추세에서 신문사나 잡지사는 자신의 영역을 보호하기 위해 커뮤니티 조직가라는 새로운 역할을 적극적으로 수용해야 할 것이다.

사운드-바이트 세대

정보가 무선호출기나 무선전화기, 팩스, 혹은 TV를 통해 모든 사람의 손에 쉽게 전달됨에 따라, 정보는 일상용품이 되었으며, 사람 대 사람의 신속한 반응이 특히 중요하게 되었다. 항상 모든 정보에 즉시 접속할 수 있게 된 환경 그리고 이 모든 정보와 함께 어디서든 누구하고나 실시간으로 접속할 수 있게 된 환경은 필자가 '사운드-바이트(sound-byte) 세대'라고 이름붙인 새로운 세대를 탄생시킬 것이다.

아이들은 방대한 분량의 정보를 동시에 처리하는데 익숙하게 될 것이다. 이미, 많은 아이들이 음악을 들으면서 온라인 게임을 즐기고 TV를 시청하며 학교 숙제를 하고 있다. 이처럼 너무 많은 내용이 수시로 입력되기 때문에, 정보를 짧고 명쾌하게 정리하여, 신속하게 파악할 수 있는 형태로 전달해야 할 것이다. 리모콘이 텔레비전 채널 선택에 혁명을 일으켰다면 인터넷은 정보 선택 채널에 혁명을 일으켰다. 사람들은 필요한 정보를 당장 제공하지 않는 곳을 외면하고 신속하게 다른 사이트로 옮겨갈 수 있게 된 것이다. 그리고 인터넷의 성장과 더불어, 디지털 커뮤니티는 보다 많은 정보 검

〔웹 사이트〕...

- Thompson Publishing Group <www.thompson.com>

색 능력을 지니게 될 것이다. 그래서 '대단히 많은 사람이 대단히 많은 관심사를 대단히 짧은 시간에' 수용하는 시대가 급속하게 다가올 것이다.

가상 커뮤니티는 이웃들 간의 모임이나 대화 등의 필요를 금방 대신할 순 없지만, 이런 유형의 다양한 사회적인 모임을 보완할 순 있다. 실제 세상에서는 인물 데이터베이스를 살펴보고 자신의 독특한 관심사와 어울릴만한 사람을 쉽게 찾을 수 없다. 가까운 지역에서 관심사가 비슷한 사람을 찾는다는게 그리 쉽지 않은 것이다. 하지만 인터넷 미래에는 관심사가 비슷한 사람을 쉽게 찾을 수 있을 뿐 아니라, 적당한 시간에 적당한 방법으로 그 사람들과 직접 의사소통할 수 있게 될 것이다.

제7장
학교가 당신을 찾아간다

학교에 가는가? 아니다. 인터넷 미래에는 학교가 당신을 찾아갈 것이다. 당신이 배우려고만 한다면……. 새로운 기술로 인해 학생들이 제각기 다른 장소에 있고 교사도 다른 곳에 있는 교실이 탄생할 것이다. 대학이든 기업이든, 학위를 받기 위한 교육이든, 새로운 기술을 배우는 교육이든, 온라인 교육은 급속도로 변하는 세계에서 경쟁력을 유지하는데 필요한 교육을 받을 수 있도록 도와줌으로써 학생과 직장인들의 인기를 누릴 것이다.

온라인 교육이 발전하게 되는 몇 가지 중요한 동인이 있다.

기술의 급속한 변화가 온라인 교육을 필요로 한다

지식 경제의 성장과 더불어, 너욱 많은 기업 자사이 정보 기술에 의해 개발·유지·저장·관리·유통되고 있다. 미국 정보 기술 협의회에 의하면 IT 전문가의 수요가 2006년에 현재의 두 배로 증가한다고 한다. 이같은 수요 증가와 기술 자체의 변화 특히, 인터넷의 급속한 팽창은 기업 교육의 필요성을 증대시킨다. 미국 기업은 연간 교육 비용으로 600억 달러를 쓴다. 그리고 IT 전문가 양성을 위한 웹 기반 교육훈련에 소비하는 금액이 2,000년에 2억 달러에 달할 전망이다. 그리고 성인 교육 참가자 절반 이상은 수업료의 상당 부분을 고용주에게 환불받는다.

높은 훈련 비용

기업 교육 비용 가운데 약 70%는 교통비와 식비, 숙박비, 강사비로 지출된다. 인터넷은 이 모든 비용을 절감할 힘을 가지고 있다. 또한 웹 기반 교육은 훨씬 효율적이다. 기업은 직원들이 오랜 기간에 걸친 다양한 훈련 과정에 얽매이지 않고 웹을 통해 최소한의 교육 과정에 참여하도록 함으로써 훨씬 적은 시간에 필요한 교육을 집중적으로 받도록 할 것이다. 전자우편 소프트웨어를 제작하는 퀄콤(Qualcomm)은 온라인 교육에 참여하는 영업사원이 기존의 교육을 받을 때보다 40% 정도의 시간을 절약한다는 사실을 발견했다. 시간은 경쟁이 극심한 인터넷 미래에서 매우 중요한 요인이다. 인터넷 미래에는 영업사원 교육이 늦어질수록 경쟁사가 시장을 선점할 가능성이 높아지기 때문이다.

직원 채용과 유지

더 이상 장기 고용을 보장할 수 없으며 직원들의 이직율이 증가하고 있다는 사실을 자각한 기업들은 교육 프로그램이 직원을 붙잡아두는 도구로 활용될 수 있음을 발견했다. 신입 사원은 물론 경험이 풍부한 정보 기술 전문가조차 기술을 향상시킬 수 있는 기회가 가변 근무시간제나 추가 보너스보다 중요하다고 말한다. IT 간부들을 대상으로 한 조사에서는 이 항목이 3위를 차지했다.

CSX테크놀로지(CSX Technology) 직원들은 자사 인트라넷 커리어 관리 프로그램의 내부 구인 정보를 체크함으로써 현재 직무에서 얻을 수 있는 것 이상을 배울 수 있다. 만일 자신이 원하는 직책을 얻기 위해 일정 기술이 필요하다면, 그 직원은 인트라넷을 검색해서 자신에게 필요한 교육 과정을 찾을 수 있으며, 필요하다면 회사에서 제공하는 온라인 과정에 등록할 수 있다. 커리어 관리 센터는 직원들이 CSX에서 활용할 수 있는 모든 기회를 빠짐없이 발견할 수 있는 유일한 공간이다. 게다가 이 센터는 회사 내부의 커리어 개발 과정을 규정하여 직원들이 CSX에서 이미 습득한 지식을 활용할 수 있도록 도와준다.

성인 학습자의 폭증

오늘날, 학위 취득을 목표로 공부하는 학생 가운데 약 49%는 40세 이상이다. 불행하게도, 이 성인 학습자들은 전통적인 방식의 교육 스케줄을 따라가지 못하는 경우가 많다. 이런 경우에는 인터넷 대학에 들어가는게 좋다. 인터넷 대학은 교육 과정을 학교 당국의 일정보다는 학생 자신의 일정에 맞추기 때문이다. 대학 생활의 바이블로 통하는 '고등교육 신문(The Chronicle of High Education)'은 2,000년에 모든 교육기관이 온라인 강좌를 개설할 것으로 예측했다.

대역폭(bandwidth)이 증가하고 웹 컨텐츠 제작의 표준이 향후 몇 년 동안 훨씬 정교해질 것이기 때문에 기업들은 수년 전만 하더라도 CD롬에 의존했던 멀티미디어 교육을, 웹을 통해 폭넓게 활용할 수 있을 것이다. 웹을 통한 교육이 엄청난 비약으로 간주되는 이유는 강의일정이 학습자의 요구에 따라 결정될 뿐만 아니라 학

━━━ 웹 사이트 ┃ ···

- CSX Technology <www.csx.com>

습 과정에 풍부한 애니메이션과 그래픽이 제공되기 때문이다.

인터넷 미래에서 이같은 디지털 자산은 인터넷을 통해 전달될 것이다. 그리고 인터넷 자체가 다른 사람들과 여러 가지 방법으로 상호 교류하는 공간을 제공하기 때문에 새로운 학습 및 강의 방식이 등장할 것이다. 온라인 교육에 대한 한 연구 결과에 의하면, 가상 교실에서 수업받는 학생들과 전통적인 교실에서 수업받는 학생들을 비교할 때 전자의 학습 성취율은 후자와 동일하거나 혹은 그 이상이었다.

항상 배운다

인터넷 기반의 가상 학습 센터가 활성화되면, 학교는 가야 할 곳이 아니라 말 그대로 공부하는 곳이 될 것이다. 온라인 교실에는 교사가 담당하는 강의 공간과 전자우편함, 게시판, 채팅룸 등이 포함되어 학급 토론을 진행하고 시험을 치를 수 있다. 인터넷을 사용하기 때문에 학생들은 특별한 목적이 없는 한 실제 공간에 동시에 모여서 교육을 받을 필요가 없을 것이다.

메릴랜드 대학의 유니버시티 칼리지(University College)는 학부 과정과 대학원 과정 전체를 온라인으로 제공하는 몇 개 대학 가운데 하나이다. 이 학교에 등록한 학생은 약 4천 명에 달하며 현재 1천 5백 명의 졸업생을 배출했다.

인터넷 미래에는 고등교육기관이 전통적으로 포괄하고 있는 18~21세 사이의 학생과 전문 자격증을 취득하거나 업무 능력을 향상시키기 위해 교육받는 성인 학습자 사이의 경계선이 사라질 것이다. 서니(SUNY)의 재학생 중 80%가 직업을 가지고 있다. 이 학생들이 직업과 학습 과정을 동시에 해 낼 수 있게 만들려면 매우 유연한 학습 스케줄이 필요하다.

인터넷 미래에서, 학생들은 교육 내용뿐만 아니라 학습의 편의성까지 사게 될 것이다. 실제로 교육기관들은 온라인 강의 수업료를 캠퍼스 강의보다 비싸게 책정할 수 있다. 온라인 강의를 선택한 학생들은 훨씬 편리하다는 이유 하나 때문에 4~5배나 비싼 수업료를 기꺼이 지불한다. 편의성은 학생들이 온라인 강좌를 선호하는 가장 중요한 이유이다. 월요일과 화요일 또는 금요일 오전 8시 대신 수요일과 목요일 한밤중에 '강의'를 들을 수 있을 뿐 아니라 적절한 시간을 택해 과제를 작성해도 되기 때문이다.

기업 교육 분야 역시 동일하다. 기업들은 적은 시간과 비용으로 직원들에게 효과적인 교육을 시키기를 바란다. 기업 401(k) 프로그램을 공급하는 피델리티(Fidelity Institutional Retirement Services Company)는 퇴직 계획을 주제로 90분짜리 강의 내용을 제작하여 위성을 통해 전세계에 퍼져있는 다양한 작업 현장의 직원들에게 방송하도록 만들었다. 또한, 전화기를 사용해 직원들이 전문가에게 직접 질문하고 거기에 대답하는 과정을 다른 모든 작업 현장에서 들을 수 있도록 함으로써, 지리적으로 광범위하게 분포되어 있는 많은 수의 직원들에게 내용을 전달하는데 필요한 시간을 극적으로 절감하려고 시도했다.

위성으로 강연회를 실시한 이유는 고객 기업의 직원들을 만나 퇴직 계획에 대해 설명해야 하는 피델리티 직원의 숫자를 줄이기 위한 것이었다. 그러나, 위성 방송 강연회는 고객의 입장에서 너무 귀찮고 값비싼 방식이었다. 피델리티는 내부 방송 시스템을 이미 갖추어 놓은 기업 고객조차 별도의 교육 일정이 필요 없는 인트라넷 기반의 정보교류 방식을 원하고 있다는 사실을 발견했다.

인터넷 대학에 오신걸 환영합니다!

UOL 출판사는 1984년에 원격 교육 과정을 제공하기 시작하면서 유니버스티온라인(University On Line)이라는 이름을 사용했다. 그러나 이 회사는 1996년에 주식을 공개할 때 당시 고객 80~90%가 기업이라는 사실을 반영하여 회사의 이름을 바꿨다. 교육 과정에 들어있는 700여 강좌 가운데에서 고객이 가장 많이 찾는 세 가지 과목은 데이터 통신과 원격 통신, 정보기술이다. 심지어 이곳에는 교사와 강사들을 대상으로 웹 기반 교육 과정 개발 방법에 대해 강의하는 과정까지 들어있다. 인터넷을 통한 온라인 기업 교육 수요가 급증하면서 이 회사의 총수입은 1996년 1백만 달러에서 1997년 1천만 달러로 순식간에 열배 이상 증가했다.

개인들도 이 회사의 가상 캠퍼스(Vcampus) 강좌에 등록할 수 있지만, 이 회사는 주로 기업을 대상으로 마케팅을 한다. 이 회사의 강좌는 기업 인트라넷의 일부가 될 수 있을 뿐 아니라, 학생 개인의 학업 성취도와 투자수익률을 파악할 수 있도록 설계되어 있다. 예전에 위성방송으로 원격 교육 강좌를 제공하는 회사에서 근무한 적이 있는 부사장 스코트 클린은 이렇게 말한다.

우리는 고객들의 불평불만을 편의성으로 대체하는 방법을 배웠습니다. 위성 방송은 빠른 속도로 성장했지만, 사람들은 6~8개월 동안 강의를 들은 다음, "집에서 아이들을 잠재운 후 저녁 11시 정도에 강의를 들을 수 있으면 더 좋겠다"고 말하곤 했습니다. 우리는 매달 한번씩 유명한 사업가와 함께 전화 토의를 통해 수업을 진행하고 인터넷으로 슬라이드 프리젠테이션을 다운받는 프로그램을 하나 진행했습니다. 우리는 똑같은 강의 내용을 쌍방향 텔레비전으로도 전송합니다. 내용도 동일하고 강사도 동일합니다. 하지만 사람들은 인터넷 강의를 훨씬 좋아합니다. 사람들은 상호 교류라는 측면에서 TV 강좌가 훨씬 바람직함에도 불구하고, TV보다는 전화선으로 상호 교류할 때 상대편에 대해서 더 친밀한 느낌을 가지는 것 같습니다. 나는 사람들이 위성 방송 강좌와 동일한 수업료를 내고 인터넷 강좌에 참여하는 걸 볼 때마다 놀라움을 금치 못합니다. 사람들은 예전만큼 기술에 감탄하지는 않습니다. 나는 내부 위성 네트워크를 가지고 있는 회사들이 이 네트워크를 포기한다고 생각하지 않습니다. 하지만 위성 네트워크는 성장 잠재력이 없습니다. 우리가 비교적 훌륭한 비디오를 데스크탑에 설치할 수만 있다면 위성은 심각한 위기에 빠질 겁니다.

인터넷을 제대로 배우지 못하면 웹 페이지만 넘기다 끝날 수 있습니다. 우리 고객들은 향후 몇년 동안 인터넷 백본(역주:backbone, 통신망의 중심이 되는 기간 통신망. 신체의 등뼈에 빗대어 차용한 용어임)과 함께 사용되는 다양한 기술을 보게 될 것입니다. 우리는 80% 정도를 인터넷에서 수강하고 나머지는 비디오나 실시간 쌍방향 장치를 사용하는 강좌를 개발하고 있습니다.

인터넷에는 아무런 장애물이 없습니다. 인터넷이 있기 때문에 우리

웹 사이트 ···

- University On Line Publishing <www.uol.com>

는 학습자 개개인의 요구를 수용한 강좌를 개발할 수 있습니다. 학습자 분할 이론에 의하면 어떤 사람은 독서를 통한 학습 방식을 가장 잘 받아들이고, 어떤 사람은 비디오 시청 방식을 통해서, 어떤 사람은 사람들과 상호작용하는 중에 가장 많은 내용을 배운다고 합니다. 우리는 인터넷을 통해서 기업 직원을 미리 테스트한 다음, 개개인의 학습 스타일에 적합한 프로그램을 공급합니다. 과거에는 이런 작업 방식에 매우 많은 비용이 들었기 때문에, 25만 달러에서 2백만 달러에 이르는 비용을 댈 수 있는 기업의 대규모 컨설팅 프로그램에서만 활용될 수 있었습니다. 하지만 지금 우리는 인터넷 덕분에 고객에게 가장 유용하다고 판단되는 학습 방식 4~5개를 제작하여 다양한 형태로 공급할 수 있습니다. 지금은 데이터베이스가 충분하기 때문에 우리는 15에서 20개 항 정도를 온라인으로 질문하여 해당 학습자에게 가장 바람직한 학습 방식을 파악할 수 있습니다.

내가 2~3년 전에 이 분야에서 일할 때만 하더라도, 포춘지 선정 500대 기업에 속하는 회사들은 "모든 것이 자체 내에서 창조되어야 한다"고 말했습니다. 그런데 바로 그 기업들이 우리가 제시한 강좌 목록을 보고 우리에게 오고 있습니다. 그들은 우리 목록을 원할 뿐 아니라, "만일 우리에게 부족한 분야에 대해 독점적인 강좌를 진행하는 사람이 있다면, 그 강좌를 특허등록해서 우리에게 사용 권한을 달라"는 말도 합니다. 어떤 회사는 조그만 데이터 통신 컴퍼넌트를 가지고 있지만 자신들의 전문 분야가 아닐 경우, 현재 우리에게 강의받는 고객을 찾아가서 자신들이 배울만한 내용을 가르치고 있는지 문의할 때도 있습니다.

학생들에게 동기를 부여하고 강의에 계속 참여하게 만드는 문제는 아직까지 해결되지 않았습니다. 사람들은 아주 쉽게 강좌에 등록할

수 있을 뿐 아니라 아주 쉽게 강좌에서 빠질 수 있으니까요. 충동구
매자가 쉽게 구매하는 만큼 쉽게 마음을 바꿀 수 있는 것과 마찬가
지 원리입니다. 편리함은 장점으로 작용될 수 있지만 단점으로 작용
될 수도 있는 셈이지요.

인터넷 캠퍼스

성인 교육 시장은 전통적으로 원격 교육 시장으로 간주되어 왔
다. 그러나, 각 대학의 온라인 학생이 캠퍼스에서 멀리 떨어진 지역
에 살기 때문에 직접 강의에 참석할 수 없는 성인만으로 국한되지
는 않는다는 사실이 밝혀졌다.

그들중 상당수는 이미 캠퍼스 강좌에 등록한 학생들이었다. 한
사례를 보자. 덴버에 있는 콜로라도 대학의 1998년 봄학기 온라인
강좌에 등록한 학생은 609명인데, 이 가운데 500여 명은 캠퍼스에
서 강좌를 듣는 학생들이었다.

심지어 동일 지역에 살고 있는 학생들을 대상으로 교육하는 고
등학교조차 온라인 강좌를 개설하고 있다. 예를 들어, 플라이마우
스 지역에서는 과학 과목 전체를 온라인으로 들을 수 있다. 또한
13개 주에 퍼져있는 공립 고등학교 30여 곳에서 29개 과정을 온라
인으로 강의하는 가상 고등학교도 생겨났다. 이 프로그램에 참가
하는 학교 중 하나는 알래스카에 있다. 이 학교에는 기하학 과목을
가르치는 교사가 없기 때문에 학생들은 노스 캐롤라이나 지역의
교사에게 기하학을 배우고 있으며, 독일과 요르단에 있는 학생 일
부도 여기에 참가해서 공부한다.

학생들이 교육의 편의성을 중요하게 생각하듯이, 교육 행정 분야에서도 편의성이 중요하다. 덴버에 본사가 있는 리얼 에듀케이션(Real Education) 주식회사는 학생들은 물론 교육기관들에게도 온라인 교육의 편의성을 제공하려고 노력한다. 이 회사는 일단 온라인 교육 승인을 받으면 60일 이내에 최고 20여 개 과정을 편리하게 진행할 수 있게 만들어줄 것을 약속한다. 이 서비스를 시작한 지 2년만에 32개 대학이 리얼 에듀게이션을 이용하여 온라인 프로그램을 실시하게 되었다. 이 회사는 가상 캠퍼스 설계와 운영은 물론 강의 자료를 제공하거나 교수가 기존의 강의 자료를 대체하는 일을 도와주며, 교수와 학생 모두를 기술적으로 지원하고, 행정적인 업무를 처리해 준다.

리얼 에듀케이션의 최고경영자 랍 헬믹은 새로운 시도에 대해 이렇게 말한다.

우리가 하는 모든 작업은 세 가지 원칙에 근거를 두고 있습니다. 첫번째는 '강의실과 노트 그리고 책'으로 대변되는 기존의 모든 서비스가 온라인으로 제공되어야 한다는 것입니다. 온라인에서 학습하는 학생들은 과정에 등록하고, 교과서와 학용품을 구입하고, 경제적인 지원을 확인하고, 다양한 캠퍼스 생활을 누리고, 할당된 과제를 확인하는 등의 활동을 온라인으로 쉽게 처리할 수 있게 되기를 바랍니다. 두번째는 학생들이 사용하는 하드웨어 비용이 최소한으로 유지되어야 하며 소프트웨어를 무료로 제공한다는 것입니다. 세번째는 학습 사이트는 쉽게 활용할 수 있게 설계되고 모든 페이지는 288K 모뎀을 사용해서 8초 이내에 전송받을 수 있어야 한다는 것입니다.

우리 회사의 직원들은 교수들이 온라인 강좌를 개발하는 경우에 활용할 수 있는 좋은 방법을 제공합니다. 또한 우리는 사이먼 앤 슈스터(Simon & Sohuster) 출판사와 공동 작업을 하는데, 출판사 측에서는 사전에 온라인 환경에 적합하게 개발한 강좌 내용과 교과서를 교수들에게 제공합니다. 사이먼 앤 슈스터의 현지 학습 그룹은 다양한 문제 데이터베이스를 가지고 있기 때문에 교수들은 이 데이터베이스를 활용해서 문제를 출제할 수도 있습니다. 그러나 만일 교수들이 교과서나 음향이나 비디오 등 자신이 염두에 둔 자료를 사용하길 원하면, 그렇게 할 수도 있습니다. 그들은 자신이 원하는 형태로 강의를 진행할 수 있으며, 원한다면 우리에게 다양한 강의 자료를 요청할 수 있습니다. 우리는 또한 인터넷을 통해서 그들에게 온라인 강좌를 개설하는 방법에 대한 강좌를 제공할 수도 있습니다.

일부 교수들은 교실에서 강의할 때보다 온라인 강의에서 더 좋은 평판을 얻기도 합니다. 개중에는 많은 학생 앞에서 강의하는 걸 두려워하는 사람도 있는데, 온라인에서는 그런 문제가 거의 없기 때문입니다. 또한 우리는 교수들이 학생들의 학습 활동(어떤 학생이 수업에 얼마나 자주 출석하는가, 얼마나 오랫동안 수강하는가)을 추적할 수 있도록 도와주고 시험 문제를 만들고 테스트하고 점수를 매기는 도구도 제공합니다. 여기에는 오디오와 비디오 시설두 포함됩니다.

리얼 에듀케이션은 입학 허가와 등록, 학문적인 조언, 서점, 도서관, 그리고 단돈 3만 달러의 비용으로 학위를 받는데 필요한 모든 교육 과정 정보를 제공하는 등, 캠퍼스 전체를 온라인에 올려놓을 수 있습니다. 우리는 학생 한 명당 120달러를 받고 있는데, 이 비용은 일반 대학에서 제공하는 온라인 강좌의 절반 비용도 안되는 액수입니다.

온라인 학생들은 강의 자료에 덧붙여서, 전자우편, 검색 가능한 온라인 도서관, 강좌와 관련된 웹 사이트 데이터베이스, 성적 기록 등에 접속할 수 있으며, 강의 내용 전체를 기록할 수 있는 전자 공책, 그리고 자신의 홈페이지를 갖게 됩니다. 이 학생들은 온라인 캠퍼스 서점에서 책을 구입할 수 있으며 학기 말에는 배달 서비스를 이용해서 대출한 책들을 반납할 수 있습니다.

우리는 온라인 학생들이 비교적 비용에 무감각하다는 사실을 발견했습니다. 이들은 편리함을 위해 기꺼이 비용을 지불합니다. 예를 들어, 콜로라도 대학에서는 덴버에 사는 학생들이 다른 지역에 사는 학생들보다 온라인으로 더 많은 책을 대출하는데, 캠퍼스 서점에 직접 반환하면 무료인데도 25달러라는 비용을 들여서 배달 서비스에 맡기곤 합니다. 온라인 학생들은 여기저기에서 강좌를 듣는 편보다는 공인된 학위 프로그램을 선호합니다.

우리는 거의 대부분의 경우 시장의 수요에 맞춰 강좌를 개설하는데, 동급생들이 동시에 강좌를 시작할 때 반응이 가장 좋습니다. 연구 과제는 정기적으로 부과되지만, 학생들은 아무 때나 과제를 처리해서 주어진 기간 안에 제출하면 됩니다.

필요할때 즉시 배운다

인터넷 미래에는 '원하는 시간에 원하는 장소에서 배울 수 있는 환경'과 함께 '필요할 때 즉시 배우는 환경'이 조성될 것이다. 기업은 매우 많은 직원과 사업 파트너 그리고 고객을 한꺼번에 교육시켜야 하는 경우를 많이 겪는데, 대부분은 '지금 당장'일 경우이다. 크라이슬러 금융(Chrysler Financial)은 새로운 제품을 선보일 때, 모든 사람에게 그 제품에 대한 정보를 확실히 전달하고 싶어한다. 하지만 인터넷 미래에서는 제품 개발 기간이 짧아지기 때문에 기업은 제품 개발에 6개월을 소비하는 것도 원하지 않고 2개월에 걸친 직원 교육이 끝날 때까지 제품 출시를 미루고 싶어하지도 않는다.

제품 정보를 기업 인트라넷이나 엑스트라넷에 입력시켜 직원들이 필요할 때 그 내용을 보도록 하는 방법은 통하지 않는다. 그래서 크라이슬러는 교육 일정을 미리 잡은 다음 강사를 등장시키는 방식으로 인트라넷을 활용하여 제품에 대해 설명했고 그 결과 많은 직원을 대상으로 한 교육 시간이 상당히 단축되었다.

그러나, 이같은 교육을 실시함으로써, 크라이슬러는 또 다른 교훈을 얻을 수 있었다. 크라이슬러의 원래 계획은 직원들이 먼 곳까지 가서 설명회에 참석할 필요없이 자신의 책상에서 편리한 시간에 아무 때나 제품에 대해 배울 수 있도록 만드는 것이었다. 이것은 제품 설명회를 2천 8백여 개의 데스크탑 전체에 송신한다는 걸 의미했다. 결과적으로, 중용이 가장 좋은 방법임이 입증되었다. 프로그램 개발을 책임진 카렌 코완은 이렇게 말한다.

"직원들은 일상 업무에서 잠시 벗어날 수 있어야 합니다. 하지만 지역 사무소에 있으면 고객과 내리섬 능에서 굉장히 많은 전화가 결려옵니다. 만일 어떤 사람이 직접 찾아올 경우에는 '학습중'이라는 팻말로 해결할 수 있지만, 수화기는 대답을 하기 전까지 계속 울어대기 때문에 직원은 학습에 지장을 받을 수밖에 없습니다. 별로 바람직한 학습 환경이라 할 수 없지요."

웹 사이트 ....

- Chrysler Financial <www.chryslerfinancial.com>

동시에 회사측은 직원들이 동시에 사무실을 비워야 하는 사태를 피하고 싶었다. 그렇게 되면 사무실 전체를 닫거나 일부 부서의 기능을 정지시켜야 하기 때문이었다. 그래서 회사측은 최초의 계획을 근거로 미국 전역에 퍼져있는 25개의 현지 사무소에 학습 센터를 하나씩 만들기로 결정했다. 각 센터마다 훈련에 사용될 컴퓨터를 세 대에서 여덟 대 정도 설치해서 여기에 음성 회의 기능과 멀티미디어, 웹 기반 강좌, 응용 소프트웨어 등을 통합한 시스템을 장착했다. 코완은 온라인 시스템이 짧은 시간에 집중적으로 배우는 데 효과적이라고 평가하며 이렇게 말한다.

"한 시간 교육시키기 위해서 직원을 먼 곳으로 보내야 한다는 건 비효율적이라는 생각이 들었습니다. 그래서 여러 교육 내용을 한데 묶어서 한 번에 교육시키게 되었습니다. 교육 내용이 너무 많다 보니 특정 시기에 필요한 정보 일부를 놓치는 경우가 생기는데도 하루분의 교육 내용이 채워질 때까지 교육을 늦추는 일이 종종 발생했습니다."

그런데 현지에 학습 센터를 세운 다음부터는 직원들이 편리할 때에 한 시간 정도 자리를 비우고 학습 센터로 가서 교육을 받을 수 있었다. 코완이 설명한 바에 의하면, "직원 한 명이 한 시간 정도 자리를 비우는 건 그리 문제가 되지 않았다."

또한 크라이슬러는 쌍방향 교류가 인터넷 환경에서 매우 중요하다는 사실도 깨달았다. "10분 이상 계속 강의를 하는 동안 학습자들이 다른 데 한눈을 팔 가능성이 많기 때문에, 정보를 짧은 단위로 나누어서 학습자의 적극적인 참여를 유도할 필요가 있었다."

인터넷을 통한 실시간 온라인 교육은 교육 시간이 짧아진다는 걸 의미한다. 교육 기간의 단축은 제품 개발 기간 단축으로 이어진다. 제품 개발 기간의 단축으로 더 많은 제품 개발이 개발될 수 있다. 이처럼 인터넷 미래에서 '필요할 때 즉시 배우는 환경'은 출장 비용을 절감하는 이상의 의미를 갖는다. 경쟁 우위를 확보하는 문제인 것이다.

비디오와 오디오가 인터넷에서 좀더 원활하게 전송되면, 온라인 강사는 학생과 상호 교류가 필요할 때 서로 생생한 영상을 보면서 계획된 수업을 진행할 수 있을 것이다. 예를 들어, 음성 회의 시스템을 사용해서 제품을 최초로 공개할 때, 실시간 게시판을 보조로 활용하면 판매사원들이 제품에 대한 소비자의 반응을 생생하게 전달하거나 제품 설명 당시에는 미처 생각하지 못했던 부분을 질문할 수 있을 것이다.

필요할 때 즉시 배우는 방식에는 다양한 기술을 동시에 사용하는 교육 방식이 포함될 수도 있다. 한 대형 보험회사가 직원들에게 고객의 항의 내용을 처리하는 신형 소프트웨어 시스템 사용법에 대해 교육할 때, 이 회사는 직원들이 자신이 장차 사용하게 될 소프트웨어를 보는 동시에 그 소프트웨어를 작동하면서 강사와 생생하게 질문을 주고 받을 수 있는 기술을 활용했다. 한 소프트웨어 회사는 동일한 방법을 사용해서 판매회의 내용을 바꿀 계획을 가지고 있다. 회의 시간을 제품 설명에 소모하는 대신, 필요할 때 즉시 배우는 방식을 통해 일년 내내 판매사원에게 필요한 내용을 교육시키고, 회의 시간에는 고객과 바람직한 관계를 형성하고 제품을 판매하는 방식 그 자체를 논의하기로 결정한 것이다.

스스로 시작하는 온라인 학습자

인터넷 미래의 학습 방식은 교사와 학생 모두에게 큰 의미를 갖는다. '원할 때 원하는 장소에서 배우는 방식'은 학생 스스로 배우고자 하는 동기가 전제되어야만 가능하다.

가상 학급이 일주일 내내 하루 24시간 열려 있으므로, 학생은 내적 동기를 부여해 컴퓨터 앞에 앉아 수업에 참여해야 할 것이다. 물론 교사들이 학생의 참여를 고무하기 위해 취해야 할 몇 가지 조치가 있고, 학생들은 높은 동기를 부여받아야 한다. 하지만 인터넷 미래의 학습 속성을 고려할 때 학생 스스로가 습관을 들이고 시간을 효율적으로 사용함으로써 학습 효과를 높이는 것이 훨씬 중요하다.

성인 학습자의 비율이 점차 증가하고 있는 인터넷 미래의 학생 모임은 어떤 모습을 띠게 될까?

- 온라인 학생들은 일반 학생들에 비해 훨씬 자존심이 강하고 모험을 기꺼이 감수할 것이다. 피닉스 대학의 온라인 수강생들과 캠퍼스 수강생들을 비교하면 이같은 특징이 잘 나타난다.
- 온라인 학생들은 실질적인 가치가 있는 수업을 원할 것이다. 지위 향상에 도움을 주는 학위와 자격증이 훨씬 중요하기 때문이다.
- 이들은 사회 경험을 쌓은 상태에서 수업에 참여하는 사람들이다. 그래서 이들은 동료 학생들과 훨씬 광범위한 경험을 공유할 수 있으며, 서로의 경험을 통해 그만큼 많은 이익을 누리게 될 것이다.
- 이들은 일반 학생들에 비해 시간적인 압박을 훨씬 많이 받을 것이며, 따라서 온라인에서 모일 수 있을 뿐, 동시에 한 장소에 모

이는 건 어려울 것이다.

- 이들은 온라인과 오프라인의 우선순위에 따라서 일정을 관리하는데 익숙하게 될 것이다.

자율적으로 운영되는 대학

온라인 교육이 학생 자신의 주체성과 자율성을 전제로 하는 것이긴 하지만, 그렇다고 이 말이 기업 측에서 학생에게 아무런 지침도 제시하지 않는다는 걸 의미하지 않는다. 직원의 자율적인 노력과 회사 측의 커리어 관리 계획은 온라인 학습에서 충분한 조화를 이룰 것이다. 제너럴 모터스의 인사 정보 담당 이사 마이클 힐먼은 제너럴 모터스가 인트라넷을 활용해서 인적 자원 관리의 다양한 요소를 하나로 묶어 전세계에 퍼져있는 6십 5만여 명의 직원을 관리할 수 있는 전략 방안에 관한 선명한 비전을 갖고 있다고 말한다.

우리는 직원들이 성장 전략과 경력 개발이라는 관점에서 스스로 교육 계획을 세우고 등록할 수 있도록 온라인 부서를 마련했습니다. 직원 스스로 선택하고자 하는 업무와 필요한 기술을 파악하여 이를 성취힐 수 있도록 만들어 놓은 것입니다. 우리는 실제 캠퍼스와 온라인 캠퍼스를 동시에 갖춘 GM 대학을 설립했습니다. 자체적으로 교육시설을 구축해 놓았지만, 직원들은 다른 회사 혹은 다른 교육기관에서 교육받을 수도 있습니다.

(웹 사이트) ···
- General Motors <www.gm.com>

우리가 목표로 하는 건 직원들이 커리어 개설에 필요한 교육 내용을 파악하도록 돕는 것입니다. 우리는 다양한 업무 내용을 데이터로 작성해서 특정 분야에 필요한 기술과 특정 부서의 직원이 해야 할 업무를 밝혔습니다. 이 데이터는 추후에 온라인으로 살펴볼 수 있도록 할 예정입니다. 우리는 이 데이터를 교육 프로그램과 연결시키고자 합니다. 교육 프로그램은 계단식 구조를 갖추어 초보자와 숙련자 등 다양한 직원을 수준별로 포괄할 수 있어야 합니다. 우리는 직원들에게 '당신이 개발하길 원하는 커리어는 이것이며, 따라서 이런 유형의 교육을 받아야 한다'고 자세히 설명할 수 있기를 원합니다.

또한 우리는 이같은 커리어 개발 프로그램이 회사의 발전 전략과 연결될 수 있기를 희망합니다. 매개 프로그램을 개발해 1만 명에서 2만여 명의 직원들이 이용하도록 만드는 방법도 생각할 수 있습니다. 적절한 인물을 적재적소에 배치하는 건 매우 중요합니다. 한 가지 변수는 현재의 인적 자원 기반입니다. 우리는 회사의 발전 전략과 연계해서 필요한 교육훈련을 시행할 수 있어야 합니다.

공동 학습

인터넷 기반의 가상 학습 센터는 학생들간의 의사소통이 교사와의 의사소통만큼이나 중요한 비중을 차지하는 새로운 방식의 교육을 만들어 낼 것이다. 회사 직원들이 공동으로 작업하는 경향이 있듯, 강의 역시 새로운 팀플레이 형식을 취하게 될 것이다.

인터넷이라는 매체는 상호 교류를 강화시키는 속성을 가지고 있기 때문에, 학생들은 강사에게 배우는 만큼 서로에게 배울 것이다.

채팅이 활발한 시대에서 성장한 아이들은 디킨스에 관한 온라인 토론에 참여하는 걸 자연스럽게 받아들일 것이다. 그리고 대역폭이 확대되고 동영상이 인터넷을 통해 무리없이 작동하게 되면, 가상 학급은 기존의 교육 경험과 좀더 유사한 내용을 갖기 시작할 것이다.

공동 학습은 피닉스 대학에서 가장 중요한 역할을 하는데, 자치단체의 공인을 받은 이 대학은 65개 캠퍼스와 12개 주에 학습 센터를 갖춘 유료 교육기관이다. 5만여 명에 달하는 학생이 등록한 이 교육기관은 미국에서 가장 규모가 큰 사립 대학 가운데 하나로서, 인터넷 미래에 교육이 나아갈 방향의 단서를 엿볼 수 있게 한다.

학생들은 최소한 23세 이상의 나이로 직장에 재직중이어야 한다. 이 대학은 전임 교수를 소수 고용하여 커리큘럼과 강의를 감독하게 하지만, 대부분의 교수는 파트타임으로 온라인 강의를 전문적으로 담당한다. 이 대학은 인터넷을 통한 온라인 강좌의 선두주자이다. 이 대학은 경영학과 경제학 그리고 과학기술을 가르치는 학부 과정과 대학원 과정으로 구성되며 약 400여 개 통신 학급을 운영하고 있다. 통신 교육 담당 부총장 테리 헤자드 비숍의 설명에 따르면, 전체 학생의 약 10%가 온라인 교육을 받고 있다.

온라인 교육을 받는 학생과 일반 정규 교육을 받는 성인 학생들 사이에는 인구통계학상의 차이가 있습니다. 온라인 학생들의 나이와 경험이 약간 많은 편입니다. 하지만 앞으로는 이런 차이가 사라질 것이라 생각합니다. 온라인 교육이 좀더 광범위하게 퍼지게 되고 더 많은 성인이 참여하면, 이 차이는 의미가 없어질 것입니다. 우리가 온라인 강좌를 시작했을 때, 여성 온라인 학생의 비율은 약 3%에 불과했습니다. 그런데 지금은 35%에 달하며, 이 비율은 매년 증가하고 있습니다. 수입이라는 측면에서도 동일한 현상이 발생합니다. 온라인 학생의 수입이 캠퍼스 학생의 수입에 비해 여전히 높지만, 그 차이 역시 점차 줄어들고 있습니다.

우리 대학은 학습 결과를 측정하는데 많은 노력을 기울입니다. 학위 수여 프로그램에 참여하는 모든 학생은 입학하기 전에 감독관의 입회 아래 전공 과목에 대한 평가시험을 치릅니다. 그리고 졸업 직전에 다시 시험을 치릅니다. 그래서 학생들 각자가 습득한 지식 정도를 측정합니다. 이런 시험은 학생들이 자신의 학문적인 강점과 약점을 파악하는데 효과적이기도 합니다. 수년에 걸친 데이터를 보면 온라인 학생들이 캠퍼스 학생들과 비슷한 학업 성취도를 기록하고 있음을 알 수 있습니다.

강좌의 진행 속도를 학생 자신이 결정할 순 없지만 학습 일정은 학생 스스로 결정할 수 있습니다. 강좌는 시간적인 한계와 과제 제출 시한 그리고 참여 정도를 규정하지만, 학생들은 자신이 편리한 시간에 편리한 곳에서 수업에 참여하거나 과제를 처리할 수 있습니다. 강좌를 그저 자유롭게 진행해서 성인 학생들에게 편의를 제공할 필요는 없습니다. 연구 결과에 의하면, 성인 학습자들 역시 어느 정도의 체계를 필요로 합니다. 우리의 모든 온라인 강좌는 시간의 편차를 둔(asynchronous) 통신을 사용하도록 가르칩니다. 시간의 편차를 둔 통신은 인터넷 뉴스 그룹과 비슷하게 작동하는데, 메시지를 발송하고 나중에 답신을 받는 식입니다. 우리 학생들은 시간대가 다양한 전세계에서 참여합니다. 따라서 학생들을 동시에 온리인에 참여시키는 건 거의 불가능합니다. 게다가, 온라인 토론은 학생들에게 말하고 싶은 내용에 대해 충분히 생각할 시간을 줄 때, 그 내용이 좀더 풍부해지고 설득력을 갖는 경향이 있습니다.

성인을 온라인으로 가르치는 가장 좋은 방법은 학습 커뮤니티를 구성하여 학생들이 공동 그룹에서 함께 공부하게 만드는 것입니다. 이 방법은 기술의 장점을 활용하면 충분히 가능합니다. 우리 강좌에는 학생들간의 공동 협력 방식이 자리를 잡고 있습니다. 우리 교수진은 강의를 짧게 하고 많은 독서량과 과제를 요구합니다. 그리고 한 가지 주제를 중심으로 자유로운 질문을 던져서 학급 토론을 촉진시키는 방법도 사용합니다. 이 토론은 선택 사항이 아닙니다. 모두 의무적으로 참여해야 합니다. 어느 누구도 아무 말 없이 뒷자리에 앉아서 구경만 할 수 없죠. 우리는 교수와 학생 사이의 쌍방향 교류만을 중요하게 간주하지는 않습니다. 진정한 학습은 성인 학생들이 강의와 관련된 내용을 중심으로 자신의 생각과 전망을 서로 자유롭게 나눌 때 비로소 가능합니다.

원격 교육은 전통적으로 중도 탈락률이 높다는 악명이 자자합니다. 그 이유는 원격 학습 프로그램이 학생들의 적극적인 참여를 이끌어 내어 함께 공부하도록 만들지 못했기 때문이라고 생각합니다. 다른 사람들과 하나의 학습팀을 구성해서 서로 교류하고 통신하며 공부하는 것이, 사전에 정해진 방식에 따라 공부하다가 강사에게 가끔 검증받는 것보다 훨씬 재미있습니다. 우리 학생들 가운데 약 93%가 시작한 강좌를 마치며, 이들 가운데 약 60% 정도가 온라인 강의를 계속 신청해서 학위를 받습니다.

모든 사람이 원격 교육을 받을 순 없습니다. 그리고 원격 교육이 기존의 교육 방식을 전면적으로 대체할 수도 없습니다. 하지만 기술이 이처럼 급속하게 발전하는 상황에서, 성인은 어떤 방식으로든 자신의 기술을 계속 향상시켜야 합니다. 그리고 성인들에게는 좀더 유연한 교육적 대안이 필요하며, 그 대안은 바로 원격 교육입니다.

다른 분야와 마찬가지로, 인터넷 미래의 교육 방식에서도 지식 전달은 매우 중요하다. 그래서 학생들은 자신이 알고 있는 지식의 정도에 의해, 그리고 토론 과정을 통해 학급 동료들에게 얼마나 중요한 내용을 전달하는가에 따라 평가 점수를 받게 될 것이다.

리얼 에듀케이션 강좌에서 중요한 요소는 웹블리오그래피 (Webliography)인데, 이것은 각 강좌의 웹 사이트에 자동으로 연결될 수 있는 웹 사이트 데이터베이스를 말한다. 교수들은 학생들로 하여금 전자우편을 통해 강좌 주제에 적합한 웹 사이트의 주소 세 개를 보내도록 만들고, 적절한 URL을 최초로 보낸 학생은 그만큼 높은 점수를 받는다. 이런 방식은 학생들 스스로 교수를 도와서 강의 자료를 수집하도록 만들 뿐 아니라, 전체 데이터베이스의 구축에 기여함으로써, 리얼 에듀케이션의 강의 자료를 사용하는 다른 모든 대학이 공유할 수 있게 한다.

미래의 강사

인터넷 미래 강의실은 교수에게 어떤 의미를 가질까? 매우 큰 의미를 지닌다. 지금 현재, 웹을 사용하는 교수들은 대체적으로 인터넷 자체에 흥미를 가지고 있는 경우가 많다. 게다가 온라인 강좌를 개발하면 추가 수당을 받을 수도 있다. 그러나, 교육기관들은 앞으로 계속 경제적인 운영 방법을 추구하면서, 교수들에게 역시 일정 형식의 웹을 사용하라는 압력을 행사하게 될 것이다.

모로우에 있는 클레이톤 칼리지 주립 대학(Clayton College and State University)은 스스로의 성격을 '노트북 대학'으로 규정했다. 이 대학에서는(근처에 있는 플로이드 대학의 교수와 학생을 포함해) 9천여 명에 달하는 교수와 학생 전원에게 동일한 노트북 컴퓨터가 제공되는데, 학교용으로 특별 제작된 노트북으로는 세계 최대 규모이다. 분기마다 학생들이 내는 수업료에 덧붙는 200달러는 컴퓨터 구입에 충당될 뿐 아니라, 집이나 캠퍼스에서 인터넷에 접속하는 비용으로도 사용된다. 직원들에게는 온라인 강좌의 개발자가 있는 특별 공간이 제공되어, 이곳에서 강좌에 필요한 온라인 교재를 개발하고 학생들과 의사소통하는 법을 배울 수 있다.

이 프로그램을 실현하기 위해서는 초기에 2천 4백만 달러의 기금이 필요했다. CCSU와 동일 규모의 교육기관에서 이만한 자금을 어떻게 장만해서 새로운 기술을 도입할 수 있었을까? 대학 총장 리처드 스키너는 첫 3년만 지나면 프로그램 안에서 자체적으로 기금을 조성할 수 있다며 조지아주 대학 시스템 평가위원회를 설득할 수 있었다. 학교측은 학생들의 분기 수업료에 추가적으로 부과한 200달러로 3년 간격의 기금을 조성한다. 그래서 3년이 지나면, 적립한 기금으로 컴퓨터를 바꾸는 식이다. 지금 현재, 최소한 두 곳의 또 다른 공립 대학이 노트북 컴퓨터 프로그램을 시행하고 있으며, 약 열 개 정도의 사립 대학이 일부 학생들에게 노트북을 공급한다.

당신의 강의실은 인터넷 미래 강의실입니까?

1. 당신은 출석 횟수 등, 기존의 방식으로 학생들을 평가하지 않고

학생들이 분명하게 규정된 학습 목표를 달성하는데 중점을 두고 있습니까?

2. 당신은 학습 단위 중심으로 강의 교재를 개발합니까? 조그만 학습 단위(하나의 문제와 차트와 연습)는 전통적인 강의실에서 하던 방식과 달리 온라인에서 전혀 다른 방식으로 혼합해서 발전시킬 수 있습니다.

3. 당신은 강의보다 학습 지원을 중요하게 생각합니까? 학생들끼리 상호 교류하는 과정은 학생들 자신의 관심을 증가시키고, 그룹 프로젝트는 구성원 모두가 할당량을 완수해야 한다는 외적 압력으로 작용합니다.

4. 당신은 에세이식 질문을 사용하여 토론을 발전시키고, 학생의 온라인 참여도를 기준으로 점수를 매깁니까? 온라인에서는 학생의 대답 내용을 평가하는 것도 중요하지만 사고 능력을 평가하는 것도 중요합니다.

5. 당신은 그룹에게 공동 과제를 내준 다음, 충분한 그룹 토론을 진행하면서 과제를 완수할만한 시간을 제공합니까? 학생들이 실시간 채팅을 사용하지 않을 경우, 과제를 적게 내주는 대신 내용이 복잡한 프로젝트를 배정해서 학생들이 충분히 토론하며 프로젝트를 진행할만한 시간을 주십시오. 유연한 스케줄은 학생들의 프로젝트 공동 수행에 투여하는 시간을 늘일 수 있습니다.

6. 당신은 얼마나 자주 온라인 피드백을 합니까? 피닉스 대학의 테리 헤저드 비숍은 "실제 강의실에서는 강사가 고개를 끄덕이거나 빙그레 웃기만 해도 학생은 인정받았다는 느낌을 받을 수 있습니다. 하지만 온라인에서는 그렇지 않기 때문에, 어떤 내용을 보냈는데도 아주 오랫동안 아무런 피드백을 못받은 학생은 몹시

불안해질 수 있습니다" 라고 말합니다.

7. 당신은 학생들이 실제 강의실에 출석하기 전에 인터넷을 사용해서 사전 준비 작업을 하도록 시킵니까? 이렇게 하면, 모든 학생이 동일한 수준에서 수업을 시작하도록 만들기 위해 따로 시간을 허비할 필요가 없습니다.

8. 당신은 전자우편을 사용해서 학생의 성적을 통지합니까?

9. 당신은 온라인 교실이 당연히 더 많은 학생을 포용할 수 있다고 추측합니까? 학급 규모는 강좌를 구성하는 방식에 달려있습니다. 학생들이 활발한 상호작용을 하려면 학급 규모가 작아야 합니다.

10. 당신은 적절한 기술 지원을 받습니까? 기술 지원이 없으면, 학생들은 좌절감에 휩싸여 온라인 강좌를 외면할 수 있습니다.

다른 측면의 교육

온라인으로 교육이 활성화되면서 학생들은 직장과 교육을 병행할 기회를 더 많이 발견하게 될 것이다. 그리고 교사들은 온라인으로 강의하는 법을 배우기 위해 인터넷을 사용하기 시작할 것이다.

■ 듀크 대학의 글로벌 경영자 MBA과정(Global Executive MBA)이 온라인으로 제공됨으로써 현직에 근무하는 중역들은 교육을 받는 동안 몇 개월씩 휴직할 필요없이 MBA를 취득할 수 있다.

웹 사이트 ....
- Duke University <www.duke.edu>

강의는 기본적으로 CD롬으로 전달되며, 학생들은 온라인 게시판과 전자우편과 채팅을 통해 서로 협력한다. 수업료가 8만 달러 이상임에도 불구하고, 많은 회사들이 자사 임원들을 이 프로그램에 등록시키기 위해 애쓰고 있다.

- 노리치 대학의 버몬트 칼리지 부설 교육 연구소는 통합 교육학 박사 학위를 제공하는데, 전세계에 있는 교사들이 이 프로그램에 참가할 수 있다. 교사들은 온라인 강의를 받고 온라인 공동 검색 프로젝트를 추진하며, 온라인 도서관 서비스를 이용하고, 커뮤니티 '저널'을 통해 대화를 나눈다.
- 4천여 명 이상의 초등학교 및 중고등학교 교사들이 PBS 매스라인(PBS Mathline)에 참가하고 있는데, 이곳의 능력 개발 프로그램에는 비디오 강의와 온라인 토론이 모두 사용된다.

인터넷 미래는 대학에게 많은 기회를 선사할 것이다. 인터넷 미래는 지리적으로 훨씬 광범위한 영역에서 학생들을 모집하고, 좀 더 효율적으로 협력할 수 있는 능력을 제공하기 때문이다. 캘리포니아의 대학들은 캘리포니아주 전역에 다양한 캠퍼스를 가지고 있으며 중복된 강좌가 많다. 그래서 캘리포니아 가상 대학은 온라인 강좌를 제공함으로써 다양한 캠퍼스에서 사용되는 교육 자료의 복제 비용을 절감하고 있다. 이와 대조적으로 특정 캠퍼스의 특정 강좌에 학생들이 충분히 모여들지 않을 때, 온라인을 통해 더 많은 학생을 모집함으로써, 비용 효율을 높일 수도 있다.

그러나 온라인 교육에는 심한 경쟁을 일으키는 등의 단점도 있다. 한 대학이 지리적인 한계를 뛰어넘을 수 있다는 건 다른 모든 대학에게도 해당되기 때문이다. 인터넷 미래에서 고등 교육기관이

유념해야 할 몇 가지 교훈을 살펴보자.

다른 기관과 협조한다

의사와 변호사, 회계사 등의 전문 자격증 수여를 담당하고 있는 공인 교육기관은 온라인 교육 과정을 캠퍼스 교육 과정과 비교하며 합리적으로 평가해야 하는 딜레마에 직면할 것이다. 각 기관은 온라인 대학의 학점을 학위 수여 프로그램에 통합시키는 등 여러 문제에 대해 좀더 적극적으로 협조할 필요가 있다.

공유하는 법을 배운다

학위를 받기 위해 공부하는 학생이 대륙 건너편에서 취업을 제안받으면 어떻게 되는가? 과거에 이런 상황에 처하면 학위를 수여받기 위해 제안을 거절하든가 아니면 학교를 옮겨야 했다. 하지만 인터넷 미래는 세 번째 대안을 제시한다. 직장이 있는 곳으로 가서 온라인으로 학위 수여에 필요한 교육을 계속 이수하는 방법이 바로 그것이다. 과거에 다른 대학에서 받은 학점을 인정하길 꺼리던 대학들도 지리적인 한계에 부딪힌 학생들을 끌어들이기 위해 좀더 관대해질 필요를 느낄 것이다.

시도하라 : 당신은 온라인 교육을 좋아하게 될 것이다

교육기관은 성인에게 제공하는 교육 방식과 장소에 대해 좀더 유연한 자세를 취할 필요가 있다. 퀄콤(Qualcomm)의 엔지니어들은 캘리포니아 샌디에이고 대학에서 방송으로 제공하는 공과대학 대학원 과정에 등록하고 싶었지만, 이 가운데에서 학점 취득에 관심이 있다고 말한 사람은 단지 12명에 불과했다. 그런데 청강생도 받아들인다는 방침이 정해지자 학급 규모는 60여 명으로 커졌다. 이 강좌는 지금 캘리포니아 샌디에이고 대학에서 4~5킬로미터 거리에 있는 퀄콤 사이트로 방송된다. 퀄콤 측은 방송에 대한 비용으로 최소한의 액수를 지불하고도 모든 퀄콤 엔지니어들에게 계속 공부할 수 있는 무한한 기회를 제공한 셈이 되었다.

최선을 다한다

온라인 교육의 장이 점점 늘어나는 현실에서, 교육기관들은 학생들을 기존의 강의실로 끌어들이는 방식에 대해서도 신중히 생각할 필요가 있을 것이다. 만일 고등학교 졸업생들을 캠퍼스 강의실에 끌어들이는 주된 목적이 '사회 적응'이라면, 이 목적에 부응하기 위해 학급을 어떻게 운영해야 하겠는가? 학생들이 온라인 학습의 편리함을 기꺼이 포기하도록 만들려면 교육기관은 무엇을 어떻게 해야 하겠는가?

늘 열려있는 대학

금융 대학

- '개인 투자자 잡지(Individual Investor Magazine)'가 후원하는 '개인 투자자 대학'은 개인 투자자 미국 협의회와 공동으로 진지한 투자자들을 대상으로 한 온라인 강좌를 개발하고 있다.

기술 대학

- 인텔 주식회사는 직원들에게 새로운 소프트웨어 응용 프로그램

을 교육시키기 위해 기존에 8~12시간 정도를 투자했으나, 지금
은 그것을 1~2시간 정도로 단축시켰다. '항시 학습' 기능을 소프
트웨어에 내장했기 때문이다. 새로 나온 응용 프로그램을 사용
하는 사람은 시작 아이콘을 클릭함과 동시에 소프트웨어 사용법
을 익히는 내용을 볼 수 있다. 온라인 지원과 달리, 사용법 내장
방식은 사용자들이 소프트웨어를 사용하는 도중에 필요에 따라
사용법을 익힐 수 있다는 장점이 있다.

- 스콜라(Scholars.com)는 진정한 의미에서 학습자들이 이해하는
  속도에 맞춘 학습 과정을 제공한다. 학생들은 자신의 진도에 맞
  춰 언제든지 강좌를 선택할 수 있다. 학습 지원팀이 하루 열두
  시간씩 일주일 내내 채팅룸에 상근하기 때문에 학생들은 기술적
  으로 궁금한 내용을 수시로 질문할 수 있다. 이 과정은 학생들이
  기술 자격증을 취득하는데 중점을 두고 있다.

기업 대학

- 팀스케이프 러닝 정션(Teamscape's Learning Junction)은 기업
  을 대상으로 스스로 필요한 강좌를 구성해서 인터넷으로 제공할
  수 있는 능력을 제공한다. 사이버워크(SyberWorks)도 이렇게 하
  고 있다.

- 캐나다에 있는 15개 교육기관과 기업이 가상 대학(Virtual-U)을
  이용하고 있는데, 이 대학은 브리티시 콜럼비아 소재 사이먼 프
  레이저 대학에서 웹 기반 강좌를 제공하기 위한 검색 프로젝트

웹 사이트
- Individual Investor <www.iionline.com>
- Intel Corp <www.intel.com>
- Scholars.com <www.scholars.com>

의 일환으로 시작되었다.

소비자 대학

- 지프-데이비스(Ziff-Davis)의 또 다른 서비스 가운데 하나인 런
잇온라인(LearnItOnline)은 마이크로소프트 오피스처럼 많은 사
람이 사용하는 인기있는 소프트웨어 패키지에 대한 교육 과정을
제공한다. 이 서비스는 연회비를 받는데, 학생들은 자신이 배우
고 싶은 소프트웨어를 온라인상에서 실제로 작동하며 학습할 수
있다.

- 코치(Coach) 대학의 교육 과정은 다른 사람을 (개인적 혹은 직업
적으로) 가르쳐서 인생의 목표를 달성할 수 있도록 지원하는 방
법에 관한 것이다. 전직 금융 전문가가 창설한 코치 대학은 2년
과정에 약 2천 5백 달러를 부과하고 있는데, 학습 과정은 교육
및 참고 자료와 전화 통화로 이루어지는 전화 강의, 다양한 코치
개념을 설명하는 쉐어웨어, 학생 자신의 웹 페이지, 참고 서비스
리스트, 그리고 자격증 수여로 구성된다.

- 알터스 에듀케이션 네트워크(Altos Education Network)는 웹에
전면적으로 의존하는 교육기관으로서, 기업가 정신과 사내 기업
제도에 대한 강좌를 제공한다.

온라인 교육 대학

- 교육 개발 자료 센터(Educational Development Resource
Center)는 온라인 교육 프로그램을 개발하려는 강사들에게 자료
를 제공한다.

- 인터넷 유니버시티(Internet University)는 강좌를 제공하지 않지

만 온라인 교육 자원 목록을 가지고 있다. 이 목록 안에는 온라인 교육에 대한 기사와 2440개 이상의 온라인 강좌 목록이 들어 있다.

대학원

- 아메리카(America) 대학원은 이학 석사와 철학 박사 학위를 제공한다.
- 캐나나 알버타에 있는 아타바스카(Athabasca) 대학은 대학원 과정 4개 학과와 학부 과정 13개 학과 그리고 자격증 취득 과정 15개 학과를 운영하고 있다.

인터넷 미래는 모든 교육이 온라인으로 진행되는 사회가 아니다. 강의실 교육은 여전히 계속될 것이며, 대역폭 문제가 해결되어 동화상이 인터넷으로 제대로 전달될 수 있을 때까지는 특히 그럴 것이다. 그러나, 많은 교육 프로그램들이 전통적인 교육 방식과 온라인 교육 방식을 통합하려고 시도할 것이다.

- 리얼 에듀케이션(Real Education)은 중국인 학교를 위해 가상 학습을 운영하고 있다. 아시아 학생들은 자신의 고국에서 3년 정도 교육을 받은 다음 4년째부터 미국에서 교육받길 원하는 경우가 많기 때문이다.
- 학생들은 일주일에 한 번은 캠퍼스에서 교육받고 일주일에 두

웹 사이트
- Ziff-Davis university <www.zdu.com>
- Internet University <www.caso.com//luhome.html>

번은 온라인으로 교육받는 강좌에 등록할 수도 있다.

■ 와튼 비즈니스 스쿨의 제레미 시걸 교수가 주식 시장의 움직임에 대해 학생들에게 강의하는 강의실에는 미국 전역의 증권회사 중개인의 책상에 있는 터미널과 동일한 블룸버그 터미널이 설치되어 있다. 그래서 학생들은 자신들이 공부하는 내용을 실시간으로 살펴볼 수 있다.

■ 말보르 대학의 대학원 센터는 인터넷 전략 경영에 관한 경영학 석사 과정과 인터넷 기술을 가르치는 이학 석사 과정을 제공한다. 비록 프로그램 대부분을 온라인으로 진행하지만, 학생들은 2주일에 한 번씩 버몬트주의 브래틀보로에 가서 강의실 교육에 참석해야 한다.

인터넷 미래의 대학

인터넷에 익숙한 세대가 전면에 등장하면, 모든 학교는 아주 어린 학생들에게 인터넷 기술을 가르칠 것이며, 어린 학생들은 다양한 디지털 학습 프로젝트에 참여하게 될 것이다. 뉴 햄프셔라는 조그만 마을에서 1학년에서 8학년에 해당되는 어린 학생 500명을 교육하고 있는 노스 햄튼 학교에서 인터넷 기술은 결코 신기한 것이 아니다. 학교측과 마을의 레크레이션 부서가 공동으로 후원하며 일주일 동안 하루 다섯 시간씩 진행되는 컴퓨터 캠프에서는 2학년에서 5학년에 해당되는 학생들이 자신의 마을에서 제일 마음에 드는 곳을 인터넷에 복제하는 교육이 진행되고 있다.

월요일에는 아이들이 디지털 카메라와 포터블 키보드를 손에 들고 다니면서 지역 건물들을 사진에 담아 그 영상을 학교 네트워크로 전송한다. 다음으로 자신이 포착한 건물의 주소를 키보드로 입력하고 서명한다. 소프트웨어 패키지를 사용해서 개개 건물의 다양한 측면도를 만든 다음 구체적인 특징을 담아서 완성하고, 각 측면을 프린트로 뽑은 후 이를 혼합하여 3차원 디지털 영상을 만들어 낸다. 화요일에는 종이로 건물을 만들어 마을 모형을 제작한다. 그날 오후에는 사진을 스캔해서 디지털 영상으로 만드는 방법을 배운다. 아이들은 영상과 폰트를 집어넣는 방법을 한 시간 동안 배운다. 수요일 아침, 아이들은 다른 웹 페이지와 연결 가능한 링크가 포함된 웹 페이지를 설계하고 만드는 방법을 배운다. 목요일에 학생 각자는 자신이 제일 좋아하는 건물을 선택해서 자신의 홈페이지에 집어넣는다. 금요일, 아이들의 홈페이지는 다른 학교 사이트와 자신이 좋아하는 사이트로 연결되는 링크와 함께 웹으로 떠오른다.

아이들은 사용법조차 읽지 않은 상태에서 일주일만에 고향 마을의 모습을 포착하고 디지털로 담는 방법을 배울 뿐 아니라, 그 내용을 인터넷에 담아 모든 사람이 볼 수 있도록 만든다. 이 과정을 지도하는 교사 할리 듀는 이렇게 말한다.

"우리는 인터넷과 기술을 도구로 정보를 수집하고 그 내용을 인터넷에 담아 세상에 공개하는 방법을 배우고 있습니다. 아이들이 한번도 사용한 적이 없는 기술을 신속하게 습득해서 사용하는 모습을 보면 정말 놀랍습니다. 아이들은 어린 나이에도 불구하고 기술에 대한 관심이 있기 때문에 인터넷 기술을 손쉽게 받아들일 수 있답니다."

인터넷 미래에는 학습의 장애물이 거의 사라질 것이다. 강의가 어느 곳에서나 이루어질 수 있기 때문이다. 교사들은 경험 공동체의 개념을 활용함으로써 다양한 전문가의 실시간 지식을 언제든지 접할 수 있다. 그리고 인터넷 미래의 본연의 환경에 걸맞게, 배우길 원하는 사람들이 가장 큰 이익을 누리게 될 것이다.

에필로그
기업의 e-비즈니스 대응지침

이 책은 인터넷 미래에서 성공하는 방법을 서술하고 있다. 회사를 변화시키는 것으로는 불충분하다. 인터넷 미래는 비즈니스 자체에 대한 전면적 재검토를 요구한다. 당신의 사업이 미래 사회에서 구체적으로 어떻게 전개될지 예측해야 한다.

인터넷에 연결된 기업은 인터넷 그 자체와 같다. 7가지 사이버 트렌드와 이것들이 요구하는 변혁은 상호 밀접하게 연결되어 있기 때문에, 다른 부문에 영향을 주지 않고 한 가지 일에 착수하기는 힘들다. 이 문제들은 따로 분리해서 검토할 수 없다. 분리해서 사고하면 구태의연한 생각에 머무를 위험성이 있을 뿐 아니라, 규모의 경제를 실현할 수 없는 여러 사업분야별로 각기 다른 성격의 복잡한 인프라스트럭처를 개발하게 될 위험성마저 있다.

7가지 사이버 트렌드는 불규칙적이고 혼란스러운 과정을 일정한 경향으로 정리한 것이다. 기업이 하룻밤 사이에 전면적으로 바뀔 수 없다는 데에는 의문의 여지가 없다. 그러나 기업이 성공하려면, 최소한 이 7가지 트렌드 각각이 회사 조직과 기능에 미칠 영향에 대해서 생각해야 한다.

제일 먼저 취할 조치는 다른 회사들의 동향(동종 산업 분야에 한

정시킬 필요는 없다)을 주시하는 것이다. 급격한 변화의 속도가 모두에게 새로운 부담을 주고 있다는 건 더 이상 비밀이 아니다. 전혀 다른 업종의 기업이 체인망 관리 및 전자상거래 솔루션을 개발했을 경우, 당신은 그것을 약간 손질해서 훌륭하게 활용할 수 있을 것이다. 인터넷 미래에서, 개인과 기업은 빠르게 변하는 와중에서 살아야 할 것이다. 회사를 궁지에 몰아넣을 수 있는 변화가 점점 빠르게 일어나기 때문에, 경쟁력을 유지하기 위해서는 끊임없는 정보 획득이 경쟁력 유지의 관건이다.

기술의 발전은 중요한 역할을 할 것이다. 데이터 처리 능력과 대역폭은 발전을 거듭하고 네트워크 장비간의 상호연결은 시간이 갈수록 가속화될 것이다. 개인과 기업 모두 계속해서 혁신을 거듭할 것이다.

■ 생물의 변이를 통계적으로 연구하는 기업으로 웨슬리에 본사가 있는 마이로스(Miros)는 얼굴을 스캔하는 기술을 사용하고 있다. 사람이 카메라 앞으로 걸어오면 3/4초 안에 그 얼굴이 디지털로 포착된다. 다시 3/4초 안에 그 디지털은 기호로 바뀌고 1/500초만에 데이터베이스에 있는 얼굴과 비교된다. '트루페이스(TrueFace)'라고 불리는 이 기술은 공항에서 테러리스트를 적발하거나 자동출납기에서 암호를 입력하는 수고를 더는데 사용될 수 있다. 마이로스의 다음 단계는 이 기술을 인터넷에 도입하여 사용자가 PC에 달린 카메라를 쳐다보면 그 영상이 웹 사이트 운영자에게 전송되고 회원 데이터베이스와 자동으로 비교되어 손쉽게 웹 페이지에 접속할 수 있도록 만드는 것이다. 설립자이자 최고경영자인 마이클 쿠퍼스테인은 처리 과정이 1.5초밖에

안 걸릴 거라고 하면서 "앞으로는 거의 모든 거래가 이 방식을 사용할 것"이라고 말한다.

- 애리얼 시스템(Arial Systems)이 제조한 무선통신용 장비를 설치하면 직원이 빌딩 구내 어디에 있다 하더라도 자신에게 걸려온 전화를 받을 수 있다. 건물 곳곳에 설치된 센서가 걸려온 전화를 즉시 직원이 있는 곳과 가장 가까운 전화기에 자동으로 연결하기 때문이다.

- 케이블 TV 인프라를 사용하는 고속 정보 서비스 업체 @Home 네트워크는 처음 사업을 시작한 이래 2년만에 31개 시장 790만 가정에 쌍방향 전송을 할 수 있게 되었다. 그리고 1998년 중반에 약 15만 가정이 회원으로 등록했다. 케이블 TV의 광대역폭을 활용하여 @Home은 인터넷 서비스를 케이블 프로그램과 통합하고 일반 전화선으로는 도저히 불가능한 멀티미디어 오락을 전송할 수 있다.

- 몸에 부착하는 컴퓨터가 연구 단계에서 실용 단계로 발전할 것이며, 1회용 칩이 등장하여 응용 제품으로 서로 의사소통하는 것이 가능해질 것이다. 그리고 네트워크 장비간의 상호연결은 더욱 확대될 것이다.

그러나 오해하지는 말라. 이 모든 것은 사람과 비즈니스에 기반을 두고 기술 발전이 뒷받침될 때 가능한 일이다. 인터넷 미래에는 소비자의 기대와 유통 방식 그리고 산업 전체가 바뀔 것이다. 이 혁명은 위아래를 가리지 않고 모든 사람에게 영향을 미칠 것이며, 상호 연결된 세계의 개인이 생활하고 즐기는 방법과 비즈니스를 변혁할 것이다.

인터넷 비즈니스로 전환하는 데 수반되는 위험의 정도는 각자의 수준에 따라 다르다. 최고경영자를 비롯한 중역진은 7가지 사이버 트렌드를 효과적으로 활용해서 기업의 성장과 번영을 담당하는 어려운 책임을 지게 된다. 최일선의 부서 관리자들은, 7가지 사이버 트렌드가 담당 분야에 미치는 영향을 상급자에게 계속 보고하면서 변화하는 세상의 다양한 현실에 대처해야 할 것이다. 그리고 직원들은 7가지 사이버 트렌드가 직장 생활과 개인 생활에 어떤 영향을 끼치는지 그리고 어떻게 하면 양쪽을 성공적으로 관리할 수 있는지 파악해야 하는 과제를 갖게 될 것이다.

당신이 당신의 회사를 디지털 비즈니스에 걸맞는 기업으로 변화시킬 방법에 대해 생각할 때 제일 먼저 고려해야 할 내용 몇 가지를 트렌드별로 정리해 보았다.

모든 비즈니스는 인터넷으로 통한다

인터넷을 통해서 새로운 구매 및 판매 방식이 보편화되고, 충분한 정보를 갖춘 소비자들은 높은 기대를 갖게 된다. 사업체들은 새로운 영역에 진입할 방법을 찾고 동시에 그것이 과거의 영역에 미칠 영향을 고려해야 한다.

- 제품을 온라인으로 구매한다. 어떤 제품이든 상관없다. 중요한 건 소비자들이 느끼는 온라인 구매의 장단점을 직접 경험해 보는 것이다. 설사 당신 회사가 기업간 거래만 하고 있다 하더라도, 결국에는 온라인으로 제품을(설사 그것이 사무용품일지라도)

구매하거나 판매하는 상황에 직면하게 될 것이다. 만일 온라인 구매 방법을 모른다면 젊은 사람에게 가르쳐 달라고 요청하라.

- 당신의 비즈니스 영역이 어디인지 자문하라. 오래된 교훈이지만, 산업계 전체가 서로의 영역을 침범하는 인터넷 미래에서 이것은 특히 중요하다.

- 제품 생산 라인을 재점검한다. 인터넷 미래의 경제학은 과거에 별다른 이익을 내지 못한 제품도 기업체가 새로운 시장에 진입하거나 기존의 시장에 좀더 효율적으로 기여하는데 힘이 될 수 있음을 시사한다. 고객이 희소 제품에 더 많은 비용을 기꺼이 지불할지(예를 들어, 특정 대상 혹은 당장 절실한 고객에게 정보를 판매하는 방식이 있다) 여부를 특히 자세히 관찰하라. 그리고 기존 제품을 부품별로 나누어 판매하는 방법도 고려해야 한다.

- 최악의 사태에 대비한 시나리오를 만들어서, 그런 사태가 발생할 경우에 대처할 계획을 세워라. 인터넷 미래의 180도 효과에 미리 대비하는게 좋다. 또 다른 180도 효과에 대비하기 위해, 기업은 자신이 속한 사업 분야뿐 아니라 관련이 없는 사업에 대해서도 판단해야 할 것이다.

네티즌 노동력으로 대체된다

인터넷으로 획득되는 정보가 늘어나고 시간과 장소에 구애받지 않는 근무가 가능해지면 기업들은 새로운 힘을 갖춘 직원들 중심으로 조직을 재편해야 한다.

- 직원 고용과 평균근무 연한을 인트라넷의 투자수익률 평가항목에 포함한다.
- 가정과 직장의 구분을 허문다. 직원들의 근무시간을 유연하게 조절하고자 하는 기업은 회사 전체의 근무시간 역시 유연하게 조절할 수 있어야 한다.
- 기업이 사무실을 하나 더 임대하거나 건축할 때, 재택근무 전문가를 사무공간 설계팀에 포함시켜야 한다.
- 자신이 어떤 정보를 공유하면 동료들의 업무능력 향상에 도움이 될지 자문한다.

정보를 완전 공개하는 오픈 북 경영이 대두된다

기업의 활동이 제휴업자 및 고객과 단단히 결속되고 고객의 역할이 특히 중요하게 됨으로써, 기업은 마침내 단골 고객의 집합체가 될 것이다.

- 수익성이 낮은 시장을 재검토하라. 인터넷 경제학은 기존에 외면당하던 시장을 기업의 강점으로 전환시킬 수 있다.
- 당신 회사와 거래할 때 고객이 싫어하는 부분이 무엇인지 파악하라. 또한 고객 자신이 그것을 직접 처리하는게 바람직한지 여부를 살펴보라.
- 다른 사람들이 다른 곳에서 정보를 구하기 전에 먼저 정보를 제공하라.

소비자가 가격을 결정한다

인터넷 경제학은, 순식간에 변하는 시장 상황에 대처하기 위해, 기업의 가치 문제와 가격 정책을 재검토한다.

- 제품의 가격 책정에 포함되는 모든 요소에 대해서 생각하라. 인 터넷을 활용해서 만들거나 마케팅하거나 분배할 경우, 가격을 책정할 때 제외시키거나 삭감할 수 있는 요소는 없는가?
- 고객의 비즈니스에 대해서 생각하라. 당신이 인터넷을 통해 고 객에게 도움을 제공할 부분은 없는가?
- 만일 당신 회사의 제품을 모든 사람이 어디서나 구할 수 있게 되 고 그 가격이 훨씬 낮다면, 당신 회사의 가치가 어떻게 될 것인 지 생각해보라. 또한 당신이 하고 있는 비즈니스의 성격에 대해 서도 생각해보라.
- 만일 유연한 가격 책정 방식에 대해 아무런 경험이 없다면, 과잉 재고품이나 이익폭이 낮은 제품을 경매에 내놓은 다음, 이 조치 가 당신 회사의 사업이나 마케팅 전략에 어떤 영향을 미치는지 살펴보라.

모든 기업활동이 고객 데이터로부터 시작된다

정보를 효율적으로 처리할 수 있는 기술이 개발되어 실시간 고 객 피드백이 가능해져 기업은 진정으로 고객 주도로 된다.

- 고객 서비스와 판매가 교차해서 진행된다. 인터넷 환경에서 이 두 가지는 동일한 과정의 일부가 된다.
- 기업을 제품 중심이 아니라 고객 개인을 중심으로 조직하기 위해 고객 데이터를 통합할 방법을 모색한다.
- 고객을 자산으로 생각한다. 고객이 제공하는 어떤 정보가 회사의 제품과 서비스를 강화시킬 수 있겠는가?

경험 공동체가 부상한다

인터넷 미래에서 집단적인 경험과 세계적인 차원의 신속한 의사소통은 개인과 기업의 의사결정에 큰 역할을 할 것이다.

- 내외부의 온라인 커뮤니티에 정기적으로 참여한다.
- 인센티브 시스템을 만들어서 지식을 효율적으로 공유하는 개인적 노력에 대해 보상하라.
- 신속한 메시지 전달 기술을 개발하여 마케팅 사이클을 단축할 방법에 대해서 생각한다.
- 회사의 고객을 경험 공동체로 발전시키거나, 경험 공동체를 통해 고객을 끌어들일 수 있는가?

학교가 당신을 찾아간다

온라인 강좌가 점점 늘어나면서 항상 학습이 진행될 것이다. 이

때, 자율적인 동기 부여가 성공의 관건이다.

- 학습하는 직원을 고용하고 이를 유지하는 것이 그 무엇보다 이익이 된다는 것을 명심하라. 다른 곳에 가서 경력을 개발할 가능성이 많은 직원은 회사에 제일 필요한 직원일 수 있다.
- 학생의 경험을 온라인 강좌의 일부로 통합한다.
- 다양한 환경과 상황에서 온라인 강좌를 테스트하라. 값비싼 시스템을 도입하기 전에 테스트를 하면 온라인 강좌의 개설이 언제 필요한지 정확히 알 수 있다.
- 고객 서비스의 일부로 온라인 교육을 제공하는가? 모든 정보를 공개하는 기업이 되기 위해서는 그렇게 해야 하지 않는가?

"만약 우리가 이렇게 변한다면?" 혹은 "만약 이런 일이 발생한다면?", "만약 이렇게 되면?" 등의 가상 시나리오를 만들어서 자신과 주변 상황에 대해 끊임없이 반문하라. 그러면 처음에는 가상 시나리오대로 될 수 없는 이유나 반문이 필요없는 이유를 증명하려는 반응이 나올 것이다. 그래도 "하지만 만약 그렇게 된다면?"이라는 질문을 계속 던져라. 적절한 대답이 나올 때까지 계속 질문해야 한다.

디지털 비즈니스 기업이 되는 것은 직원과 제휴업자, 고객, 공급업자, 유통업자 등의 행위와 관행을 혁신하는 것이다. 180도 효과를 근거로 모든 것에 도전하는 것이다. 이는 엄청난 속도의 변화일 뿐 아니라, 다음 세대의 네티즌 노동력에 대한 준비이기도 하다.

모든 사람은 자신이 책임지고 있는 사업 영역에 가장 많은 관심을 가지고 있다. 하지만 인터넷 미래의 경영자라면 디지털 세계는 모든 것이 연결되어 있다는 사실을 항상 명심해야할 것이다. 기업의 인터넷 전략은 일관성이 있어야 한다. 인터넷, 인트라넷, 엑스트라넷이 서로 조화를 이루어야 한다. 디지털 비즈니스는 기술을 넘어 인간을 조직한다는 것을 의미한다. 그래서 모든 사람들을 총체적으로 연결하지 않을 때의 결과는 충분히 예측할 수 있다.

7가지 사이버 트렌드 가운데 하나를 근거로 일할 때, 기업과 개인은 다른 사이버 트렌드를 염두에 두고 그 영향을 고려해야 한다. 강력한 내부 생산 교육 프로그램을 개발함으로써 오픈북 기업이 될 수 있고 경험 공동체를 활용할 수 있는가? 고객을 중심으로 기업을 재조직하면 적절한 정보를 수집해서 네티즌 직원들에게 전달하는데 도움이 될 것인가?

어떤 프로젝트를 제안하거나 승인해야 하는 어려운 결정을 내릴 때, 스스로 다음과 같은 질문을 던지면 도움이 될 것이다. 이 프로젝트는 몇 가지 사이버 트렌드를 고려하고 있는가? 더 많은 트렌드를 고려한 프로젝트일수록 총제적인 디지털 비즈니스로 발전하는데 큰 도움이 되며 그만큼 타당성도 높다고 할 수 있다.

관리자들과 직원들은 자신이 '그러한 프로젝트를 가진' 기업에 다니고 있음을 알아야 한다. 이들의 도움은 회사의 디지털 비즈니스로의 전환에 매우 중요하다. 네티즌 직원들이 근무하는 회사는 직원의 도움에 의지할 수 밖에 없다.

인터넷 미래에서 가장 유리한 고지는 어디인가? 그곳은 원의 중심이며, 고객이 있는 곳이다. 고객의 주변에는 지원과 서비스를 제공하는 조직이 둘러싸고 있다. 그 조직은 철저하게 고객과 연결되어 있다. 고객이 말하면 기업은 듣는다. 심지어 고객이 미처 말할 생각을 하기도 전에 기업은 귀를 기울인다.

그리고 고객이 요구하면 기업은 인터넷을 통해 신속히 대응한다. 고객의 요구가 조직의 가치 사슬을 통해 제품 제조업자와 공급업자와 직원에게 전달되었다가 다시 고객에게 돌아가는 형태로 하나의 사이클을 형성한다.

인터넷 미래의 7가지 사이버 트렌드는 하나의 원처럼 간주되어야 한다. 인터넷 경제의 7가지 사이버 트렌드를 활용하는 기업은 원 안에 있는 고객을 둘러싼 디지털 비즈니스 기업으로 자신을 변화시킬 수 있다. 이런 기업은 승리자가 될 것이다.

e-비즈니스 체크리스트

인터넷 혁명은 개인의 생활뿐 아니라 비즈니스에도 엄청난 파급 효과를 미칠 것이다. 모든 경우와 마찬가지로, 인터넷 미래에도 긍정적인 면과 부정적인 면이 있다. 인터넷 미래의 방식에 걸맞게, 인터넷 미래가 야기할 여러 가지 결과에 대해 개인적 경험을 동원하고 상당한 식견을 가지고 있는 사람들과 일시적인 경험공동체를 구성하여 아래의 목록을 작성하였다.

다음 내용은 기술이 우리가 일하고 즐기고 살아가는 방식을 전면적으로 뒤바꿀 때 야기될 수 있는 여러 가지 문제점을 개관한 것이다.

인터넷 미래의 비즈니스 규칙

- 자신은 물론 고객을 인터넷 환경에 '연결' 시킨다.
- 만일 당신이 회사의 위계 질서에서나 시장에서 혹은 구매자와 판매자 사이에서 중간 위치에 있다면, 당신은 표적이 된다.
- 인터넷은 180도 효과를 창출하기 때문에 다른 방식으로 사고하는데 익숙해야 한다.

- 인터넷 환경은 고객이 회사를 이끌어가도록 만든다.
- 정보를 보다 많이 공유할수록 더 많은 보상을 받는다.
- 모든 사람이 언제든지 필요한 사람이나 필요한 것을 찾을 수 있다.
- 컨텐츠는 중요하다. 하지만 다른 시스템과의 연결관계와 서비스가 더 중요하다.
- 모든 네트워크가 연결된다.
- 연합하지 않으면 고립된다.
- 웹에서 이루어지는 상호작용은 기본적으로 일대일 교류이며 고객에게 배울 기회를 제공한다.
- 웹에 접속한 모든 고객은 다양하기 때문에 고객 각자에 적합한 방식으로 대응해야 한다.
- 인터넷 미래의 승리자는 현명하게 자신의 가설에 의문을 제기하고 용기있게 조치를 취하는 사람일 것이다.
- 인터넷 시대에는 순식간에 시대에 뒤쳐진 사람이 될 수 있다.
- 좁은 울타리를 벗어나서 사고하는 사람이 무한한 기회를 누릴 수 있다.
- 한 자리에 머물러 있는 사람은 이미 다른 사람의 먹이가 된다.

인터넷 미래의 용어

지식 담당 최고경영자(chief knowledge officer) : 조직 내부에서 지식 공유 시스템을 개발하고 운영하는 최고경영자.

공동 필터링(collaborative filtering) : 특정 개인의 행위나 선호를 그와 유사한 개인들의 행위나 선호와 비교해서 특정 개인에

인터넷 미래의 최선과 최악

최선	최악
1. 인터넷 환경에 익숙한 직원으로서 당신은 전화기와 팩스 그리고 컴퓨터에 연결할 전화선 세 개를 가정에 설치한다.	1. 당신의 십대 자녀들이 폰섹스 등의 음란 통신물을 쉽게 접할 수 있다.
2. 온라인 강좌에 참석하기 위해 잠자리에서 일찍 일어날 필요가 없다.	2. 시간이 없기 때문에 온라인 강좌에서 부여받은 과제를 새벽 한 시에 해야 한다.
3. 기분이 내키지 않으면 온라인 강좌에 참석하지 않아도 된다.	3. 기분이 내키지 않으면 온라인 강좌에 참석하지 않아도 된다.
4. 예술가들이 공동 필터링을 사용해서 당신과 비슷한 취향을 가진 사람들이 좋아하는 음악 CD를 귀하에게 추천한다.	4. 이들이 추천한 목록에 캡틴 & 테닐의 "Muskrat Love"가 포함되어 있다.
5. 분배 마케팅과 광고 그 자체가 거래를 처리할 수 있기 때문에 제품을 예전보다 쉽게 구매할 수 있다.	5. "너무 바빴어"란 말은 더 이상 부인의 결혼기념일 선물을 잊은데 대한 핑계가 될 수 없다.
6. 다양한 방식의 온라인 교육시스템이 등장하여, 기업들은 다양한 업체의 제품을 자사 인트라넷에서 사용할 수 있다.	6. 디지털 교육 프로그램의 강의 단위가 적절한 맥락을 고려치 않고 끊임 없이 재사용된다.
7. 공동 필터링이 브라우저의 일부가 되어 사용자들이 쉽게 사용할 수 있다.	7. 이용자들이 제공한 정보를 회사가 남용하고, 소비자는 프라이버시 침해를 우려함에 따라 서비스를 효과적으로 제공하는데 어려움을 겪는다.
8. 인터넷은 다양한 교육방식을 제공하며, 많은 사람들에게 서로 협력하고 토론할 기회를 제공한다.	8. 강사가 일방적인 강의 내용을 인터넷으로 전달할 뿐이다.
9. 기업이 인터넷을 이용해서 직원의 출장 비용을 절감한다.	9. 회사의 경비를 사용하는 여행이 사라진다.
10. 유연한 가격책정 방식이 광범위하게 보급되어, 제품은 일상용품처럼 취급된다.	10. 예산안을 책정하기가 굉장히 어렵다.
11. 사람들이 당신과 손쉽게 연락할 수 있다.	11. 전자우편 주소가 통합되기는 커녕 엄청나게 늘어난다.
12. 전자 상거래는 제품을 가장 싼 가격에 구입할 수 있도록 만든다.	12. 그러나 제품을 구입할 여유가 없다.
13. 모든 사람이 PC 다루는 법을 안다.	13. 바이올린을 연주할 수 있는 사람이 하나도 없다.
14. 공급업자는 고객이 자동으로 주문할 수 있도록 만든다.	14. 고객은 공급업체를 쉽게 바꿀 수 없다. 인터넷 주문 과정을 바꾼다는 건 굉장한 모험일 수 있기 때문이다.
15. 경험 공동체는 다양한 전문성과 지원을 제공한다.	15. 귀찮은 제안이 온라인으로 끊임없이 몰려든다.
16. 즉각적인 메시지 전달이 가능하기 때문에 별다른 시간을 투자하지 않아도 필요한 사람과 언제든지 연결할 수 있다.	16. 2~3분 간격으로 연락이 오기 때문에 정신을 집중할 수 없다.
17. 가정과 직장이 조화를 이룬다.	17. 가족의 얼굴조차 잊어버린다.
18. 많은 사람에게 동시에 전자우편을 보내서 도움을 받을 수 있다.	18. 많은 사람에게 동시에 잘못된 내용의 전자우편을 보내서 창피를 당할 수 있다.

대한 유용한 추가 정보를 예측하는 기법.

데이터마이닝(datamining) : 고객의 자료와 다른 여러 정보원을 바탕으로 해석의 여지가 많은 실시간 검색을 실시하고 소비자의 행위를 예측할 수 있는 여러 가지 모델을 자동으로 구축하는 기법.

대화 마케팅(dialogue marketing) : 고객과 기업 사이의 실시간 상호작용을 근거로 고객에게 전달할 정보를 조정하는 마케팅 기법. 대화 마케팅은 고객과 좀더 구체적인 '대화'를 실시간으로 나누기 위해 정교한 모델 구축 기법과 데이터마이닝 기법을 사용한다.

분배 마케팅(distributed marketing) : POS 시스템(point-of-sale) 단말기와 자료 수집 기관으로 기능하는 다양한 웹 사이트에 배너 광고를 실어서 개인에게 접근하는 마케팅.

e-비즈니스(e-business) : 고객, 직원, 공급업체, 유통업체, 제휴업체 등과의 회사 내외부의 모든 상호 교류를 인터넷으로 통합하는 비즈니스.

전자 소비자(e-consumers) : 인터넷을 통해서 제품에 대한 정보를 파악하거나 구매하는 온라인 구매자.

경험 공동체(experience communities) : 많은 사람의 다양한 경험에 근거한 지식의 통합체. 경험 공동체는 짧은 기간 존재할 수도 있고 오랫동안 지속될 수도 있으며, 규모가 클 수도 있고 작을 수도 있다.

형식지(explicit knowledge) : 필요한 사람이 언제든지 접속할 수 있는 기록 정보.

엑스트라넷(extranet) : 기업 내부의 데이터베이스나 네트워크에 고객과 공급업체를 연결하는 통신 메커니즘.

유연한 가격 책정(flex pricing) : 인터넷 미래에서 가격이 결정되는 방식. 유연한 가격 책정은 고객의 수요와 공급 가능한 물량, 그리고 경쟁사의 가격 등을 포함한 가격 환경에 대한 실시간 피드백을 기초로 한다.

인트라넷(intranet) : 기업 내부의 인터넷 기반 네트워크.

인터넷 기업(netted companies) : 인터넷을 활용하여 사업 전체를 변환시킨 기업.

외부지향 기업(nextrovert) : 사업 목표를 달성하기 위해 인트라넷과 엑스트라넷을 사용하여 공급업체, 고객 등 외부의 힘을 최대한 끌어들이는 기업.

선점 마케팅(preemptive marketing) : 고객의 온라인 소비 습관에 근거해서 고객의 예상 모델을 파악하고 제품이나 서비스를 홍보하는 마케팅.

풀캐스팅(pullcasting) : 인터넷을 통해 내용을 전달하는 한 방식. 이 방식에서는 사용자가 스스로 공급받을 정보를 결정할 뿐 아니라 컨텐츠 자체를 창출하는데 관여한다.

관계 시대(relationship age) : 기업들이 고객과 연결되는 통로를 개설하여 양쪽 모두에게 유용한 정보를 자유롭게 교환하는 시대.

암묵지(tacit knowledge) : 기록되지 않은 지식으로, 직원의 머리 속에 담겨있으나 회사에 가장 중요한 역할을 할 때가 많다.

당신의 그림자(the shadow you) : 개인의 행위를 전자직 형태로 다시 만들어 낸 것. 전자적 형태로 만들어진 '당신의 그림자'는 기업에 정보를 제공하여 타겟을 정확히 설정하고 개인과 다른 고객 모두의 구체적인 니즈와 욕구를 충족시킬 수 있게 한다.

사운드 바이트 세대(the sound-byte generation) : 언제 어디서든 원하는 사람과 즉시 의사소통하는데 익숙한 환경에서 성장한 세대.

당신이 이해하고 있음을 나타내는 표현

- 정말 좋은 생각이야! 그 친구는 항상 그런 식으로 정보를 제공하거든. 그 친구가 지난 달에 보너스를 많이 탄 이유가 바로 거기에 있어.
- 웹 사이트에서 성공하는 건 좋지만 우선은 사람들이 어떻게 온라인 고객서비스에 접근할지 얘기해 보자구.
- 이 번호로 전화하면 돼. 만일 내가 자리에 없으면, 자동연결 시스템이 내 사무실로 연결하고 그래도 안되면 무선호출기로 연결할 거야. 그리고 만약을 위해서 전자우편 주소 두 개를 적어놓았어.
- 우리는 공급업체 엑스트라넷의 일부가 되고 싶지 않아. 우리가 바라는 건 공급업체가 우리 엑스트라넷의 일부로 참여하는 거야.
- 일정 액수 안에서 자동으로 온라인 구매를 할 수 있도록 만들어 놓으면, 어떤 직원이 법률용지철을 너무 많이 주문한들 누가 신경쓰겠어?
- 우리는 우리 기술에만 의존하면 안돼.
- 우리는 마케팅에만 의존하면 안돼.
- (최고 경영자가 말할 때) 그 내용을 회사 인트라넷 게시판에 올려놓을 생각이야.
- 우리도 전자상거래에 참여해야만 해.
- 우리는 공급업체들이 우리의 전자상거래 계획과 조화를 이루도록 지원할거야.

- 어떻게 하면 진정한 부가가치를 창출할 수 있을까?
- 다운받는데 일분이나 걸리는 회전 로고가 과연 필요할까?
- 인터넷에서는 작은 것이 크게 될 수 있고 거대한 것이 작게 될 수 있기 때문에 당신도 마음만 먹으면 충분히 할 수 있어.
- 직원이 알아야 할 정보를 직원이 묻기 전에 직원의 데스크탑에 미리 전달할 방법이 없을까?

당신이 이해하지 못하고 있음을 나타내는 표현

- 물론 나도 전자우편을 사용하지. 비서가 전자우편을 프린트로 뽑아주면, 내가 그에 대한 답신을 쓰고, 비서는 그걸 가지고 가서 타이프를 쳐서 전자우편으로 보내. 나는 인터넷 환경에서 일하고 있다구!
- 시디나우(CDNow)에 비지스(BeeGees) 앨범이 있는지 모르겠어? (물론이다. 베타맥스 비디오와 함께 진열되어 있다.)
- 우리 직원들에게 그 내용을 말하면 안돼! (아마 직원들은 이미 알고 있을 것이다.)
- 우리가 지금까지 해온 방식이면 충분해.
- 우리 고객은 가격에 대해 신경쓰지 않아.
- 우리 웹 사이트는 진짜 성공했어. 대히트를 치고 있다고.
- 우리의 온라인 판매 교육은 정말 효과적이야. 제품 설명서 전체를 인트라넷에 올려놓았거든.
- 우리 온라인 사업은 건물이 없다는게 다를 뿐, 일반 상점과 똑같아.
- 사람들은 개별화된 서비스를 원하지 않아.

- 복사용지를 어디에 놓았는지 모르겠네?
- 이봐, 14.4K 모뎀을 대폭 할인해서 판매한데. 이제 업그레이드할 때도 되었어.
- Yahoo!가 초콜릿 음료수야?
- 어째서 사람들이 아마존에서 책을 주문하지?
- 'e-메일(e-Mail)'의 'e'가 무슨 뜻이지?
- 어제 열두 살 먹은 아들놈이 학교에서 과학실험을 했는지, 집에 와서 웹이 어쩌고 저쩌고 하더군.
- 인터넷은 결국 사상누각에 불과해. 가만히 앉아서 어떻게 되는지 두고 보자구.

세상을 뒤짚어 놓을 몇 가지 가정

- 만일 최고경영자가 직원만큼 정보 기술을 활용한다면
- 만일 시장이 붕괴한다면
- 만일 Y2K 문제가 하룻밤에 해결된다면
- 만일 모든 가정이 @Home의 대역폭을 통해 연결된다면
- 만일 마케터와 엔지니어가 동일한 언어를 사용한다면
- 만일 전자우편이 무료가 아니라면
- 만일 인터넷 동화상이 굼벵이 사촌처럼 기어다니지 않는다면
- 만일 열 개의 컴퓨터 파일을 동시에 열고 내용을 살펴볼 수 있다면
- 만일 마이크로소프트가 인터넷을 인수한다면
- 만일 자동 번역이 실제로 가능하다면
- 만일 사용자가 찾는 내용을 검색 엔진이 진짜로 알고 있다면

- 만일 커다란 혜성이 지구에 부딪친다면
- 만일 남성과 여성이 동일한 언어를 사용한다면
- 만일 디지털 화폐가 현실화 된다면
- 만일 보기 싫은 모든 사람에게 십만 볼트 전류를 보낼 수 있다면
- 만일 인터넷 주식평가가 S&P의 평가만큼 공신력이 있다면

인터넷 미래에 대한 경영자의 준비

- 24세 청년의 목소리에 귀를 기울인다.
- 컴퓨터 사용법을 익힌다.
- 인터넷을 항해한다.
- 기대한 내용과 정반대 결과가 나올 만약의 가능성에 대비한다.
- "당신에게 도움이 될만한 정보를 보내겠다"고 말하는 연습을 한다.
- 모든 의사소통에 대해 24시간 이내에 답신을 보낸다.
- 전자우편을 자동으로 취사선택하는 방법을 익힌다.
- "지금 가야 합니다. 아이들과 저녁을 함께 해야 하거든요."라는 구질을 암기해 놓고 자주 사용한다.
- 기업 데이터베이스를 깨끗하게 정리하고 통합해서 데이터마이닝에 돌입할 준비를 갖춘다.
- 전자우편을 주요 의사소통 수단으로 사용한다.

- 물건을 온라인으로 구입한다.
- 자신의 홈페이지를 만든다.
- 가정과 사무실 사이트를 실제적인 대역폭으로 잡아놓는다.
- 자신만의 도메인 네임을 획득한다.
- 전화선을 한 개 더 설치해서 상대편이 바로 전화연결을 할 수 있도록 만든다.
- 더 큰 하드 드라이브를 갖춘다.
- 아기가 태어나면 바로 통장계좌를 만들고 아이가 기어다니기 시작하면 즉시 컴퓨터 한 대를 사준다.
- 오피스 디포(Office Depot) 온라인에 개인 구좌 하나를 만들어 놓는다.
- 구매자 혹은 판매자로 온라인 경매에 참가한다.
- 경험 공동체에 가입한다.

인터넷이 대체할 수 없는 15가지

- 가족과 친구
- 보디 랭귀지
- 직관력
- 탁상용 장난감
- 프로방스에서의 일주일 휴가
- 생체 리듬
- 일반 상식
- 소설 '전쟁과 평화'

- 창조성
- 초콜릿
- 적극적인 직원
- 윗몸 일으키기
- 극장에서 영화 감상하기
- 훌륭한 위스키
- 가정에서 재배한 토마토

위험에 빠질 산업 분야와 직위

- 오락
- 언론매체
- 소프트웨어 소매업자
- 모든 유형의 중개업자(부동산, 전당포, 주식, 골동품 등)
- 우체국
- 전통적인 신문의 구인 · 구직 광고
- 전문 인쇄 매체(특히 기술 관련 잡지)
- 여행사
- 소매점
- 전통적인 도박
- 전화 회사
- 은행
- 보험 대리점
- 당신의 재산

7-Eleven www.7-eleven.com

A.M.Best www.bestline.com

Acses www. acses.com

Advanced Micro Devices
www.amd.com

Allen & Gerritsen www.a-g.com

Altos Education www.altosnet.com

Amazon.com www.amazon.com

Amdahl Corp. www.amdahl.com

America Online www.aol.com

America West
www.americawest.com

America Skandia
www.americanskandia.com

Amerca Tech www.powriter.com

AMP http://connect.amp.com

Aptex www.aptex.com

ATT www.att.com

Auction Universe
www.auctionuniverse.com

Auto-By-Tel www.autobytel.com

Automotive Industry Action Group
www.aiag.org

Avon www.avon.com

Bank of America
www.bankamerica.com

Bank of Montreal www.bmo.com

Bank of Monitor www.bankrate.com

Bargain Book Warehouse
www.bargainbookwarehouse.com

BarnesandNoble.com
www.barnesandnoble.com

Bay Networks
www.baynetworks.com

BellSouth www.bellsouthcorp.com

Bionetwork www.bionetwork.com

Bloomberg www.bloomberg.com

BMG Music Service
www.bmgmusicservice.com

Boeing Co. www.boeing.com

Books.com www.books.com

Booz,Allen & Hamilton
www.bah.com

Boston Edison www.bedison.com

Boston Globe www.boston.com

Bottom Dollar
www.bottomdollar.com

Buckman Laboratoties
www.buckman.com

Burlington Northern and Santa Fe
Railway Co. www.bnsf.com

Business Evolution

www.businessevolution.com
Cadence Design Systems
www.cadence.com
Camelot Music
www.camelotmusic.com
Canada Trust www.canadatrust.com
Canadian Imperial Bank of
Commerce www.cibc.com
Capitol Records
www.hollwood&vine.com
Career Mosaic
www.careermosaic.com
CareerPath www.careerpath.com
CDNow www.cdnow.com
Cendant www.cendant.com
Charles Schwab www.schwab.com
Chase Manhattan www.chase.com
Chevron Corp. www.chevron.com
Chysler www.chryslercorp.com
Chrysler Financial
www.chryslerfinancial.com
CLA for kids
www.odci.gov/cia/ciakids
Cisco Systems www.cisco.com
Citibank www.citibank.com
CityAuction www.cityauction.com
Clarin www.clarin.com
Coach University www.coachu.com
CompareNet www.compare.net
CompuBand www.compubank.com
CompUSA www.compusa.com
Counsel Connect www.counsel.com
Countrywide Home Loans
www.countrywide.com

CSX Technology www.csx.com
Cummins-Allison Corp.
www.cumminsallison.com
Cyberhomes.com
www.cyberhomes.com
Cybermeals www.cybermeals.com
Dayton Hudson www.dhc.com
DBC www.dbc.com
Dealaday.com www.dealaday.com
Dell www.dell.com
Delta Airlines www.delta-air.com
DigitalThink www.digitalthink.com
Dow Chemical Co. www.dow.com
Duke University www.dude.edu
E Stamp www.estamp.com
E*Trade www.etrade.com
E.I du Pont de Nemours
www.dupont.com
Eastman Software
www.eastmansoftware.com
EBay www.ebay.com
Edmunds www.edmunds.com
Educational Development Respurce
Centre hednet. polyu.edu.hk
Egghead www.egghead.com
Eli Lilly www.lilly.com
E-Loan www.eloan.com
EMI Music Publishing
www.emimusicpub.com
Encyclopedia Britannica
www.ebig.com
Excite www.excite.com
FairMarket www.firmarket.com
Federal Express www.fedex.com

Fidelity Investments
www.fid-inv.com
First Chicago NBD www.fcnbd.com
Ford Motor Company
www.ford.com
Ford PreOwned Showroom
www.fordpreowned.com
Fore Systems www.fore.com
Fuld & Co.www.fuld.com
Futures Group www.tfg.com
Futurestep www.futurestep.com
Garden Escape www2.viaweb.com
/gardeners/index.html
General Mills www.genmills.com
General Motors www.gm.com
GeoCities www.geocities.com
Gibson Guitars www.gibson.com
Gillette Co. www.gillette.com
Gist Communications www.gist.com
GoTo.com www.goto.com
Haggle Online www.haggle.com
Hewlett Packard www.hp.com
Hollywood Stock Exchange
www.hsx.com
Home Shopping Network
www.internet.net
Howard Press
www.howardpress.com
Hunington Bancshares
www.huntington.com
Hyatt www.hyatt.com
IBM www.ibm.com
ICat www.icat.com
I-Escrow www.iescrow.com

InfoSpace www.infospace.com
InfoTest www.infotest.com
Instinctive Technology
www.instinctive.com
Individual Investor
www.iionline.com
Intel Corp. www.intel.com
Internet Mortgage
www.internetmortgage.com
Internet University
www.caso.com/luhome.html
Investorama www.investorama.com
Iron Works www.ironworks-
gasgrills.com
iVillage www.ivillage.com
J.C.Penney www.jcpenney.com
Jennicam www.jennicam.org
JobSmart www.jobsmart.com
John Hancock
www.johnhancock.com
Journal of Commerce www.joc.com
Kaiser Permanente
www.kaiperm.org
Kansas City Power and Light
www.kcpl.com
Kelley Blue Book www.kbb.com
KinderCare www.kindercare.com
Knight Ridder www.kri.com
KnowledgePoint
www.knowledgepoint.com
Kosher Grocer
www.koshergrocer.com
Land O'Lakes www.landolakes.com
LearnItOnline

www.learnitonline.com

Lee www.vfc.com

Lending Tree Inc.
www.lendingrtee.com

Liberty Mutual
www.libertymutual.com

LifeQuote www.lifequote.com

Lucent www.lucent.com

Lycos www.lycos.com

McGraw-Hill www.mcgraw-hill.com

Mail Boxes, Etc. www.mbe.com

Manheim Online
www.manheim.com

MapsOnUs www.mapsonus.com

MasterCard www.mastercard.com

Matthew Bender www.bender.com

Maytag Corp. www.maytagcorp.com

MCI www.mci.com

Meta Network www.tmn.com

Miami City Web
www.miamicity.com

Microsoft Expedia expedia.msn.com

Microsoft Investor investor.msn.com

Mining Company
www.miningco.com

Mirabilis www.mirabilis.com

Moai Technologies www.moai.com

Mobil www.mobil.com

Monster Board
www.monsterboard.com

Montague Institute
www.montague.com

Motley Fool www.fool.com

MuniAuction
www.muniauction.com

Music Boulevard
www.musicblvd.com

Narrative Communications
www.narrative.com

National Center for Supercomputing
Applications www.nasa.edu

NationsBank www.nationsbank.com

NECX www.necx.com

Net Perceptions
www.netperceptions.com

Netcentives www.netcentives.com

NetGrocer www.netgrocer.com

NetMarket www.netmarket.com

Netscape www.netscape.com

New York Stock Exchange
www.nyse.com

New York Times www.nytimes.com

North Hampton School
www.sau21.k12.nh.us/nhes/camp/c
amp.html

Norwich University
www.norwich.edu

Office Depot www.officedepot.com

Onsale www.onsale.com

OptiMatch
www.neural.com/optimatch

Orange ple www.orange.co.uk

Outsource Solutions
www.sallysilver.com

Owners.com www.owners.com

Paine Webber
www.painewebber.com

Papa John's www.papajohns.com
Party Creations of Georgia
  www.party-creations.com
PatroNet www.ti-i.com
Paul Bunyan Telephone Co.
  www.paulbunyan.net
Personnel Decisions International
  www.pdi-corp.com
Pie Gourmet www.piegourmet.com
PlanetAll www.planetall.com
Priceline.com www.priceline.com
PriceScan www.pricescan.com
Pristine Real Time Trading Room
  www.pristine.com
Procter & Gamble www.pg.com
Qualcomm www.qualcomm.com
Quick & Reilly
  www.quick-reilly.com
Quicken.com www.quicken.com
Quote.com www.quote.com
Re/Max www.remax.com
Reuters www.reuters.com
Rockwell www.rockwell.com
Root www.root.com
RoweCom Inc.www.rowe.com
Sapient Health Netword
  www.shn.net
Scholars.com www.scholars.com
Sega of America www.sega.com
Shell Oil www.shell.com
SHL Aspen Tree Software
  www.aspentree.com
ShopFind www.shopfind.com
Shopping.com www.shopping.com

Sicherheit und Privat
  www.offshore.com.ai
Silicon Graphics www.sgi.com
SkillsSearch Corp.
  www.skillsearch.com
Slate www.slate.com
Smart Kids Toys
  www.smartkidstoys.com
SNS www.sns.ca
Society of Competitive Intelligence
  Professionals www.scip.org
Software Training University
  www.stlu.com
SonicNet www.sonicnet.com
Sony www.sony.com
Southern California Gas Company
  www.socalgas.com
Southwest Airlines
  www.southwest.com
Sprinhouse Corp.
  www.springnet.com
Stockpoint www.stockpoint.com
Store 24 www.store24.com
Stratgic Resource Solutions
  www.srs.net
Streamland www.streamland.com
Streamline www.streamline.com
SUNY www.suny.edu
SyberWorks www.syberworks.com
Symantec www.symantec.com
TalkCity www.talkcity.com
Telekurs PayServ Ltd.www.tdf.ch
TheGlobe.com www.theglobe.com
TheStreet.com www.thestreet.com

Thinking Media
www.thethinkingmedia.com
Thomson Financial Publishing
www.interdata.com.au/
Thompson Publishing Group
www.thompson.com
Ticketmaster www.ticktmaster.com
Time Warner
www.pathfinder.com/corp
Time.com www.time.com
Toyota www.toyota.co.jp
Trade Direct www.trade-direct.com
TransCanada Pipelines Ltd.
www.transcanada.com
Tribal Voice www.tribalvoice.com
Tripod www.tripod.com
TRW www.trw.com
Ubarter.com www.ubarter.com
U.S.Air www.usair.com
U.S.Clearing www.quick-reilly.com
U.S.Defense Department
www.defenselink.mil
U.S.West www.uswest.com
Ultima Online Network
www.owo.com
Unisys www.unisys.com
United Airlines www.ual.com
United Parcel Service www.ups.com
United Parcel Service www.ups.com
University of Colorado
www.cuonline.com
University of Maryland
www.umd.edu
University of Phoenix

www.uophx.edu
University of Tennessee
www.utk.edu
University of Texas at Austin
www.utexas.edu
UOL Publishing www.uol.com
Vanderbilt University
www.vanderbilt.edu
Virtual Source www.vsource.net
Volvo www.volvocars.com
Wall Street Journal Interactive
Edition www.wsj.com
WallStreetCity
www.wallstreetcity.com
WebPricer www.trac.org./webpricer
Webstreet Securities
www.webstreetsecurities.com
Well Fargo www.wellsfargo.com
West Group www.westgroup.com
West Publishing www.westpub.com
Wharton Business School
www.wharton.upenn.edu
Wit Capital www.witcapital.com
Word Of Net www.wordofnet.com
WorldStreet www.worldstreet.com
Wrangler www.vfc.com
Yahoo! www.yahoo.com
Ziff-Davis University www.zdu.com

KI 327

e-비즈니스.com

지은이 / 척 마틴
옮긴이 / PricewaterhouseCoopers
e-business practice 팀

1판 1쇄 발행 / 1999. 12. 10
1판 6쇄 발행 / 2001. 3. 30

펴낸곳 / 21세기북스
펴낸이 / 김영곤
책임편집 / 박찬은

등록번호 / 제10-314호
등록일자 / 1989. 4. 4

서울시 마포구 서교동 464-41 미진빌딩 4층
전화 / 02-336-2100
팩시밀리 / 02-336-2151

값 12,000원
ISBN 89-509-0396-2 13320

*잘못 만들어진 책은 구입하신 서점에서 교환해 드립니다.